南方传媒研究
NANFANG MEDIA RESEARCH

南方报业传媒集团新闻研究所　主编

南方日报出版社
NANFANG DAILY PRESS

语不高不兴　言不文不明

办报的人谈网络，最大的危险就是过早地有了清晰的结论。自以为清醒而少了糊涂的过程，自以为是而缺了不以为是的折腾，不以为然直接就到了想当然的境界。就像没有年轻冲动过，就突然老态龙钟了，一点不好玩。

误读误解的存在与发生，与年纪大小关系不大，更不能简单归结于时间、地域、语言、经历。比如欢天喜地过节与兴高采烈喝酒的时候，说话的口气或者报道的口径都差不多，不是豪言壮语就是胡言乱语。不想负责任和不用负责任的时候，用的词也差不多，或低调或冷漠，或谦让或推托，不是客客气气就是哼哼哈哈。

高明人士出来点拨说，要看说话的语境。可谓一语道破。道破了也没有用，语境不是那么轻易能看出来的，就像要看透一个人说话的动机目的，摸清一件事发生的前因后果，就像要通过一问一答知晓是否两情相悦，是否能托付一生——这些本来就是对话交流想达到而未必能达成的目标，这些语境如已明了，何需猜着测着、捉着摸着，费尽口舌，干嘛呀。

所以，对话和交流在自私的需要中无私地持续着，那怕充满误读和误解，那怕夹杂恶毒的对骂和谣言。那怕是回避和拒绝，也成了对话和交流的一部分。这时候，谣言和真理，价值是相当的，假象和真相，意义是相通的。正常的对话和交流受阻之时，谣言和假象甚至承担了全部的传递和承载功能。

语境不对的时候，所谓的直言、所谓的真相，更为危险和可怕。刻意的辟谣成了传谣，刻意的辩护成了指责，刻意的坦诚成了虚伪。看似负责的举动，成了最不负责的；看似善良的言语，成了最为恶毒的。有人满腔的担当，结果就担上了当；有人满怀的负责，结果就负成了责。

不虞之誉，求全之毁。古人说这话的时候，肯定是受尽了莫大的委屈，肯定是付出了过多的真诚。不高不兴，肯定是喝多了酒之后说的，不文不明，肯定是错过了酒之后说的。

目录 Contents

NO.19

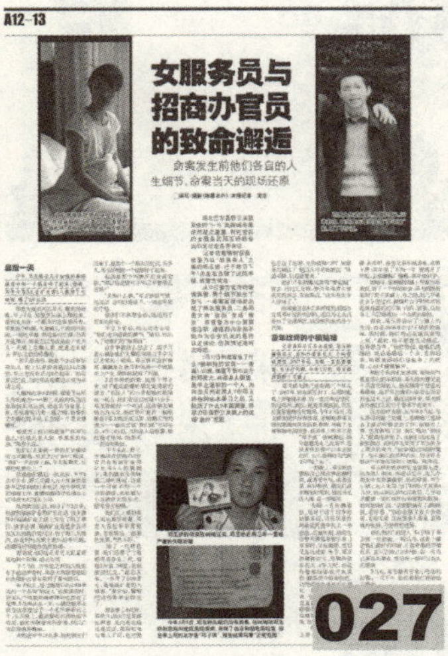

卷首 002

传媒人语 006

本期焦点 008

专题「邓玉娇事件」025

传媒观察 086

博士传媒眼 092

记者讲述 099

新闻与法 116

采写编 125

传媒经营 163

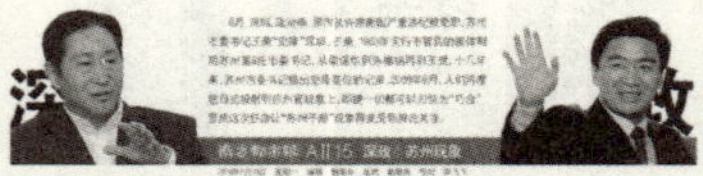

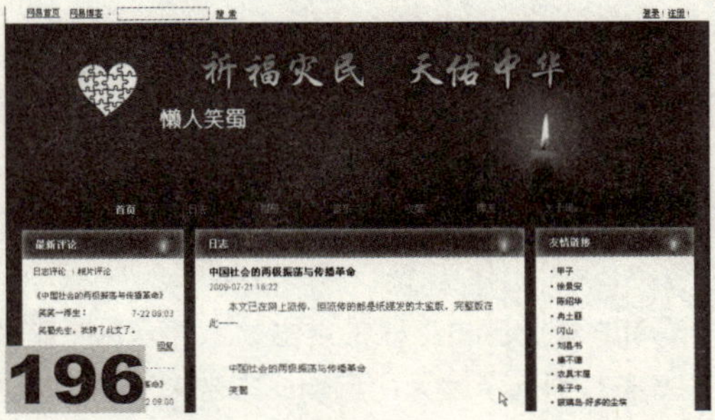

196

编委会

地　址　广州市广州大道中289号
电　话　020-87373998-3364
传　真　020-87363753
邮政编码　510601
电子邮箱　nfcmyj@vip.163.com
nfcmyj@nanfangdaily.com.cn
网　址　http://media.nfdaily.cn

传媒人语

WISDOM

“被饭否和谐”还是“饭否被和谐”，这是一个并不舒服但却必须做的选择。

7月7日晚，饭否创始人王兴在自己的微博客上做了最后一次更新，第二天饭否被关闭。至于何时恢复正常服务，王兴表示并不能给出一个准确的时间。

新闻联播30分钟，老百姓爱看的也许就是最后的3分钟，中国电视恐怕没有真正的新闻。

7月7日，中央电视台原副台长陈汉元接受记者采访表示，央视改革，首先要弄清楚什么是新闻。有网友戏评道，他也只能在70多岁的时候如是说。

“南都事件”是南方报业历史上非常难忘的事件。这个事件从孙志刚案开始，本身就引起了很大的反响。它带来了收容遣送制度的废除，后来就出现了对南都的不公正事件。

6月22日，南方人物周刊刊登杨锦麟与范以锦的对话，在回答“从事新闻工作生涯最值得珍惜及记忆的一段时期”时，范以锦如是表示。

数字化带动内容和经营整合，在数字化时代，你如果天然拥有跨媒体优势，是不可能不把内容整合到一起，这是市场和竞争的需要。

第一财经有限公司董事长、总经理高韵斐在7月1日出版的中国记者上表示，利用传统媒体品牌优势进入到相关领域活动中去，是未来媒介融合的重要方式，也是有效方式。

从今天起，将有2.5亿人使用Facebook来更新自己周围发生的事情，并与他人分享自己的生活。

7月15日，全球最大社交网站facebook的创建人朱克伯格在博客上如是表示。而据Facebook董事马克·安德雷森透露，Facebook今年的收入稳拿5亿美元。五年内，Facebook的收入将是几十亿美元。

传媒人语

WISDOM

我们已经在北京有了户外广告，还会在上海、广州等大城市推出这些广告。用户看到广告的时候就可以掏出手机尝试，因此我们认为这是贴切的广告形式。

7月20日，Google公司全球副总裁兼大中华区总裁李开复表示，基于Android操作系统平台的gphone手机已经被中国移动和联通接受。

对于Twitter，我不知道他们如何才能够获得真金白银。如今，没有什么能够比搜索在网络中获得更多的真金白银。

7月2日，新闻集团董事长默多克在接受财经新闻网站The Street.com采访时表示，大红大紫的微型博客网站Twitter并无多大价值。

这种仁慈表现在谷歌起初并不是吸血鬼，而是报业自己用血液饲喂了谷歌。通过在网络上提供免费内容，报业赐予了谷歌一对尖利的牙齿。

6月26日道琼斯CEO莱斯·辛顿表示，为进一步开展数字业务，道琼斯正在开发新型内容发布平台。

未来，路边小饭馆都会电子化，互联网化了，他们更需要百度。

据7月22日21世纪经济报道，百度CEO李彦宏表示，越来越多的互联网需求会在中国产生，而满足这些需求的创新将会异常活跃，推动中国成为全球新的互联网中心，而伴随着网络经济的成熟，互联网企业将会迎来更大的发展空间。

这两年我找出了两个答案：要么做腾讯不屑于顾及的业务，要么自己投靠重量级的“大佬”。

7月2日，腾讯联合创始人、前COO曾李青在某活动上告诫互联网创业者，在选择创业领域时要注意避开腾讯。曾李青透露，“在腾讯，单个项目月收入不超过1千万，连月度分析会都进不进去。”

面对迷案，真相如何可能？
——“小学生卖淫案”媒体报道专题讨论

□彭晓芸

彭晓芸

主持人：

彭晓芸　时代周报 编辑

嘉宾：

长　平　南都传播研究院首席研究员
唐　毅　腾讯网深度频道主编
傅剑锋　南方周末编辑（《警方首度详解昆明“小学生卖淫案”》责任编辑）
蒋志高　南方人物周刊编辑（《昆明疑似少女卖淫案的罗生门叙事》责任编辑）
吴虹飞　南方人物周刊记者（《昆明疑似少女卖淫案的罗生门叙事》作者）
吕宗恕　新京报记者（《云南“卖淫案”学生父母：很后悔作假》作者）

这是一场悲剧，对于这个家庭来说。近两个月以来，他们被如此频密地呈现在媒体上，那三个女孩的母亲掩面哭泣的镜头是如此频繁地出现在各大媒体的配文照片里，那个被怀疑卖淫的女孩“陈艳”的身影，也若隐若现地成为公众揣测、议论的当事人。

但这也完全称不上是媒体的一场“喜剧”——尽管媒体时常被视为“幸灾乐祸”的“好事者”。对于媒体人而言，这是一次颇有挫折感的职业经历，在这场新闻的喧嚣中，几乎没有赢家，每一篇报道，都只是这场新闻连环战中的某一个环节，都只能取一瓢饮，那种曾经让我们的新闻人为之欢欣鼓舞的终结者式的一锤定音，并没有出现。

在一个网络民意崛起的互联网时代，媒体人遭遇了前所未有的新命题——网络民意的智慧一点不输于媒体人，同时网络民意的冲动也一点不输于曾经被戏谑为"理想主义者"的新闻人。而传统的新闻理论，也在"新互联网时代"和"后民意时代"面前，显得"理屈词穷"、"资源有限"了。如果说把新闻看做一种框架，并考察这个框架是如何建构的，我们不难发现，互联网的"共时性"特征所具有的建构性禀赋。正是藉此，新闻把一个个单纯事件转化成公众讨论的事件，从而赋予事件一种"公众性格"，由此，一切的新闻理论乃至于新闻专业主义的态度，都不是一成不变的，它们必将随着"公众性格"和形成它的日常生活及其社会机制所决定。

在这场新闻的历练中，有始终保持理性的旁观者型的记者，有不惜颠覆、否定自己先前报道而陷入困惑的自省型记者，也有深深同情那个陷入悲剧的家庭而不能自已、进而介入事件本身的行动派记者……他们每一个人都鲜活可爱，都执着追求，也都坦诚谦虚，于是，有了这样一场关于一篇报道的同行讨论。

事件回放：

6月2日，云南信息报报道，今年3月16日，昆明博华小学六年级学生刘芳芳（化名）（15岁）、刘莉莉（化名）（13岁）姐妹俩，被警方以涉嫌卖淫为由抓捕，同时被抓的还有其母张安芬和其同居者刘仕华。次日，被全部释放。

6月2日下午，昆明市公安局就某媒体报道"小学生卖淫案调查"作出回应，昆明市公安局副局长王宇介绍说，昆明市公安局成立了以市公安局局领导、纪委、督察支队、法制处等有关部门参加的事件调查组，对"小学生卖淫案"事件相关情况着手全面调查。昆明市公安局已对当事派出所所长、刑侦中队长和4名当事民警暂停执行职务。昆明市五华区检察院已介入调查。

6月9日晚，检察机关组成的省、市、区调查组，公布了昆明"小学生卖淫案"的调查结果。王家桥派出所民警在"小学生卖淫案"事件中没有刑讯逼供的行为；巡防人员在控制现场、制服当事人过程中存在执法行为简单粗暴、不规范的问题；民警在询问过程中没有殴打、伤害行为；刘仕华、张安芬确实存在出具昆明法医院证明弄虚作假的行为。

同时，公安机关新闻发言人也通报了调查结果：2008年10月，刘仕华、张安芬（二人系同居关系，刘仕华曾因抢劫、盗窃罪判

唐毅

长平

吴虹飞

傅剑锋

关于信源：单一信源在互联网时代成为可能？

主持人：大家好！云南“小学生卖淫案”从6月初至今，历时近两个月，成为媒体关注的焦点，而其中的戏剧性以及真相的扑朔迷离则是这场新闻漩涡最大的特征。唐毅你是门户网站深度频道的编辑，经你的手转发了“小学生卖淫案”的许多报道，做过“同题擂台”网页，你先说说，在你看来，这次众多媒体的报道给你留下什么印象？

唐毅：这个事件已经区别于它本身了。媒体报道从扑朔迷离到渐渐有头绪。我推荐的报道基本都是有一些转折点的，虽然都是所谓的大稿，但每一次都会有不同的新闻点出来，这也是这个事件本身有戏剧性。

主持人：这就是此案的一个很吊诡的特征，不断以为终结了，又不断被否定，到现在谁也不敢说他掌握了真相。

唐毅：我们掌握的材料还是有限，可以说是信息封锁的问题，但有没有记者调查不到位、不充足呢？

长平：阿飞，刘仕华一家人有没有欺骗媒体？处女膜在吸引媒体兴趣上起了关键作用？你们怎么看这个事？

吴虹飞：我觉得没有。他们对凤凰卫视、《新民周刊》、《南方人物周刊》、《三联周刊》，说的是同样的话，之间矛盾不大。核心当事人大部分记者都没见过，目前为止，可能就是新民周刊和我见过她。这是报道中的问题。

傅剑锋：为何媒体热衷于做这个报道？这是一个极具眼球因素且有较高公共价值的案例，有这样一些刺激的字眼：小学生、处女、卖淫，其背后是对是否滥用警察权的质疑。我们在操作的时候，考虑到其他媒体对“陈艳”一家已经有比较充分的报道，最终选择了呈现警方说法这个方式，这样的报道也可以使关于此案的信息更加全面，有利于公众对此案作更加准确的判断。但这样一个方式，让我们的操作战战兢兢，我在考虑是否加编者按和导语的时候，都颇费周折，因为任何提示性的语言都容易隐含立场，而这是我们希望极力避免的，我们只是希望客观呈现警方的说法，至于其中的真假、破绽，我认为该交给读者判断。

主持人：有人说，在目前的语境下，新闻所谓的信息源的全面，对信源可信度的深入调查，都显得极其困难。在这样的前提下，是否需要警惕一种倾向？就是单一信息源导致的报道的平衡性欠缺的问题。

唐毅：除了当事人的第一手材料，还要很多方面佐证。但在采访周期很短的情况下，对事件的判断只有靠单一的信息，就有可能造成误差。

吴虹飞：其实，警方是最先想对我开口的，只是我那时已经写完稿子，不能够继续报道，所以请南方周末记者继续

刑9年）唆使刘仕华女儿陈艳卖淫，并将居住的出租房作为陈的卖淫场所。

6月23日：“小学生卖淫案”当事人父母称后悔做假。

7月初，曾公开“认罪”忏悔为保护女儿名誉而对处女膜鉴定作假，并坦诚大女儿陈艳有过卖淫史的母亲张安芬、刘仕华，否认容留女儿陈艳卖淫，陈艳也否认自己卖淫。他们向代理律师称，之前向公安机关所作的有罪供述，系遭“胁迫、引诱”不得已而作出。

7月6日下午16时05分，昆明市公安局在五华分局召开新闻通报会，就“小学生卖淫事件”进行通报。

7月6日，刘仕华已被检察机关提请逮捕。警方称，对刘仕华、刘绍碧涉嫌卖淫案是严格按照法律程序办理的，并未存在威胁与诱供的情况。

7月7日，云南省委宣传部副部长伍皓提醒曾子墨吴虹飞吕宗恕等反省“小学生卖淫案”。

7月12日，刘仕华因涉嫌容留卖淫罪，被（昆明）五华区检察院正式批捕。

7月14日晚9时左右，陈艳再度被警方单独带走“协助调查”。

7月16日下午，昆明市公安局宣布查证了陈艳与幸某、赵某和徐某的卖淫嫖娼违法事实，对其治安行政拘捕5日后又继续“收容教育”6个月。

追问。就是因为我所谓的单一信息，把他们逼出来了。不逼他们，他们不会讲话的。我认为我们的报道和南方周末的报道合起来，就是一个还算完整的双方的对质的报道。

傅剑锋：这里确实需要感谢吴虹飞。现代媒体传播，已从以前的一稿定音，越来越变成“不断滚动与校正的真相”，这和互联网时代的实时、互动的传播特征深刻相关的。昆明警方从不开口到开口，就是纸媒与网媒和昆明警方一种力量博弈与互动的过程。尽管，我不敢肯定昆明警方对我们所说的，有多少是能反映真相的。但至少是有些微进步的，即他们终于接受“互动”的现实，虽然已经来的太迟。

这里，我也建议一下昆明警方，在这个自媒体已高度发达的时代，如果你不出来接受采访，不开诚布公，最后吃亏的一定是你自已。因为你不发言，虽然纸媒可能没有什么办法，但总有其他人会在网上发言，会在手机上发言，最后造成的是信息不对称，由于像纸媒这样的传统媒体不可能拿到有效与全面信息，最后大家只能信流言与单方信息，公众就可能把舆论的想象当成事实，当这个东西一旦定型下来，你即使最有理，也百口莫辩了。所以，建议所有的政府机构都转变一下思维模式，信息革命对时局进步的推动，不是谁可以阻挡的。

主持人：伍皓对媒体人的批评虽然不一定准确，但也提供了一个让我们自省的视角。如果警方和陈艳家都提供了有瑕疵的、甚至是故意掩盖不利于己方的事实，那么阿飞说的，两个报道合起来，就是最完整的真相的信息链的说法，是无法成立的。这种情况下，

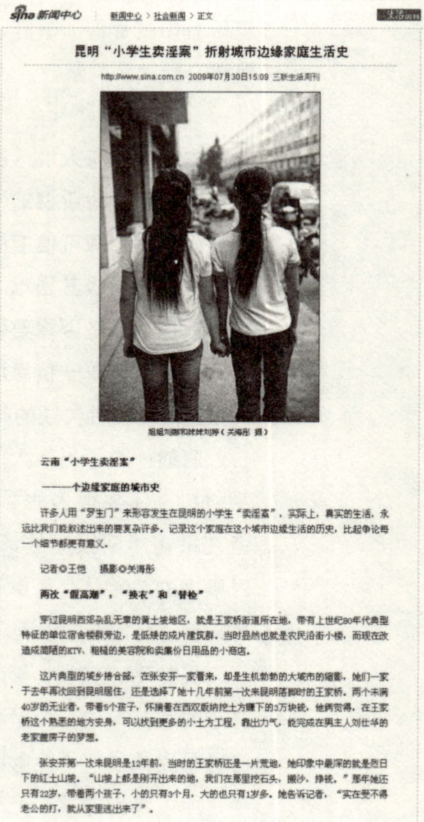

sina新闻中心　新闻中心 > 社会新闻 > 正文

昆明“小学生卖淫案”折射城市边缘家庭生活史

http://www.sina.com.cn 2009年07月30日15:09 三联生活周刊

姐姐刘娜和妹妹刘婷（关海彤 摄）

云南“小学生卖淫案”

——一个边缘家庭的城市史

许多人用“罗生门”来形容发生在昆明的小学生“卖淫案”，实际上，真实的生活，永远比我们能叙述出来的要复杂许多。记录这个家庭在这个城市边缘生活的历史，比起争论每一个细节都更有意义。

记者◎王恺　摄影◎关海彤

两次“假高潮”：“换衣”和“替检”

穿过昆明西郊杂乱无章的黄土坡地区，就是王家桥街道所在地，带有上世纪80年代典型特征的单位宿舍楼群旁边，是低矮的成片建筑群。当时显然也就是农民沿街小楼，而现在改造成简陋的KTV、粗糙的美容院和卖廉价日用品的小商店。

这片典型的城乡搀合部，在张安芬一家看来，却是生机勃勃的大城市的缩影，她们一家于去年再次回到昆明居住，还是选择了她十几年前第一次来昆明落脚时的王家桥。两个未满40岁的无业者，带着5个孩子，怀揣着在西双版纳挖土方赚下的3万块钱，他俩觉得，在王家桥这个熟悉的地方安身，可以找到更多的小土方工程，靠出力气，能完成在男主人刘仕华的老家盖房子的梦想。

张安芬第一次来昆明是12年前，当时的王家桥还是一片荒地，她印象中最深的就是烈日下的红土山坡。“山坡上都是刚开出来的地，我们在那里挖石头，搬沙，挣钱。”那年她还只有22岁，带着两个孩子，小的只有3个月，大的也只有1岁多。她告诉记者，“实在受不得老公的打，就从家里逃出来了”。

吕宗恕

蒋志高

媒体何为？

吕宗恕：我们不能仅仅呈现警方、陈艳家的态度、观点，或者表述。如果这样，就会出现谁怎么说，我们就怎么报道的局面。至少，我在“小学生卖淫案”上，就有留下一些遗憾。比如，警方第三次通报，公开得很晚，当我收到消息已近截稿时间。匆匆补充了对陈艳家的采访，以对应警方的指控，可最后因截稿时间压力，把陈艳家部分删除，变成警方的最后鉴定了。看完这条消息后，大家可能认为陈家就是卖淫的。

6月22日，我发张安芬后悔造假一文。现在想来，让人难过。张接受我采访数次，最后一次她却肯定说她容留卖淫，把陈艳卖淫说得有模有样，有时间有地点等等。可见报第二天，她反口。

吴虹飞：警方无论有多少物证，他们的取证是非法的。程序不合法，就意味着证据不合法。以口供为基础形成的证据链，警察的证据同样非常不可靠。当事人不可靠并不是万恶之源，让当事人说话吧，他们的谎言并不比大人物们多。

傅剑锋：从法律上来说，我是赞同吴虹飞说的非法程序的证据是无效证据一说。即从法律上来说，警方对陈艳已是不能作处罚的。但媒体报道还有另一层面的东西，即所谓真相。但现在的网络是，像这样的案件，像邓玉娇案一样，很容易被民间舆论符号化。网民的舆论有一个现象，就是先假定她们都是很纯洁的，警方一定全部都是错误的，所以，当警方在纠正一些问题的时候，公众宁愿选择不相信。那么，这个时候记者怎么办？有几种记者：有言必录型的记者，他们显得中立一些，也有带着感情色彩、预设了立场的记者。《南方人物周刊》

的那篇报道，显得站在“陈艳”一家立场上。而本地媒体则容易被当地公安控制，容易呈现为另外一种极端。

长平：这里我想补充一点对于伍皓的看法。如果把伍皓当作一个官员来看，印象就会大不一样。他之所以引人注目，并非因为他在新闻学上的高见，而是他作为一个官员的改革冲动。身为省委宣传部副部长，他对这个职位的定义，已经颠覆了几十年的传统。比如，他认为宣传部门要从“捂盖子”思维向“揭盖子”思维转变。

很多人忽略了的是，伍皓发帖最重要的价值在于亮出身份。媒体上并不缺少官员的声音，缺少的是能够和本人对应上的人声。在传统媒体中，官员们说话几乎都是官腔，谁开口都一样，彼此之间看不出差别。网络上情况不同，有很多代表官员说话的网评员，他们可以写出一些人声，但是根本不知道他是谁，也不知道他的话是个人见解，还是组织安排。

伍皓还是值得关注的。伍皓在这件事情上的法理和新闻理论都没说好，但他的行为客观上有正面价值的。

主持人：在当下这个新闻生产环境，当社会的信任链普遍断裂的时候，就是傅剑锋刚才说到的，公众舆论常常容易会有一种预设：预设陈艳一家是弱者，因此都是对的，警方是公权力的象征，因此他们的话都不可信，包括最近对胡斌到底是不是替身的怀疑，都在表现出一种倾向：公众的怀疑越来越无所不在了。这就对媒体提出了更高的要求，媒体有没有义务去甄别信息？尽力地提供给读者更有价值和可信度更高的信息，而不是仅仅依靠公众的判断和怀疑去处理信息的接收和分享。记者们也许每一次都以为自己的报道是终结版的时候，结果发现，这是个连续剧。

蒋志高：记者很难做到终结者。记者不是上帝。要求记者拿到那天究竟发生了什么的全部信息，某种程度上是不可能的。

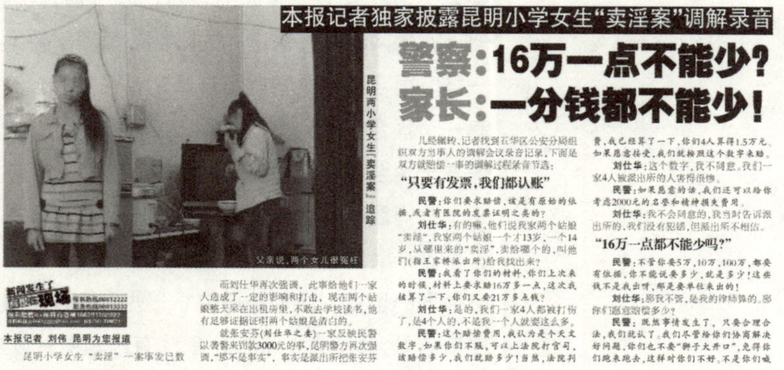

本报记者独家披露昆明小学女生“卖淫案”调解录音

警察：16万一点不能少？家长：一分钱都不能少！

昆明两小学女生“卖淫案”追踪

父亲说，两个女儿很冤枉

新闻发生了 现场

本报记者 刘伟 昆明为您报道

昆明小学女生“卖淫”一案事发已数

……而刘仕华再次强调，此事给他们一家人造成了一定的影响和打击，现在两个姑娘整天呆在出租房里，不敢去学校读书，他有足够证据证明两个姑娘是清白的。

就张安芬（刘仕华之妻）一家反映民警以袭警来罚款3000元的事，昆明警方再次强调，“那不是事实”，事实是派出所把张安芬……

几经辗转，记者找到五华区公安分局组织双方当事人的调解会议录音记录，下面是双方就赔偿一事的调解过程录音节选：

“只要有发票，我们都认账”

民警：你们要求赔偿，该是有原始的依据，或者有医院的发票证明之类的？

刘仕华：有的嘛，他们说我家两个姑娘“卖淫”，我家两个姑娘一个才13岁，一个14岁，从哪里来的“卖淫”，卖给哪个的，叫他们（指王家桥派出所）给我找出来？

民警：我看了你们的材料，你们上次来的时候，材料上要求赔16万多一点，这次我核算了一下，你们又要21万多点钱？

刘仕华：是的，我们一家4人都被打伤了，是4个人的，不是我一个人就要这么多。

民警：这个赔偿费用，我认为是个天文数字。如果你们不服，可以上法院打官司，该赔偿多少，我们就赔多少！当然，法院判费，我已经算了一下，你们4人算得1.5万元，如果愿意接受，我们就按照这个数字来赔。

刘仕华：这个数字，我不同意。我们一家4人被派出所的人害得很惨。

民警：如果愿意的话，我们还可以给你考虑2000元的名誉和精神损失费用。

刘仕华：我不会同意的，我当时告诉派出所的，我们没有犯错，但派出所不相信。

“16万一点都不能少吗？”

民警：不管你要5万，10万，100万，都要有依据，你不能说要多少，就是多少！这些钱不是我出呀，那是要单位来出的！

刘仕华：那我不管，是我的律师算的。那你们愿意赔偿多少？

民警：既然事情发生了，只要合理合法，我们就认了。我们尽管给你们协商解决好问题，你们也不要“狮子大开口”，免得你们跑来跑去，这样对你们不好。不是你们喊……

傅剑锋：在真相还没有明了的时候，记者主动去挖掘真相，尽最大可能把接近真相的部分表现出来，主动地去不断深入调查，从而掌握更多的信息源，不断纠正先前的预设和判断，甚至是不断纠正自己早前的报道，这都是应当被允许的。不要要求记者的报道能够一锤定音，而记者本身，也不要产生这种想象和自负。《南方人物周刊》和《新民周刊》等去呈现一个方面的信源，这仍然是可以允许的操作，只要你没有表现出太强烈的立场和倾向。客观记录和呈现，都是有价值的。例如，南方周末做的“警方首度详解小学生卖淫案”，当然要对警方抱以警惕，不能因为他们接受我们的采访就赞同他们的观点，我们只是提出各种质疑，让警方回应，在这个过程中，希望呈现与此前报道对应的信息，来让读者获得更加完整的信息链。如果轻易作出判断或颠覆性的结论，在没有确凿证据的情况下，会被公众骂得完全没有还手之力。不盲目赞同，但是也不能排斥警方的声音，只要他们愿意说，就呈现他们的说辞，这样对双方也公平一些。

主持人：但是，仍然会有记者习惯把自己视为终结者。或许这是作为媒体从业者的职业追求所致，谁都想让读者乃至同行，在自己的报道中，看到最接近真相的事实。记者只能从常情和逻辑去把握信源的可信度，可是如果面对的是一个完美的表演家和逻辑高手的话，那记者是没有能力对这个信息源辨别真伪的。而谁对真相负责呢，只有一个完全而充分的多方信源博弈的机制，才能使我们逼近真相。所以，是不是可以说，记者还是应该时刻警惕真相在握的自负之心。

吴虹飞：我呆了10天，反反复复问同样的问题，为的是核实。从新民周刊，南方人物，新京报，凤凰卫视，三联的报道来看，其实前后一致的很多，相互印证了。

唐毅：但我们媒体周期是不是太短了？很多时候还是不严谨，不充分，稿子就出来。

吴虹飞：为什么南方周末不去采访张安芬，而是去采访警察？为什么不采取两面的证词？而南方人物周刊要求多方证实，是不是有点矛盾？多方固然成立，孤方也是成立的。

傅剑锋；这里我可要作些补充，从调查报道的角度来说，核实根本不只是反复就同样的问题向同样的信源多问几次，谎言重复一千遍难道就算真相？（这里不是针对哪个具体报道，而是针对我认为错误的采访理论）核实，是至少要从利益对立的双方，还有利益中立方这三方种对同一疑问进行交叉印证，最后甄别真相。在难以做到这些核实时，作出的单方信源报道，媒体应该对单方信源尽量保持中立、质疑。

主持人：能否这样说：媒体做孤方的报道，在过去严格来说是不行的。而在网络时代，由于打通了传统媒体的时间性，是可以的。因为网络平台，如腾讯的专题，或google，提供了“共时性”，也就是说，保持关注的读者在阅读时，可以同时看到多家媒体的报道。

吕宗恕：每个媒体都是单一的采访，能把整个事件拼接起来，这是理想状态，但事实并不能这样。担心的是，过多的“单一”之后，会给公众留下深刻印象，给权势留下空间。

傅剑锋：从哲学层面而言，所有的报道都是片面的，当你选择你的采写材料时，片面已经形成。但如果言论足够开放，让各种片面的报道都能有刊出的机会，那么，证据与观点就可以相互补充与竞争，谎言自然会被击败，客观的真相就可能形成。这个，启蒙时代的约翰·弥尔顿 在《论出版自由》里早就有了，叫“观点市场的自由竞争”。这个方面，周老虎的例子就是对这本1640年代的伟大著作的喜剧化回应。当然，“小学生卖淫案”没有做到。

关于真相：我们的报道只能称为新闻事实

主持人：这样的新闻“连续剧”的历练，持续地颠覆先前报道，会不

2009年6月2日 星期二 编辑:毛韵心 版式:苏晓擎 校对:刘蕴萍

A06 第二重点

刘芳芳15岁，刘莉莉13岁。在2009年3月16日之前，她们是昆明某小学六年级的学生。她们是同班同学，也是亲姐妹。

但现在，她们背负着“卖淫女”的名声，辍学了。成天在苍蝇乱飞的出租房里发呆。她们很想上学，但没脸走进校园。

3月16日晚8点，她们在自家门口被警方制服，然后穿过20多米长的小巷，来到大街上。那里人来人往，喜欢看热闹的人们都知道，这是警方在抓“卖淫女”。

跟她们一起被制服的还有父母亲以及叔叔普恩富。实施这一行为的是昆明市公安局五华分局王家桥派出所的警务人员。警方的行动导致刘芳芳、刘莉莉多处软组织挫伤，构成轻微伤。而普恩富除了面部、躯体多处软组织挫伤外，左侧第7、8肋骨骨折，构成轻伤。

3月17日上午，他们被集体释放。警方对此的解释是：没能抓到现行，因此，认定她们卖淫的证据不足。

对于警务人员在执法过程中造成当事人身体损伤一事，警方表示会积极客观的进行处理。涉及到执法人员过错的行为也绝不偏袒，应该承担的经济赔偿，根据相关规定，理应赔偿。

之后发生的事却富有戏剧性——昆明法医院出具的诊断证明书显示：刘芳芳、刘莉莉的处女膜完整，未现裂伤。如今，刘芳芳和刘莉莉等着父母跟警方关于相关赔偿的协商。她们想换个地方生活，想换个地方上学。但在赔偿的数额方面，警方与他们至今还没达成共识。

小学女生“卖淫”案调查

□小学生姐妹一家被警方以涉嫌卖淫和袭警抓捕，次日被释放；3人经医学鉴定不同程度受伤
□警方表示，对警务人员在执法过程中造成当事人身体损伤一事，将积极客观处理

姐妹俩就读的学校出具的《接收入学证明》显示：刘芳芳、刘莉莉同学

上。他们骂我是卖淫的，我根本动不了，他们力气很大。”刘芳芳说。

普恩富，跟刘芳芳的父亲刘仕华是好朋友。那天，他也在刘家。

两少女处女膜完整

会让新闻记者产生了无力感？我们今后如何克服这种无力感？吕记者几次提供了记者手记供我发表，每次都能见到他内心的挣扎和痛苦。

吕宗恕：无力感固然存在。我们无法依据一个人的长相去判断她是不是卖淫。在此事尚有诸多疑团待解时，个人觉得倾向于做老老实实的调查报道。

主持人：阿飞的报道有比较多的描写，更像是特稿的操作方式，如何看待这些文学色彩较浓的描写在这个案例的作用？

蒋志高：我跟阿飞的一致想法是，这是个调查报道，我们关注的重心是，这事到底怎么回事。

我简单说一下我和阿飞在选题操作中的分歧：

第一，要不要引用警方的说法。我认为要，尽量平衡。阿飞的想法是媒体已经引用太多了，不应该再给他们空间。后来平衡了一下，警方说法简短引用。

第二，要不要引用这个父亲以前的说法，接受吕宗恕采访时的说法。我认为要，因为我得告诉大家这家人先后变了很多次说法。阿飞的意思是，这个说法这家人接受我们采访的时候已经否认了，是假消息。在接受凤凰卫视采访的时候也否认了。最后改稿的时候中和了一下。引用了吕宗恕的说法，但同时也引用了凤凰和我们自己的采访。

第三个分歧，是一些描写性文字，请注意，并非文学性描述，我删掉了。在这点我和阿飞分歧不大。

我删的第四个地方是阿飞的一个评论，因为我觉得在事实尚不清楚的情况下，言论要慎重。

吴虹飞：这一切都是有语境的。在警察故意抹煞事实，故意混淆事实，故意简化事实的情况下，当事人十分重要。

蒋志高：在这个稿子中，我尽量做到零度感情。这是我改稿的时候坚持的一个原则。

谨举一例，比如阿飞的原稿写了陈艳的长相：被昆明警方称为“陈艳”的涉嫌卖淫的未成年少女，大约一米五的个子。白色短袖T恤，露出浑圆的胳膊。牛仔裤，白色球鞋。眼睛细细的，嘴唇有点厚。声音软软的，低低的，爱笑，笑起来有两个酒窝，很深。黑色的直发柔顺地披在肩上。这段我全删了，因为我担心这会误导公众对这个事情的判断。但是如果是做特稿，我不关心这事到底怎么回事，只关心这家人的生存状态，这种细节就很好。

主持人：日报和周报在这场报道中，各有优势，又各有劣势，但现在瞬息万变的信息化时代，大家都似乎在抢新闻，而不能坐等真相？

蒋志高：日报的困境在于，事情不停在变，你发还是不发？比如，这个父亲说法又变了，吕宗恕要不要今晚抢着发？

唐毅：肯定是要发，但怎么做到公正准确报道而已。

长平：在《弱者的武器》书里，撒谎被认为是弱者的武器之一。

唐毅：那强势者撒谎呢？

傅剑锋：在《潜规则》一文里，还有一个重要的原理，叫“合法伤害权”，报复性执行就是合法伤害权的一种。

吕宗恕：确有这个问题。刘仕华、张安芬否认有罪供述时，我坚持发，主编就觉得不该发。

蒋志高：怎么保证对方说的是真实？这个可能就要调查，但调查就要时间，可能就少了一个独家稿。

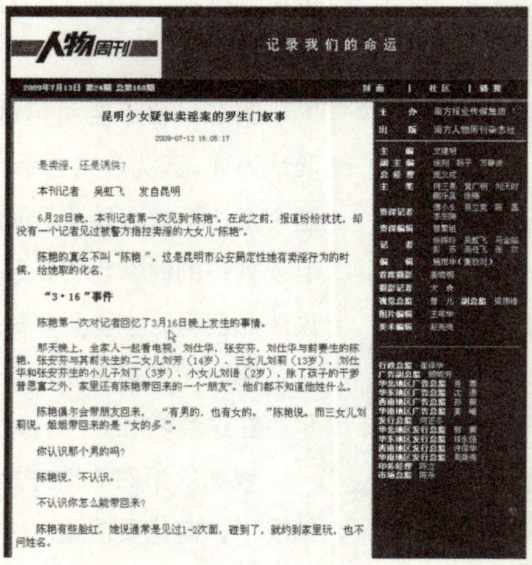
人物周刊

记录我们的命运

2009年7月13日 第24期 总第168期

封面 | 社区 | 链接

主办 南方报业传媒集团

出版 南方人物周刊杂志社

昆明少女疑似卖淫案的罗生门叙事

2009-07-13 16:05:17

是卖淫，还是诱供？

本刊记者　吴虹飞　发自昆明

6月28日晚，本刊记者第一次见到“陈艳”。在此之前，报道纷纷扰扰，却没有一个记者见过被警方指控卖淫的大女儿“陈艳”。

陈艳的真名不叫“陈艳”。这是昆明市公安局定性她有卖淫行为的时候，给她取的化名。

“3·16”事件

陈艳第一次对记者回忆了3月16日晚上发生的事情。

那天晚上，全家人一起看电视，刘仕华、张安芬、刘仕华与前妻生的陈艳、张安芬与其前夫生的二女儿刘芳（14岁）、三女儿刘莉（13岁），刘仕华和张安芬生的小儿子刘丁（3岁）、小女儿刘语（2岁），除了孩子的干爹普思富之外，家里还有陈艳带回来的一个“朋友”。他们都不知道他姓什么。

陈艳偶尔会带朋友回来，“有男的，也有女的。”陈艳说。而三女儿刘莉说，姐姐带回来的是“女的多”。

你认识那个男的吗？

陈艳说，不认识。

不认识你怎么能带回来？

陈艳有些脸红，她说通常是见过1-2次面，碰到了，就约到家里玩，也不问姓名。

主持人：今天我们这个讨论之所以还有必要，或许就是因为在专业追求上，我们还有空间，大家认为，在专业上，这个案例的操作，提供给予我们什么样的经验？特别是今后在技术上能够考量的因素。

长平：其实记者不大可能像LIE TO ME里那样工作，那个“专业”和记者的“专业”是两回事。记者的专业要求里，的确有一个平衡，目的是为了再现。我先同意阿飞的意见，孤方也可以，像南周的那篇，但要能做到再现，就是让人看到被采访者的原生态“表演”，而不是成为他的宣讲

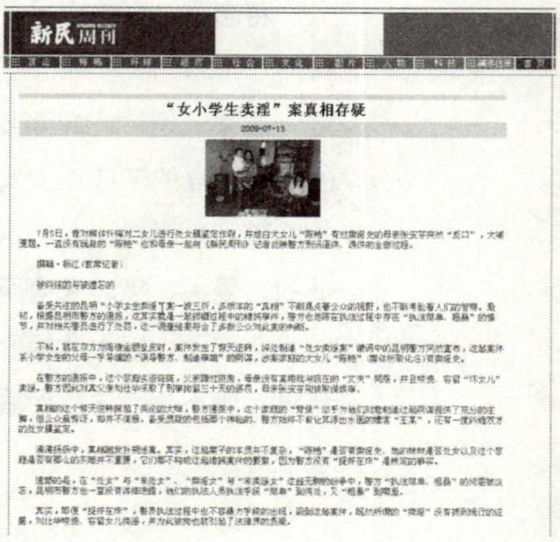
新民周刊

“女小学生卖淫”案真相存疑

2009-07-13

平台。但是多数人很难做到孤方的再现。平衡不过是为了更好地再现。因此平衡是很重要的。

唐毅：长平说得对，不要把受众当傻子，其实看得很明白的，一个细节就能看到背后的对错。

蒋志高：新闻事实，法律事实以及真相，这是三个层次的问题。所以，我们的报道只能称为新闻事实。这家人对我们确实是这样说，警方也确实这样说，但他们说的是不是真相，我不知道。

吴虹飞：第一，如果警方这边始终不开口，只有当事人的口供，我们是否就是不能进行报道?

第二，当公权力差别之大，而信息知情权如此不对等的情况下，硬性做出的“平衡”稿子，是否真的符合事实?

主持人：吴虹飞说的两点，就是我们前面说的，这个并不完美的新闻环境，你无法让警察及时回应媒体，那么怎么办？

蒋志高：困境就在这里。警方不松口，就没辙。

唐毅：那得考验记者了，或者只能无奈，怪环境不好。

蒋志高：长平，在美国，像这种警方还在调查的案子，警方有没有义务向媒体公布证据?

长平：我没有看到过美国警察的义务规定，但这样的案子，他们是会发言的，尤其是对警察的行为本身质疑时。

蒋志高：这个问题我一直在琢磨，就是媒体能否要求警方把正在进行的每一步调查都公开？比如这个案子争议很大的地方是嫖客信息。

傅剑锋；我觉得这应该具体情况具体分析。有些案子，如还在抓捕罪犯过程中的，实时公布案情显然不行，是属于侦查机密，否则会危害公共安全。但有些案件，它根本无侦查机密可言，例如昆明这个案子。警方说要保护嫖客隐私，我觉得可以保护部分，例如，媒体不应公布这个嫖客的姓名等个人信息，但与该案相关的嫖娼事实，根本不是隐私，是违法事件本身，亦是事关公众对警方行为合法性判断。所以，警方是在偷换概念，玩文字游戏。

关于民意：敬畏民意，警惕民意暴力

主持人：这里提出一个假设：如果事实真相是，这家人的确突破了我们一般人想象的伦理底线，比如，父亲真的怂恿女儿卖淫，真的有收容卖

淫这样的事实，那媒体如何直面？能否直面底层群体在公权力和目前的体制下夹缝生存所导致的道德溃败？所谓如实报道，是不是也必须如实面对各种可能性，包括残酷的，我们不愿意相信的可能性？

吕宗恕：主持人说的假设，现实中就曾有报道的案例。

吴虹飞：道德溃败？笑死了，事实都没清楚就谈道德了。

傅剑锋：反映弱者声音无可厚非，但不是一味地被悲悯的情绪所控制，新闻记者的专业素养还是体现在冷静和理性上。对于整个定罪过程我们要保持警惕，但是也不能被预设的认定所限制而不能进一步靠近真相，比如网络舆论容易预设她们弱势这一家是纯洁的、被冤枉的，我们不能就因此而完全认为警方提供的一切信息都是不值得传递的。

阿飞她有强烈的同情心，但是我还是想要提出职业精神这个概念，悲悯的感觉对于记者来说，很正常，是我们作为新闻从业者的一种近乎天然应该具备的情感，否则也难以想象，我们如何怀着同情心、同理心去做一篇报道。但问题在于尽可能避免个人情绪，个人表达，可以通过评论等其他方式去实现，而在报道中，我们还是要恪守新闻事实，不被网络民意也不被自己的“心意”所制约。

主持人：从腾讯编辑唐毅的角度来说，他看见网络的沸腾，这种民意的喧嚣的背后，是不是存在着一种民粹冲动的诉求？如果有，那么媒体如何避免被裹挟？因为，我们最为艰难的问题就在于，我们直面中国的问题的时候，无法避免必须既要直面公权力的傲慢，同时也得警惕民意的民粹化。

唐毅：这些事情都没解决，所以报道远未达到将信息传递出来的地步。

傅剑锋 实习生 朱慧灵 E-mail:nfzmfz@163.com 电话:(020)87007056　　在這裡

警方首度详解昆明“小学生卖淫案”

图左为“小学生卖淫案”涉事女孩的母亲张安芬，图右为涉事女孩的父亲刘仕华。　　资料图片

群众”而造成的一起影响恶劣的事件，警方认为真正的卖淫者是刘仕华的大女儿陈艳，刘仕华故意制造假证据，以其他两个女儿刘芳芳、刘莉莉来误导警方与媒体。刘仕华涉嫌“容留卖淫罪”被拘留，刘的妻子张安芬被取保候审。此后，张安芬在接受《新京报》采访时也公开承认卖淫。

但到了7月初，张安芬、陈艳又向多家媒体反映，陈艳承认卖淫系因受到警方诱供、威胁所致。由抓妹妹变为抓姐姐，昆明警方被舆论质疑为“报复性执法”。

7月16日，警方向媒体通报，查到三名与陈艳发生卖淫嫖娼行为的嫖客。消息一出，舆论再度哗然，有网民以“横空出世三嫖客”来形容。

事发至今，昆明警方先后以新闻通报的形式五次向公众披露案情进展状况，然而鉴于案件中的种种蹊跷，公众的疑即使信息都传递出来了，官方的执法和程序问题还是存在，卖淫的事实也存在。

吴虹飞：对权力和民意都做怀疑，对调查者来说，是一个基本常识。

主持人：这个常识，实践起来不容易。邓玉娇案中，很多对邓玉娇持有怀疑态度的记者，最终都噤声了，他们说不敢再发言，民意已经胜利了。

唐毅：其实所谓民粹化，很多时候是信息没有给受众传达明白，让大家都猜疑。不是网民民粹，而是我们提供信息不完全，让网民这样理解了。有很多东西，还全靠网民的公民意识，通过技术手段，一步步逼近真相或者逼迫当事人表达。这在很多案例中已经有体现。

现在还有一个警惕的词语是"民意裹挟"，很多人现在就通过这个词语来打击网络民意。于是很多言论说网友非理性，民粹化，这显然不是公平和准确。

另外还有一个现象是，网民被代表了。经常可以看到"百分之九十多"网民怎样怎样？这些新闻背景一是根本找不到这种网络民调。第二是，这种网络民调是在一定范围内进行的。准确表达应该是参与XX网关于XX事件调查中有"百分之九十几"网友是什么态度。其实这也是我们这个社会经常玩的数字游戏。而网友就这样被代表了。

吴虹飞：媒体应该以一副与虎谋皮的姿态介入。

主持人：如何面对民意，是我们在近两三年来，在一系列由公民行动参与而热闹起来的新闻事件中，要面对的一个很新的课题，因为过去没有网民参与这样的概念和现象，而现在网络民意乃至于由此衍生的公民行动，已经越来越凸显了。

长平：在美国，因为有宪法第一修正案，以及生发出来的这些法律，媒体是非常强势的，以致有浪费主义倾向。警察说假话的风险很大，但办案中也总是希望不打草惊蛇，往往处于自我防卫的状态中，媒体用种种手段让他们难堪。就这个案子，我有机会找美国同行探讨一下，是很有意思的。美国记者的自律也比我们想象的严格很多，比如有人在自家门口挂口号被讨论是不是职务行为。

唐毅：宪法第一修正案太厉害了，美国媒体几乎靠这个修正案无所不能。而记者要自身干净才能做好报道嘛，被抓住一定把柄那怎么谈用法律武器捍卫自己利益。可能是中国特色的缘故，我对平衡没好感，有很多就是为了平衡而平衡。当然真正平衡肯定不是这个意思。

主持人：中国政法大学的老师萧瀚曾经在邓玉娇事件中提出来关于常态平衡和变态平衡的概念。他认为："由于中国的刑事司法程序是一种控方享有程序特权的司法程序，因此，它对犯罪嫌疑人十分不公平。在这种情况下，如果报道者不懂这基本弊病，片面追求所谓技术性的平衡报道，便是机械、变态的'平衡报道'，而不是言论自由下、宪政制度下的平衡报道"你们怎么看？

长平：我们的确不能简单地移植西方媒体的伦理规范，否则的确可能会变得虚伪，甚至助纣为虐。从这个意义上说，我对平衡、理性建设性从来都很警惕。对于蒋志高的问题，我的一个看法是：在强大的非正义的权势面前，媒体及其从业者也是弱势群体，也被迫采取弱者的反抗方式。这是非常可悲的现实。和美国媒体相比，权力关系大不相同，甚至是颠倒过来的。

有关职业规范：记者还是公民活动家？

主持人：有人质疑一些记者，怀着愿望而介入事件本身，已经成为了新闻当事人，而不是新闻的调查者和记录者。比如有人就质疑阿飞的介入感太强，变成了新闻当事人，而不是记者。阿飞，说说你的考量。

吴虹飞：要不是那个伍皓跳出来说我和吕宗恕，我们怎么会主动成为当事人？我不认为我们成为了新闻当事人。

主持人：对于媒体来说，零度感情可能是最安全的，国外的传媒面临的一个重要议题，就是要时刻警惕被控诽谤的麻烦。但是一线的记者，也许觉得这是为难他们。阿飞，零度感情你容易做到吗？

吴虹飞：容易。

长平：编辑记者闹矛盾几乎是普世价值。以前我还是领导的时候，主要工作就是平衡编辑和记者之间的矛盾。我两边说好话，都给他们加油，因为就怕他们不闹矛盾了。

吕宗恕：不容易做到。零度感情，是我们做新闻的追求。可到现实的此案中，对于刘仕华这样一个组合的贫困家庭，在面对强大国家机器面前，他们的弱小和伤悲，难免让人不得不同情。到后来，这家人的数次抗争，比如处女膜替检，对媒体"说谎"，在我看来也是可以理解的。

蒋志高说的尽量做到零度感情，跟我们这边编辑一样的原则。不过，如果你去了现场后，可能会有所改变。

蒋志高：另一个值得探讨的问题是，自媒体和职务行为界限在哪里？

吴虹飞：我当时这么做，是为了争取让其他媒体介入，不让案子沉下去。而律师，也想让他们尽快介入。同时，我还给很多资深媒体人发短信，让他们参与。我是在发稿后两三天，才在博客上发表了原稿，便于大家查询已经有的事实真相。

主持人：发稿前能否强力介入，能否提前发布信息？这个是否有相应的职业规范？

吴虹飞：我发布的不是信息，是请求，恳请媒体介入。不顾一切散布真相，又不损害自己媒体的优先知情权、利益和名誉，面对这家人眼看要四分五裂，逼入绝境的极端事例，人是可以有很多空间和活动的范围的。

蒋志高：我们在讨论职业规范问题。从媒体角度讲，他只需要对最终的印刷体负责。

吴虹飞：我对"南方人物"负责。从创刊那天起，我就对这家媒体非常负责。所以我很清楚自己在干什么。我对自己散布消息的这个事情，不是辩解，而是我一直在和其他媒体，一起共享部分信息，把我所知的和同仁们一起沟通和分析。

主持人：我们讨论业务规范，不是批评阿飞的新闻热情，阿飞也不用担心大家对你的业务热情的信任。关键是，记者在自媒体发表的言论，有没有可以遵循的职业规范？

吴虹飞：我写博客的资源，和报社也没关系，是发稿后才发的。

傅剑锋：我认为，记者即便是在写博客的时候，如果涉及新闻事件评议，涉及新闻事件事实的披露和判断，也需要慎重，因为这仍然是某种职业行为。

A18 人物

新京报

云南"卖淫案"学生父母：很后悔作假

其租住地卖淫女泛滥，承认家里最大的女儿曾卖淫，另一女儿"处女"鉴定中造假

人物

新京报

人物 A19

云南"小学生"卖淫"案"

吕宗恕：赞同傅剑锋的观点，博客上刊发涉及已报道的新闻事件的评议，也是职业行为。

长平：的确是这样。比如纽约时报记者，任何时候写报道或以记者身份参加活动，都要受这个身份之约；但是他写一本争论书，或者干脆写一本小说，肯定跟报社没有关系。

但是我们的记者可以把文章贴到自己的博客，因为报社没有跟他签这个合同，签合同买下一切版权涉及到价钱，人家美国的媒体是给够了赎买钱的。我们记者的版权其实是一笔糊涂账。

蒋志高：这个说到要害。

长平：我也基本认同现在大家的职业伦理共识：采访稿不能随便出；别的散文小说评论随你。

主持人：我们继续提出一个假设，如果记者同时兼任两个角色：民间活动家和记者，而这两个角色是在同一个事件中呈现，这是否符合职业规范？

傅剑锋：西方国家有一些明确的规定，比如说记者不能参加NGO组织，特别是不能以组织成员身份同时进行对该组织的报道。

蒋志高：记者不是救世主。一旦过深介入事件本身，就有利益冲突，会使报道本身的权威性、可信度大打折扣。

长平："职业化"这种东西，在中国其实是很含混的。

主持人：记者确实不能置换成为弱者的眼睛，用弱势群体的知识谱系来看问题，这样下去，媒体自身变成什么样？弱势群体值得同情，其悲剧性值得挖掘社会根源，但万万不是用他们的知识水平来替换。

长平：有一种弱势群体浪漫主义迷思。

蒋志高：对，我挺警惕这个。

相关报道：

- 云南信息报：小学女生"卖淫"案调查
- 新民周刊："女小学生卖淫"案真相存疑
- 新京报：云南"卖淫案"学生父母：很后悔作假
- 南方周末：警方首度详解昆明"小学生卖淫案"
- 成都商报：警察：16万一点不能少？家长：一分钱都不能少！
- 三联生活周刊：云南"小学生卖淫案"——一个边缘家庭的城市史
- 南方人物周刊：昆明少女疑似卖淫案的罗生门叙事

专题「邓玉娇事件」

专题「邓玉娇事件」

邓玉娇案，一个记者的立场

□龙志

龙志

在很多场合，都有人跟我聊起邓玉娇案，但当我问起，你知道邓玉娇案怎么回事吗？却没有一个人出声了。

事实就是这样。所以，6 月 16 日下午，邓玉娇案一审开庭后，当我的同事占才强发回了对恢复自由身后的邓玉娇牛 B 的独家专访时，我禁不住地给他发短信赞叹：稿子很棒！

免予刑事处罚，这样的一审判决，连邓玉娇都深感意外，其家人表示不打算上诉。电影到此为止——是的，从 5 月份到 6 月 16 日，邓玉娇案太像一部电影了，波谲云诡、跌宕起伏。

案情本身并不复杂，借用巴东县公安局局长杨立勇的话，这是他从事警察职业以来，最简单明了的刑事命案。但要认识到这点，似乎很难，虽然事实摆在眼前。人们总习惯于遵从生活的经验，又夹杂着种种社会矛盾、积弊，用来解读当下中国发生的事，至此，每个人心中都有一个邓玉娇。四川大竹、贵州瓮安皆如此，邓玉娇案更是很好的佐证，无一不是裹挟着民意汹涌而来。对于中国媒体而言，民意是一杆秤，它度量着媒体的善恶优劣。但作为一个经历过此事的记者，我脑袋里总浮现一个假设：假如民意是错误的，是矫枉过正的，媒体该如何适从？

我把这次采访经历当成寻找答案之旅，愈发觉得，答案的背后，其实是当下语境中媒体所面对的共同困惑：是坚持立场，还是顺应民意？而这种困惑，是我从业 7 年以来第一次清晰地呈现。

所以，当有一天，《财经》记者王和岩对我说，“龙志，我的报道其实证实了你的报道”时，当电影曲终人散时，那光怪陆离的众生相还浮现在我眼前。

一

邓玉娇案起初是同事李军很感兴趣的题材，除了记者外，她的另一枚标签是女权主义者。

直到5月14日晚，因为要去采访台海会谈，她在餐桌上临时推给了我。所以，我是在毫无思想准备的情况下，接受了这个选题。当同事喻尘跟我谈起此事时，他分析说：“以前都是女孩跳楼等方式抗暴的，这可是第一次白刀子进红刀子出，愤而杀人。”

这是一种主流说法，与当时网络表达的民意一致，引用某评论作者的话：它契合了中国传统的文学想象——民女反抗胥吏欺凌的经典题材。

而我要做的，似乎就是把这个经典题材搬到报纸上。于我来说，这趟差事太轻松了，再没有比这更清晰明了的故事轮廓了，喻尘给我安排的行程是，三天便可以将它拿下。没想到，这一去竟是一个月。

当天是邓玉娇刺死邓贵大的第四天，我们对邓玉娇案的信息来自《长江商报》的报道。后来我了解到，就信息的准确度而言，该报道有些语焉

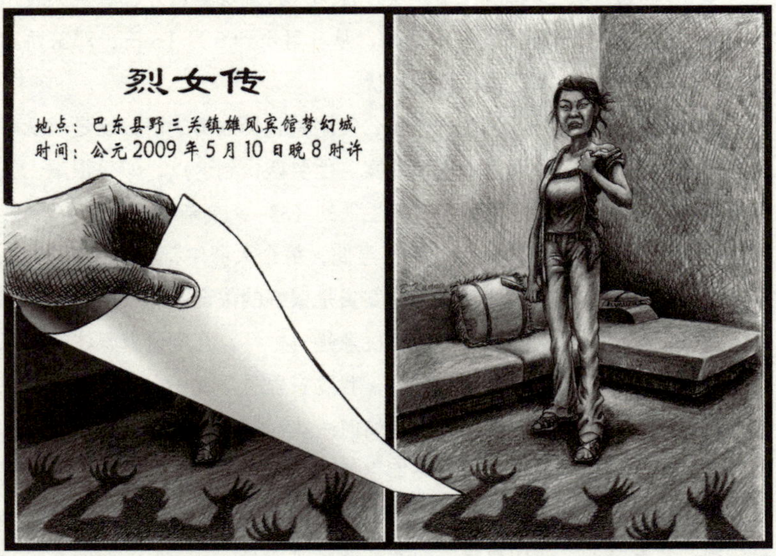

插图 邝飚

不详之处，比如把邓玉娇说成修脚女，拿的是修脚刀，再比如，邓贵大是巴东县招商办主任等……

但无论如何，“官员”、“洗浴中心”、“特殊服务”……这些劲爆元素聚在一起，在舆论空间里发酵，便演变成一场风暴。除了网上一贯对弱势方邓女的同情、声援之外，邓还被网民冠以“贞女”、“烈女”、“侠女”的名号，甚至写出一篇篇回肠荡气的诗词赞其“贞烈”。

5月15日清早第一班航班，我是带着南方都市报社论《女工受辱自卫，与抑郁何关》飞往恩施州，在信息严重不足的情况下，主流民意对邓玉娇做出了自卫的判决，而被警方送去做司法精神病鉴定的行径，更是为日后的强制手段埋下伏笔。

飞机穿越云层时颤巍巍的颠簸，我透过这些文字，恍惚中脑袋里有了一副画面，如果说记者在出发前没有事先预想，这是假话。重要的是，当你进入调查状态后，一切就应当视调查的情况为校正。

总之是，在飞机落到恩施州的山头之前，我也是网络从众的一分子。

二

我于5月15日下午到达野三关镇。

行路难，后面陆续赶来的记者都将体会到。在此介绍鄂西小城的地理环境，有助于你理解为什么信息如此滞后，乃至记者们有时顾此失彼。

恩施州府、野三关镇、巴东县城，三者呈“T”字形分布，野三关在“T”字的下端。高山峻岭，山路难行，从其中任何一个地方去往另一个地方，车程大约都在4小时左右。换句话说，如果你要前往上述某个地方采访，来回得耗费一天时间。

与邓玉娇父母相比，邓贵大家属更容易找到。虽然不像几天后，镇上如临大敌，但野三关官员们还是非常避讳，我在镇政府家属楼道里看到了一张清洁值勤表，确定了邓贵大家的方位。留守在家的老太太告诉我，当晚是“头七”，邓贵大爱人回老家守夜去了。我又问到地址，租了辆摩托车赶到15公里外的山窝里，邓贵大出生的地方。

从石头缝隙和泥瓦砖墙可以看出，这里和周边十多户人家一样贫困。邓贵大全家都在，包括80岁的母亲、做农活的哥哥、当小商贩的姐姐以及妹妹。主要跟我交谈的是邓贵大的妻子，她与邓贵大经历相仿，同一年工作，都是顶替父亲的职务。她如今在野三关宾馆负责后勤。

她对丈夫的死因非常激愤，显然眼泪已经哭干，所以在讲述时，眼圈一直发胀、红肿，并没有流出一滴泪。“挑起事端的是姓黄的，是他要人家特殊服务，邓贵大只是哥们义气，打抱不平，”她反复地说起这句话。但他们也不得不承认，无论他生前形象如何，他的死作为一桩丑闻，正在坊间流传。从这个意义上来说，这个家族现在是野三关镇上的过街老鼠。

在这里，我听到了一个作为“儿子”、“丈夫”和“父亲”的邓贵大。由于有着相同的小镇生活经历，我对官吏仗势欺凌的印象深刻。对于其家属评议性的话，内心仍有存疑。

A12-13

女服务员与招商办官员的致命邂逅

命案发生前他们各自的人生细节，命案当天的现场还原

□采写/摄影(除署名外)：本报记者　龙志

湖北巴东县野三关镇发生的“5·10”洗脚城命案依然疑点重重，刺死官员的女服务员邓玉娇的命运引发社会各界关注。

记者在截稿时获悉，被警方以“故意杀人”立案的邓玉娇，已于昨日下午1点左右办理了出院手续，被警方带走。

从18日警方发布的案情来看，两个细节发生了变化：一是案发现场新出现了两名服务员，二是邓贵大由“按倒”变成“推坐”。尽管警方小心翼翼地注明：通报的内容尚不能作为公安机关的最终认定结论，但舆情还是再次哗然。

5月10日到底发生了什么？被刺死的官员——身高1.60米，体重不到45公斤的邓贵大，在很多人眼里，是举止温和的一个人，为何当天判若两人？而邓玉娇在刺出水果刀之前，又经历了什么？本篇调查，将尽力还原野三关镇上的这场“意外”悲剧。

最后一天

童年坎坷的小镇姑娘

父母离异后又各自成家，邓玉娇辗转在父、母和外婆家长大，小时曾被烫伤；2007年起，失眠一直折磨着她，为治疗失眠，今年2月起，邓玉娇回到野三关镇上

邓玉娇的母亲张树梅证实，邓玉娇近两三年一直被严重的失眠折磨。

今年3月5日，邓玉娇失眠仍没有改善，张树梅带邓玉娇到恩施州优抚医院看病，并做了血液和脑电图检查，报告单上用的名字是“邓子琪”，报告结果写着“正常范围”。

三

在对邓贵大家属采访快要结束时，上午刚认识的线人打来紧急电话，说找到了邓玉娇父母，并将他们堵在了家里。我又匆忙下山。

邓玉娇母亲李树梅开门，我见到了网友“屠夫”，他先于我半小时到达。这仅仅是个开始，网友的出现，在接下来的几天后，加剧了事态的发展，那是一股洪流，谁也不知将会冲到哪个方向。

邓玉娇继父一直沉默，但张树梅没有避讳女儿的精神问题，当她说出送做司法精神病鉴定是出自家人的请求后，使得我有些惊讶，因为我正捧着《女工受辱自卫 与抑郁何关》的社论打印稿给她看。

张树梅说：“12 日送邓玉娇去达恩施州优抚医院时，已经是下午 4 点多，医院 5 点半下班，我赶紧给邓玉娇洗了澡和头发，才匆忙办理了入院手续。”而脱下来的内衣裤又为之后的“关键证据遭离奇清洗”事件预留了伏笔。

她接着说：“当时想到她杀了人，想救她一命。”

即便在此后，无论事情如何节外生枝，在接受任何媒体采访时，张树梅依然坚持邓玉娇的精神问题，这让我一度揣测她如此坚定的背后隐藏着什么？

这次面谈，作为母亲，她回避了母女之间紧张而复杂的关系。事实上，母女之间的隔阂显而易见。我们聊到了邓玉娇三月份搬出去住，她的解释是，算命先生说，母女命相克，搞不到一起。聊到事发后，她才知道女儿在雄风宾馆工作，而那时邓玉娇已经上了一个多月的班。

她向我保证，女儿绝对没有感情问题，绝对没有谈男朋友。而事实上，我的移动硬盘里，正存放了一张与邓玉娇有感情纠葛的男子的照片。

张树梅用了邓贵大家属两倍的时间向我讲述了一个关于邓玉娇的命运多舛的故事，而最具颠覆性的莫过于她证实了家属对鉴定“抑郁症”的渴望和主动性。我将社论收起来，心里在想，肯定哪个地方出错了。

四

我不得不重新思索，邓玉娇和邓贵大是个什么样的人？

对于版画一样刻在人们心中的形象，其真实可信度有多高？在野三关镇采访时，我并没有想到要写什么？即便之前确立的民女反抗胥吏欺凌的模本也搁置起来。我知道，对于刑事案件来说，警方尚在取证阶段，记者调查的可行性不大，它应该是一个持续的循序渐进的解析过程。但对于两个当事人，在飞机上还栩栩如生的画面顿时模糊起来。

我要做的是尽可能采访更多的与当事人有关系的人，从而解答此刻面对的问题。

采访邓玉娇的玩伴，除去虚与委蛇的时间，真正的交谈是从移动硬盘里那张照片开始。那是在邓玉娇的网络空间里发现的一张照片，照片上是一个中年男子带着家眷站在风景区，邓玉娇取名：狗日的一家三口。

“你怎么有这张照片？”她们很吃惊。

我马上意识到，有进一步交谈的资本了。她们担心说，这是个人隐私。我说，我们就从隐私开始，现在，我需要知道邓玉娇的全部。

在5月17日上午，一个有别于网络传闻的邓玉娇逐渐清晰。当我第三次拜访这些玩伴时，我对她有了较准确的认识：典型的小镇姑娘。我想起了贾樟柯的《小武》，对于任何一个有着小镇生活经历的人都会熟悉的影子。在我们生活的周围，总有“小武”们的身影，他们年轻气盛，行事张狂，带着痞气，游荡在法律的边缘。在我老家，这类人很有可能被称之为“混混”。

对于玩伴们的采访，基本上可以确定的事实是：

一、邓玉娇受过感情创伤，最近的一个月前的创伤，让她情绪一度失

南方都市报 重点 A05

2009年6月17日 星期三 编辑 卫志凌 版式 关健明 校对 李尚开

昨日，邓玉娇回家后，特意换上一件平日喜欢的短袖夹克让记者拍照。邓玉娇爷爷邓正兰说，让孙女换套新衣服，是想告诉所有关心邓玉娇的人，她的生活将重新开始。

邓玉娇爷爷：孙女说没被性侵犯

本报记者对话邓玉娇及其亲人，家属想给她更名“邓清零”

邓玉娇 免罪

邓玉娇愁容散去，淡定地坐在客厅沙发上，偶尔露出浅浅的笑。

白色T恤，面容清秀，身材修长，21岁的青春女孩。

昨日中午，在巴东县城邓玉娇爷爷的家，邓玉娇送走几个前来探望的昔日玩伴，从容、淡雅地坐在了本报记者对面。周围，她的爷爷、母亲、继父、大姑陪护着她。

在邓玉娇爷爷邓正兰的安排下，本报记者与邓玉娇有了一段简短的对话，但大多问题都由邓正兰代为回答。邓正兰，曾在法院工作10余年，做过庭长，思维缜密，措辞严谨。他说，孙女刚经过半天庭审，回答了很多提问，已经很累。

采访结束，邓玉娇特意换上一件平日喜欢的银灰茄克，让记者拍照。邓正兰说，这是孙女恢复自由的一天，也是孙女新的起点，换套新衣服拍照，就是想通过媒体告诉所有关心邓玉娇的热心人，她的一切将要从零开始。

为此家人还商量，准备给邓玉娇取个新的名字，叫“邓清零”。

邓玉娇 判决有点出乎意料

记者：此刻是一种什么心情？

邓玉娇：（点头）还好。

记者：对今天的一审判决还满意吗？

邓玉娇：嗯，满意。

记者：今天的结果，想到了吗？

邓玉娇：（沉默片刻）有点出乎意料。

记者：本来，你预想中会是什么结果？

邓正兰插话：她一个小孩子，法律方面的又不懂，根本没想过什么结果。

（爷爷提示，孙女上午刚开完庭，很累，情绪也不很稳定，提问由他来回答。）

记者：现在每天还在吃药吗？

邓玉娇：（点头）是的。（大姑插话）吃治疗抑郁和失眠的药。

记者：现在是不是轻松多了？

邓玉娇：是的。

记者：对接下来的生活有什么打算？

邓玉娇：找一份工作，好好地生活。

邓玉娇母亲 本以为会是缓刑

记者：对一审判决，家属是什么态度？

邓正兰：我们家属对结果是满意的，也有些出乎我们的意料。

张树梅（邓玉娇母亲）：判决是公正的。

邓贵英（邓玉娇大姑）：很意外，很欣慰，感谢政府，感谢社会。

记者：在开庭之前，你们预料会怎样判？最坏的打算是什么？

张树梅：本来我们家属猜想会是缓刑，“判几缓几”那样的。

邓贵英：我也经常上网，知道绝大多数网友都是支持我们的，但网络毕竟不代表法律，我们最初的预料不可能这么乐观。

邓正兰：首先，感谢善良的持有正义感的人们，包括网友，包括新闻媒体，对邓玉娇的关心、关注、帮助和支持。同时也感谢汪少鹏、刘钢两位律师奔波劳累，为维护邓玉娇的合法权益所做出的努力。

邓玉娇爷爷 对受害人感到愧疚

记者：你们觉得，网络、民意对案件是否产生了一定程度的影响？

不够，你没有如实供述案情，还是不能算自首，所以你不能说假话，一定要如实地说。

控；

二、三年来，失眠一直伴随着她；

三、与邓贵大之前毫不相识。

最后一次采访，是在17日晚上，邓玉娇出现在电视里，她被绑在恩施州优抚医院的病床上，两边的床上，分别是另外两名精神病人。邓玉娇共有19秒钟镜头，她不停地哭喊："爸爸，他们打我……爸爸，他们打我……"

玩伴们看着镜头哭了两次，她们每天都在上网，查看有关邓玉娇的消息。网络上，邓玉娇被称为烈女、侠女，甚至有人为其立传，但她们看着很不舒服。

我意识到邓玉娇是一个被误读的侠女。

我问其中一个玩伴，你们怎么看？

她说："她不想做烈女，如果她还能回归正常，她会说，我只想保护自己。"

五

接下来的采访，我确定了传闻中的邓玉娇案中，几个当事人的背景。

从与政法机关瓜葛上考量：

关于邓玉娇——爷爷退休前是巴东县法院庭长、有亲戚在宜昌从事司法工作、母亲曾在野三关镇派出所煮饭三年。

关于邓贵大三人——出身背景均是农民，镇招商办主任邓贵大更是家中唯一有出息的人；三人当中唯一有点背景的是，黄德智有个弟弟在中南大学读研究生，还是20年前的事。

这些背景不能抹去官吏作恶的行径，但使得我，身处事件当中时，时刻

A18 国内 南方都市报

邓玉娇律师：她内裤上留有证据

会见邓玉娇后当场哭泣，并公开征集专家鉴定其乳罩和内裤上所留指纹

巴东县公安局长分析案情

接受本报独家专访，指称死者邓贵大的行为可能是与黄德智共同表达对邓玉娇的不满

警醒自己，网络传言的可信度。我在想，假如双方背景对换一下，又该掀起多大的波澜？

5月18日，警方公布了邓玉娇案的某些细节，第一次透露，邓玉娇杀人现场，始终有两名服务员在场。这意味着，主流民意认定的邓玉娇正当防卫，是不成立的。

我对这个公告也是有怀疑的，在当下新闻环境中，对信息的垄断者唯一孔径发布的信息，作为记者，我有种天然的质疑。但消除质疑的方法只有一个：去采访，拿出自己的证据。

当我找到唐芹时，一切都有了答案。这个邓玉娇的玩伴、同事、闺蜜，案发当天下午还与邓玉娇吵过架。重要的是，她目击了黄德智尾随邓玉娇走到休息室，邓贵大用钱砸她的头；最重要的是，她也告诉我，当时，休息室里至少有两个服务员在场。

我知道第一篇稿子要写什么：我调查到的事实、人物故事将使得我打破网络舆论树立起来的侠女形象。而这些形象——烈女邓玉娇、狰狞鼠辈邓贵大——都是民众赋予，实际上，邓贵大到死都不知道自己是怎么死的？如果这是一部电影，这篇稿子《女服务员与招商办官员的致命邂逅》将是对出场人物做真实的介绍和还原；如果真是一部电影的话，这样的镜头应该是平视，而非任何的仰拍或者俯拍；如果要说一个主题的话，我只是在稿子中把几个当事者还原为人。

稿子的效果显而易见，网上骂声一片，我也生平第一次被“人肉”，所幸没有做过什么亏心事。网民甚至写信问责南方都市报，要求开除记者龙志。

而另一番景象是，因为这篇稿子，我取得了邓玉娇母亲张树梅，以及

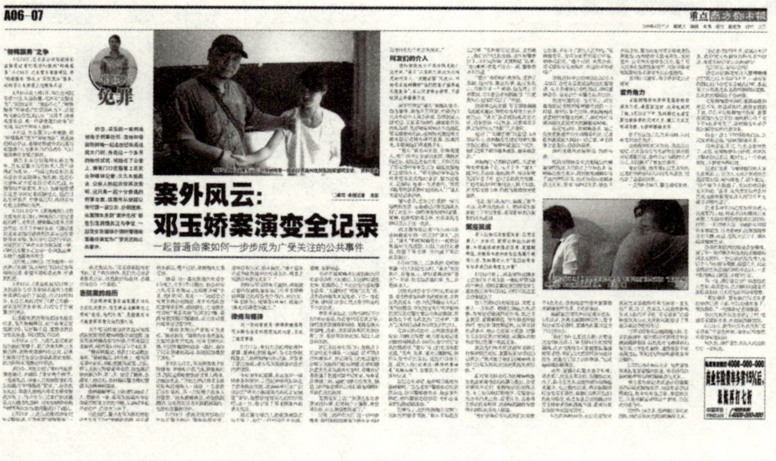
A06-07

案外风云：
邓玉娇案演变全记录

一起普通命案如何一步步成为广受关注的公共事件

邓贵大亲属的信任，他们对我说，“你写的，就是我们的亲人，他就是这样的人。”

我甚至把两天后，获准对巴东县政法委书记、公安局局长杨立勇的专访也归功于这次报道的受益。整个邓玉娇案，官方只接受了南方都市报唯一一次专访。

一个任职于香港“无国界医生”的朋友在MSN上说：“现在缺少的就是这么客观的文章，网民，包括我，当然希望能按我们的思路去勾画一个恶官、善女的强烈对比——实际上，这何尝又不是我们一贯所受的‘典型’教育的结果呢？”

当然，于网民，于外界民意的辱骂，我是不太在意的。这样只会激发我越要坚守，搞清事实真相的犟脾气。因为我心中始终有个底线：那些坐在千里之外的电脑旁边海阔天空主题先行的网民们，与进入事件中心调查，取得一手资料的记者相比，哪一个看到的更真切。

饶是如此，在接下来的日子里，我仍拒不去看网络的评论，在我看来，大部分评论以及来势汹汹的檄文几乎不含任何营养，它只展示和陈列对方的狭隘和偏见。但人毕竟是一感情动物，我惧怕一时的冲动会影响我对事件的判断，而我，尚身处事件当中。

事物的构成是复杂而多面的，比如说邓贵大，在作为丈夫、父亲、儿子以及同事身份时，他是一副面孔；当他举起钞票砸向邓玉娇时，又是另一副面孔。作为媒体，我们该呈现什么样的面孔给读者，才算真实？或者尽可能接近真实？

在中国特定环境下，弱者会天然地被公众同情。这种同情，有时候甚至是撇开事实本身的，是为了达到某种同情的形式而抒发的。悲悯之心，人皆有之。但作为记者，我的态度是，任何感情，都得让步于事实。如果完全顺从民意，写出来的真相，必然是制造出另一个假象。

这种后果还表现在：媒体记者乐于享受“第三方权力”的赞誉，扮演着“救世主”的角色，在优越和浮躁中，判定世间的是非对错。

有同事说，这样写不是站在政府一边，帮狗官吗？看到网上上万人都在骂，我更相信了。

有同事说，文章看不懂，看不下去，稿子没有信息源，文学性太强。

我想问一句：你真的看了么？除了那些人云亦云的说辞，有谁指出来：喂，你写的这个的信源在哪里？

又有同事说，你写的跟案件有何关系？我只想知道邓玉娇是不是正当防卫？

好吧，我跟你说，如果我是个法官，或者是上帝，我可以回答你。

对不起，我是记者。

六

律师是和网友以及邓玉娇父母一起来到巴东县城的，他们的出现，使得邓玉娇案走到了另一个层面。

当晚在餐桌上，律师夏霖送给“屠夫”一句话：仗义每多屠狗辈，负心总是读书人。网友和律师间的互动，在之后的事件中，越发体现出来。

可以说，在5月21日律师会见邓玉娇之前，绝大多数信息来自我的调查。因为其中一个律师是同事的朋友，嘱我说，是个可以信任的人。

在几乎认定了邓玉娇不能往正当防卫方向辩诉时，5月21日的会见，又给了他们重新振作的信心。邓玉娇跟他们讲述了在水疗室被黄德智性侵犯时的细节。

我至今仍在怀疑邓玉娇讲述这段经过时，是否存在趋利避害的心理。在警方的问讯笔录中，邓玉娇对于水疗室发生的经过有三次口供，对黄德智的行为的供述也不一致，但有一点可以确定，那就是几次口供中都没有提到脱裤子之类的动作。

我也相信，对于有着丰富的执业经验，曾代理过崔英杰案的律师夏霖而言，委托人对他讲述了之前所没有说出的细节，这是常有的事。而作为律师，他要做的是找到证据和证人，固定好这一事实。而不是将委托人的单一说法当成既定事实，公诸于众。

唯一的解释，就像律师接受我采访时所说，他们判断，会见时被警方窃听了，而张树梅夫妇在这个节骨眼上被野三关派出所召回去调查，肯定是回去被胁迫销毁证据。

实际上，即便邓玉娇跟律师讲述的受到性侵犯证据，也只提到过内裤。夏霖后来也坦白，其他的都是他的障眼法。是对媒体公开撒的谎。

我至今也不明白的是，律师的眼泪是怎么出来的。对于风云诡秘的案外枝节，我在期间的报道中均有详细说明。在此，我想从媒体的角度，探讨一些怪状。

如果说，5月21日，律师在看守所门前导演了一场“求助网络”的闹剧，众媒体则是十分配合的临时演员。

有的记者甚至抛开媒体身份，宣称现在是以律师的朋友身份介入，“完全相信自己的朋友所说的话”，求助在野三关的记者，响应律师号召，看护邓玉娇的家；当律师需要找最高长官时，则又变回了记者，以媒体身份帮忙联络政府官员。

这种身份的置换，令人不可思议。在中国，律师和新闻界有着天然的非比寻常的关联，有的律师甚至就是或者曾经是媒体从业人员。这种联盟关系，建立在对同一事实真相的寻求，建立在信息不对称的环境中。

但是，出于职业的考量，任何人——更何况是律师说出的话，都是经过筛选，以对自己有利的方式释放出来。对于媒体而言，除了得到这一部分的信息外，还想知道更多，尤其是被遮蔽掉的那部分。当我们的身份切换到朋友位置上时，便丧失了对另一部分真相的追问。

对于更多的记者而言，身处风暴眼中心，则表现出茫然与盲从，进入巴东县城后，连案情基本概况都不甚了解。例如律师夏霖向网络求助时说，“案发地在南方，长江边上有些潮湿的小镇上”，某女记者大惊失色，恍然说道：“啊！原来案发地不在野三关？是在长江边上啊！”继而整晚陷入愁绪中，她坚定的信任律师，认为邓玉娇遭受了莫大陷害和不白之冤。

更为稀奇的是，在此后该女记者做出的调查节目中，当日下午，邓玉娇家正遭遇了警察翻箱倒柜的搜查。

“除非她分身有术，能知晓几百公里外发生的事，”当日下午，留守在野三关镇的《成都商报》记者龙灿说：“律师在作秀时，张树梅夫妇正在派出所做笔录。”

七

在场的记者慢慢分化为三派：一派将律师当成无话不说的知心朋友；一派是瞎子摸象有闻必录；另一派则是通过独立调查后，抽身事外，提出质疑和判断。

这样一来，媒体所做的报道各有不同，甚至相互矛盾，邓玉娇案越发扑朔迷离。

现录一则如下：5 月 23 日，广州日报刊发报道称《邓玉娇案关键证据离奇被毁》。

报道引用了律师夏霖的说法——21 日晚上 9 时，夏霖律师还到检察院请求检方接见，要求保存邓玉娇案发时的内衣内裤。令夏霖不解的是：“邓玉娇在案发现场换下的内衣内裤被母亲张树梅带回家中放置 11 天，都没有动过，21 日当晚，却全部被张树梅清洗完毕。22 日上午，警方才封存了邓玉娇一批内衣内裤。“已经没有任何取证价值了，所有的指纹和物证肯定没法取得了。”夏霖对记者叹了一口气。他说，21 日下午，他还特意在电话里交代张树梅，千万不要动邓玉娇的任何物品，结果还是这样。

此外，报道还引用了邓玉娇的一位朋友的说法——杨红丽非常生气地告诉记者，“邓玉娇脾气暴躁”、“精神不正常”并不是从她们口中所出。

采写报道的记者我是认识的，当天她从野三关回到巴东县城时，在我房间碰头时，我对她说，“我虽然没有了解，但我可以打赌，你写这个报道时，只采访了一个人。”

她默认了。

对于报道中核心当事人的一词，我是这样认为，如果要在一场打架事件中寻找信源，核心信源当然是来自于施力者和受力者。对于“关键物证”遭清洗的事件上，核心信源是动作的发出者，也就是张树梅，而并非律师。

显然，这名记者是没有采访到张树梅。此外，我在《女服务员与招商办官员的致命邂逅》写到的邓玉娇性格，是经过三个采访对象的相互印证而来。对于单一的评述性的说法，在报道中是件危险的事。

产生以上混乱的根源在于，当事记者进入巴东县城时，各方当事人都在缄默不语，唯独律师，还在滔滔不绝的释放海量信息。

对于苦于寻找采访对象的记者而言，这是唯一可能获取信息的渠道，似乎还带有感恩之心，因而对律师语录做到了有闻必录。其积弊在第六小节已经说明，不复赘述。

南方都市報 国内 A15

2009年5月24日 星期日 编辑 谢华 版式 赖敬良 校对 黄永文

邓玉娇案：风云诡秘的三天

昨日下午其母张树梅确定与律师解除委托关系，事因“关键证据”风波

昨日，湖北巴东县政府新闻通告称：邓玉娇母亲张树梅声明与律师解除委托关系。这一消息在上午已被张树梅否认，但到下午，情况直转而下，张树梅又称：确定与律师解除委托关系。

一天内发生的这一戏剧性变化，实际上是延续21日的“关键证据”风波。两名律师在会见邓玉娇后，爆出其“遭受了性侵害”，并失声痛哭、网络求助，引发舆论的轩然大波。

巧合的是，当晚，除了胸罩，其余的关键证据均被张树梅清洗。22日，关键证据封存后，委托人与律师之间的信任危机难以弥补。

这三天，邓玉娇案的连锁反应，已经脱离了案件本身。

[21日] 律师与委托人的嫌隙

会见是在当日上午9点40分左右进行的，持续了3个小时之久。两名律师出来后，神采奕奕，面对媒体，律师夏霖打出了“胜利”的手势。

律师：邓玉娇称黄德智对其进行性侵犯

除了媒体记者，邓玉娇父母也一直守候在看守所门口。夏霖没有透露会见的情况，只是在午饭前赋诗一首，表达了此次会见的收获。

昨日，在接受本报记者采访时，夏霖律师说：当日上午会谈，邓玉娇向他们讲述了黄德智在水疗室里对其进行性侵犯。在形成整个证据链后，律师根据会谈时的情况，推翻了此前邓玉娇患有“精神病”的说法。

两名律师难掩内心喜悦，既没有将会见内容透露给媒体，也没有告诉委托人。一直到下午1时40分左右，邓玉娇母亲张树梅接到野三关派出所所长谭静的电话，急匆匆赶回去。律师才有所担忧。夏霖说，张树梅给他发来短信，承诺一定赶回来，他这才放心继续下午2时30分的会谈。

据记者了解，当天，湖北省、恩施州公安局调查组正在野三关镇调查，张树梅告诉记者，她是配合警方写材料。

下午5时30分左右，两名律师从看守所会见完毕，得知张树梅夫妇仍在野三关镇时，夏霖觉得事情不妙。“我在想，他们一定被黑恶势力控制了，证据肯定被毁坏。”情急之下，两名律师向媒体公布“关键证据”即胸罩和内裤，并呼吁网友尽快赶过去，防止证据被毁。

整个过程，委托人和律师之间一直没有沟通。晚上，两名律师从巴东县刑警大队做完笔录后，向媒体再次呼吁，担心警方毁灭证据。从这时起，案子开始偏离原本的方向，而卷入舆论漩涡，最终导致了委托人与律师之间关系的崩裂。

邓母：找不到律师了

据张树梅说，她接受完派出所调查后回家洗澡。邓玉娇的衣服已经发出阵阵恶臭，这些衣物是邓玉娇送到医院后换洗下来的，并且已经浸水。张树梅带回家后一直丢在洗手间。“已经发臭了，我就洗了一下。”张树梅说，她在胸罩上发现了“红斑”，怀疑是血迹，带在了身上。

由于一直没有得到张树梅的消息，两名律师愈加相信委托人已被控制的事实，关键证据也可能随之消失。因为担心安全问题，晚上11时30分时，两名律师搬到了另外的宾馆。

张树梅说，她在回县城的路上，被大支坪镇派出所民警赶上来询问“胸罩的事”。张树梅再次返回野三关镇，经过辨认，她认为胸罩上的红斑只是沾染了其它衣服的颜色，并非“血迹”。随后，警方将胸罩归还给了张树梅。

折腾了大半夜，回到县城已经是22日早上，一夜没睡的张树梅打电话给律师，夏霖已经关机。她致电本报记者称：找不到律师了。

[22日] 关键证据的鉴定

“关键证据”的公布，再次撬动舆论对邓玉娇案的猜测。事实上，经过互联网的发酵，已经有网友呼吁集结进入野三关镇，并为邓玉娇立碑，引起当地政府高度紧张。事情的走向，已经偏离了案件本身，各种角色的介入，使得邓玉娇案蒙上了多层色彩。

律师：揣有重要物证的张树梅已被控制

22日上午，在给本报记者通电话后，张树梅前往巴东县武装部大楼，与恩施州公安局负责人会谈了整整一个上午。

期间，她拨通了律师的电话，告知他正在武装部会谈，但律师在致电本报记者时称，“情况十分紧急，揣有重要物证的张树梅已被警方控制”。夏霖觉得，从前一天

张树梅说，这还有什么用，除了胸罩，其它4件物品已经清洗过了。

“我当时惊了，”夏霖回忆说，虽然整整一个晚上他已经设想了这种结果，“我觉得鉴定已经完全没意义了，”他说。

之后，张树梅随警方做笔录，律师返回宾馆，至此，两人再也没有见过面。而这个下午，正是导致第二天委托人解除律师委托关系的关键转折点。

邓母：我十分清楚，女儿没有被强奸

23日0时30分，记者获悉，巴东县政府新闻发言人将通报“邓玉娇案”最新情况。本报记者于0时40分获得这份通告，内容有3点：“公安机关证实不存在邓玉娇被强奸的事实”，“邓玉娇母亲张树梅声明与律

在媒体和律师之间，本是一道平衡关系。采访过程中，记者进入事件中心获取信息，也应抽离出来冷静观察，只有这样，面对高高在上的信息发布者时，你才有质疑的权利。也只有这样，你才会赢得采访对象的尊重和信任，试想，谁会将一条狗当人看？而当只剩仅有的单一的信源时，质疑之声便被剥夺了，平衡关系也被打破，记者从此沦为信息发布者的“传声筒”。

八

5 月 26 日下午 4 点半，我在恩施州优抚医院副院长杨永新办公室采访时，才知道我是唯一一个问到“邓玉娇为什么绑在病床上，喊爸爸他们打我”的记者。

这是恩施州电视台《今晚九点半》节目播出的画面。此画面引发更多舆论的愤怒之火，有矛头指向医院虐待邓玉娇，医院院长、主治医生电话被“莫名其妙”的网友打爆，最终导致医院不堪骚扰，向公安局提出将其送回看守所。

“媒体表现出严重的不负责任，”杨永新说，“媒体的本意是激起大家对案件的关注，对邓玉娇的同情，可这样偏颇的画面一播出，煽动了民众情绪的同时，却使医院遭到了误伤。”

从新闻语境中，我理解为，媒体拍到了画面，却没有进一步给观众解读，为什么会有这样的画面？如果媒体也是预设立场在先，哪怕其初衷是想引起更多人关注，这样的画面，则会被嫁接到先行的主题上。毫无疑问，将是另一种造假。

就在这个下午，当我说服副院长拿出邓玉娇的病历，正要翻开时，接到喻尘电话，禁令到了。

在这里，顺带也说说关于采访被跟踪的经历。5 月 17 日晚上，我跨出宾馆大门，一辆黑色的桑塔纳发动了，我意识到自己被跟踪。出门口时故意放慢步子，等桑塔纳靠近时，突然转身往回走。果然，那辆车也开始掉头。当它刚转过身，我又折回来，如是三番五次，司机便慌了，不知我的意图。我随后拦了一辆小出租车，付足了车费，让司机找个拐弯路口有小巷子的地方减慢车速，让我下来，然后继续往前开。我躲在黑暗的小巷里，看着跟踪我的小车疾驶而过。

反跟踪的经验是在 2008 年去沈阳西丰采访“进京拘记者案”时积累下来的，唯一不同的是，那是一个大白天，难度更大。

当下采访环境，被跟踪是件常事。此前的教训告诉我，记者没必要将自己推向新闻主角位置，从而耽误了报道。跟踪之人的目的无非是想知道你去哪？找什么人？对个人安全倒不构成威胁。我之所以和他们玩猫捉老鼠这样的无聊游戏，是担心会给我的采访对象带来麻烦。

九

南方周末鞠靖同学传了署名时寒冰的批驳文章《邓玉娇案中的媒体责任》与我，长达4000字之巨，一看，令我哭笑不得。

我只有四个字：不值一驳！

这位时先生在洋洋洒洒中，预设判断在先。他说：请问南都的那位“创作”《女服务员与招商办官员的致命邂逅》的记者，你有关邓玉娇的负面采访是从哪里来的？

可笑的逻辑，如果我跟你一样是个只会讲空头大话的写手，这句诘问再恰当不过了。更为荒谬的是，这位时先生拿出《邓玉娇案关键证据被毁 放置11天衣物离奇遭清洗》来“进一步映衬《南方都市报》这篇“文学创作性”报道的明显倾向性（时寒冰语）”

拜托你们这些所谓的评论作者，在发挥想象前，去调查一下事实真相好吗？如果对事物的认知，仅依靠于语焉不详甚至偏颇甚远的消息源之上，你这张口便来的评论，不是离题万里等同于胡说八道吗？

苏永通同学给我传来了学者萧翰的《邓玉娇事件评论之十》。萧翰写道：

平面媒体在报道案件进展过程中，需有几个基本底线思路。

第一，由于中国的刑事司法程序是一种控方享有程序特权的司法程序，因此，它对犯罪嫌疑人十分不公平。在这种情况下，如果报道者不懂这基本弊病，片面追求所谓技术性的平衡报道，便是机械、变态的“平衡报道”，而不是言论自由下、宪政制度下的平衡报道，它必将是损害邓玉娇合法权益的，因此，出于一种校正性正义的需要，必须对代表控方的公权力有更多的警惕和质疑。

第二，在任何情况下，坚持对邓玉娇的无罪推定原则，直到最后审判终结。

第三，在任何情况下，报道案情进展要有保护邓玉娇合法权益的底线，因为政府控制了几乎所有司法资源，他们在如此强大国家机器的护卫下，如果新闻界还在那里做不利于邓玉娇的报道，那简直是脑子进水，落井下石。即使有确凿证据证明于邓玉娇不利的事实，也可以在案件终结之后再来报道。搜集邓玉娇的罪证，那是控方的事——不要给强权锦上添花，要给弱民雪中送炭。

上述都是基于基本宪政精神，即以监督权力的姿态达到权力和权利的动态均衡，建议媒体的朋友们好好考虑。

在此，我只能感叹：这是萧先生的独创理论。新闻什么时候沦为了对抗公权的工具，而且预设立场仅仅是为了反对而反对？邓玉娇的合法权益当然是要在法律的框架内保护。在某些情况下，律师和记者看似都在做同一种事，都在寻找被公权倾轧的证据，区别在于，律师站在委托人这边，而媒体，站在客观公正的一边。

前者为了达到某些利益，或许有萧翰先生的上述举止，后者则不然。

十

6月16日，邓玉娇案一审开庭。

我在离巴东县城几百公里外的某山区招待所赶稿，也就是第二天的《案外风云：邓玉娇案演变全纪录》。

同事占才强正好在武汉，便委托他去了庭审现场。可以预料到，庭审后的邓玉娇一家肯定会避开众媒体。我的想法是，去巴东县老法院宿舍，找到邓玉娇曾任庭长的爷爷家，这是她在巴东县城的唯一去处。

果然，下午，占兄打来电话，证实了我的判断。但邓玉娇母亲张树梅似乎不信任。她问："南方都市报小龙怎么没来？"占兄只好拨通了我的电话。我对张树梅说："大姐，我在外地采访，赶不过来。找你的是我同事，我们也算善始善终，希望你能像信任我一样信任他。"张树梅答应了。

晚上8点左右，我的稿子写好后，占兄的稿子也提交了。南都对恢复自由后的邓玉娇做了独家专访（虽然大部分由其亲属代言）。看到占兄牛B的专访那刻，连月来压抑在心底的郁闷顷刻释然，我犒劳了自己：好好睡一觉。

后来，王和岩说，她把稿子推荐给《财经》副主编张进，他看了说："这个稿子就是我想要的。"

从职业角度来说，邓玉娇案，也是我对记者这份职业做的一次自我审视。

（作者系南方都市报深度部首席记者）

警惕媒体与民意的断裂

□黄秀丽

黄秀丽

网络上舆情汹涌时，传统媒体对新闻事实的甄别判断难度增加。深度报道要警惕互联网塑造的刻板形象，不要只看到事情是怎么发生的，要思考事情为什么会发生，为什么会在当代中国这样一个时间段发生。

在邓玉娇案的 37 天，我深切地体会到了网络民意是如何影响事件的发展的。这里面的影响对我们新闻记者来说，有积极的成分，也有很多对我们不利的因素，甚至造成前方记者的采访很难开展，有许多经验教训要吸取。

在网络信息如此迅捷的情况下，传统媒体要做深度报道很不容易。

一、互联网刻板印象的警惕

先谈一下我的采访经过。这次是相当惊心动魄的，我去了两次巴东，每次都有一星期左右。第一次大约是在 5 月 19 日，去了湖北恩施，先后在恩施、野三关以及巴东呆了共一个星期。去之前，关于案件的主角邓玉娇、邓贵大的形象在互联网上比较抽象，基本上可以概括为“民女抗暴”，认为邓玉娇一定是玉女、烈女、英雄; 邓贵大、黄德智等人一定是贪官恶吏。这是一个预设的形象，是网民根据先前媒体的报道，以及警方模糊的公布刻画出来的。

我到野三关后，经过接触邓玉娇的朋友以及邓贵大、黄德智和邓中佳的朋友后，两方面的人物性格便越来越清晰、丰满，两人的形象也越来越脱离当初的脸谱化倾向。邓、黄的人事档案显示，二人没啥社会背景，四十多岁了还在镇上当一个芝麻小官。只有黄有一个哥哥在南京一家银行当法律顾问。而邓玉娇的家人和朋友，尤其是她的那帮朋友，塑造出来的“她”真的是很不可爱，脾气暴躁，动不动就跟人发火，曾经买过一把水果刀，被她妈妈搜走。不排除邓玉娇的朋友为了帮她，借用她的失眠症往精神病上靠。但是记者不可能采取单方面的信源，见报的细节都要经过多方核实。

邓玉娇以前在一家打字店工作过，认识她的人描述她的性格是有点“癫”，意思是你说一句，她会顶你噎你。有网友质疑，称广州日报报道说邓玉娇的一位朋友否认她有精神病，似乎是推翻了前面记者的说法。我的看法是，这个采访是在律师爆出性侵犯情节之后做的，不排除她的朋友想法又变了，告诉记者的事实会有所选择。

南方周末

核政治

金沙江水电站违规调查 [C14]

投资潮中，环保安在？[C15] 环保部五年激战水电巨头 [C16]

巴东37天

与邓玉娇案相关……

当时南方都市报的记者龙志、成都商报的记者龙灿和我曾有多次讨论，感觉到这是一起简单的刑事案件，杀人者、被害人、证人、现场都很清楚，真的是抗暴杀人吗？正是有这样的看法，龙志写了那篇《女服务员与招商办官员的致命邂逅》，试图展现案件主人公更丰满的形象。应该说，稿件里的事实是基本真实的，但这种文学化的笔法激起了网民的愤怒，也激起了当事人的愤怒，导致邓贵大老婆不再接受任何媒体的采访。

之后的情况网上披露得很充分了。律师披露案情，政府赶走律师等等，我也都在现场，对双方的斗智斗勇，以及力量之悬殊有充分的感受。

二、对案情事实的谨慎处理

我第一次成稿是在5月26日，律师刚刚被解聘，新律师刚被政府聘任时。基本的新闻事实都被各路媒体挖掘一空，新闻增量不多了。这时候我考虑稿子的展现重点有两个：关于邓玉娇形象的争议和案情的争议，第二是辩方权利被严重侵犯的事实。第一部分，网络上的意见基本上是一边倒，邓玉娇是烈女，律师披露的性侵犯情节一定是确信无疑的。

应该说，这一民意影响了在场的很多媒体。很有趣的是，当时在场的媒体也分成两派，一是挺夏派，二是倒夏派。第一派以广州日报为代表，文字表现很有倾向性。第二派以成都商报龙灿为代表，他坚持相信公安的信息是确切的，律师这边不行。这在他的文章《邓玉娇案，拔出萝卜带出泥》有充分体现。这篇报道也差点被网络唾沫淹死。

本来我是最有可能成为挺夏派的，因为我跟两位夏律师的熟悉和信任度要超过其他记者。但是作为一个记者，履行职务行为时要对任何一个信源提供的信息保持警惕。我不能认为警方就是对的，像高一飞教授坚持的那样。也不能像大多数网友一样，坚信律师一方。我必须承认这是一个案情争议，因为从刑事司法侦查的角度来说，这里面有太多的细节无法为一个记者所掌握。我能呈现的就是这样一个争议，而不是结论性意见。

第二部分就是辩方的权利被一步步蚕食、侵吞的内容。为什么考虑做这些内容，是因为我发现在律师爆出性侵犯情节之后，案件的调查已经偏离了方向，开始向邓玉娇事件转化。

到底是什么力量在促使案件向事件转化？在现场的记者也多有讨论，政府的原因？律师的原因？网友的原因？其他势力准备进入巴东的原因？应该说都有一部分。对这种变化，南方都市报在6月17日后来发了一篇深度报道《案外风云：邓玉娇案演变全纪录》，试图展现各种力量在事件中的变化发展过程。但我认为，龙志的这篇稿件虽然新闻事实丰富，但是过于机械。这种简单地表述客观事实的做法，事实上对律师方和网友不公平。

为什么？因为在这个事件中，政府一方的力量超级强大，他有能力控制一切，是政府首先超越了法律轨道做事，而且一路做下去，而不是律师和网友。如果这个板子各打五十，显然不公平。两夏律师的表现被很多人认为是失态，我当时也很惊讶，因为我不知道发生了什么事。我想谈的是，在这种案子里，刑事辩护律师要考虑很多案外因素，比如会见当事人时，不被监听，在中国显然做不到。这就是夏律师怀疑邓妈妈张树梅被警察叫走，是去拿衣服毁灭证据的原因。如果不考虑刑事辩护律师生存的恶况，只强调律师的失态是作秀，不完全公平。

接下来的事态发展让我决定将关注点从案情争议转移到程序权利上来。而且这是个规律性现象。在高莺莺案和杨佳案里都有体现。

三、要考虑中国的政治背景

这个案子后来演变为邓玉娇事件，政府跳出法律轨道办事，是最主要的原因。考虑一下现有的政治制度背景，就会明白他们为什么会这么做。官员的执政思维是自己要包办一切，控制一切。

他们发现律师披露的案情跟自己掌握的有争议之后，会感到恐慌，非常不习惯别人有反对意见。只要有异议出现，当局就觉得自己把握不住了，会有人跟自己捣乱，稳定维持不了。

比如从5月25日起，巴东开始封城。以开会的名义，派大批的干部进驻旅馆，以防外来人员特别是记者入住。宜昌到巴东的航线停运。在野三关，宾馆的网络掐断了，外来人员像记者模样的人，都会遭到盘问。拉过记者的司机被拘留。

当地的媒体发稿后，因为与警方公布案情不一致的地方，遭到警方否认，他们一度抵制宣传部发的通稿。直到省委宣传部下令了，才开始发稿。后来的稿件全都经过湖北省委书记的亲自审阅。这时候，还仅仅把几方的力量做一个均衡的对比，一定会产生偏见。

到我最后成稿时，这个案子已经过去了37天，也就是邓案宣判的当天。

我在思考，这个时候大部分能挖掘到的新闻事实已经报道完了，作为南方周末的报道，应该超越其他媒体，我应该选什么角度？我想到了邓玉娇案向邓玉娇事件转化这样一个点。即使是在体制内，对政府的这一做法也有反对意见，尤其是检察院、法院系统，本身他们作为法律人，非常不希望案子这么办，因为这样使刑事诉讼法完全被架空了。

这种现象太值得我们反思了。刑事案件一旦形成公共事件，控方的膨胀化是体制决定的，对法治精神的损害有百害而无一利。我想，最应该写的就是把这只看不见的手写出来。他们怎么运作的？他们为什么要这么运作？其实稿子展现得很不充分，主要是时间太短，而且当地信息高度封锁，要想突破是极难的。

在这个阶段我基本上不看网上的信息。网上信息难辨真假，很容易受误导。我们好几个记者都有这样的经验，比如很多关于邓玉娇、邓贵大的谣言，到当地采访发现子虚乌有。所以，关于县公安局长杨立勇开路虎车、养多少情妇等我就没做过多的关注。而且从这个案件本身的发展脉络来判断，不管杨立勇有没有这些东西，巴东方都必然会这么做。

从巴东方的做法来看，我很难判断他们一开始就要掩盖什么巨大的黑幕。我和当地百姓接触，发现

A2 纵深

与邓玉娇案相关：

巴东37天

从邓玉娇案看公民社会和法治未来

公权权强膨胀与法律理念的冲突

公民社会与中国未来

报人因“经营提成”入狱获平反

“经营提成是正常职务行为”

当地的政坛对于一些丑恶事件，他们会本能地捂住，这些年也捂了不少。如果邓玉娇案有巨大的黑幕，他们不会蠢到自行先公布。他们大可以什么也不说，你媒体根本就不知道。就算你知道了，一句侦查阶段不宜报道就打发了，以他们对当地媒体的控制力，是可以做到的。所以我判断这可能是警方没当回事公布出来了，事情又做得不地道，被网民抓住了漏洞，逐一解读，不依不饶。这等于巴东警方干了一件蠢事，结果惹了一堆麻烦。一个更能站得住脚的判断是，惯性思维使巴东方为了掩盖当初的小错，不断地错下去。

这不仅仅是为了掩盖多少黑幕，而是在习惯于暗箱操作的情况下，总有很多事是见不得人的，即做得说不得的。这种制度性虚伪长期存在，所以即便是此案中什么黑幕也没有，仅仅是自己工作上的疏忽，比如出警时间有问题，派出所先到的现场，遗漏了性侵犯情节等，他们发现案子控制不了了，也会想尽一切办法来遮盖。这种做法就是一个罪错递增现象，一个部门犯了错，下一个部门自动会掩盖前面的错误。

四、警惕媒体与民意的断裂

稿子发出来，我挨了很多骂。网民骂我是五毛，无良记者，收了杨和巴东政府的钱，南周和南都一样堕落了等等，非常不堪。我不服，在网上跟他人掐了两天，最终相当一部分网民跟我达成了和解，但有一部分坚决认为我是五毛。

这次挨骂让我感到有些意外。在圈内，这篇稿子被认为是比较客观公允的，它的思路超过了现有的新闻报道。但是因为完全不符合网民的预设前提，差点被口水淹死。应当说，网民骂的不是地方，稿子的问题在于调查不充分，没有把我刚才提到的思路充分展现出来。但他们没看到，忙着诛心去了。

我的第一层思考是，网民的意见如此粗糙和非理性地表达，多大程度影响了事件往好的方向发展？网上的民意汹涌会把现实生活中一点微小的信息放大数倍，对当事人产生的影响非常快捷而且有力。巴东方的应对表现出政府对网络民意的极度不适应，极左的思维促使他们制造出了巴东有史以来的“白色恐怖”。虽然刚才谈到归根结底这笔账更多的要算到政府身上，但从民间力量的发展这个角度来说，是必须反省的，否则以这样一种水平，在推动社会前进时，会抓不到关键点，会像凯迪的牧沐网友所说的，为了一厘米的进步，结果退了一米。

这个案子中，一直为网民忽视的就是程序权利问题。这也是为当局极度忽视甚至轻视的。他们不按规则出牌，从本案的判决来看，实体正义基本得到实现，但是以牺牲程序为代价。有关部门的做法是宁肯牺牲实体正义，也不遵守程序正义。如果民意不能抓住这一点，邓玉娇案就永远只是个案。无论你如何嚷嚷邓玉娇无罪，当局也可能会让步，但实质上社会的进步很微小，而且以伤害法治精神为代价。

在当代中国社会，民众对政府的不信任，几乎在每个公共案件中都会聚集到一个很可怕的地步。在我采访专家时，发现一些专家也是非常忽视这一点的，而且看不到在中国发生的公共事件中，各种力量的对比，经常是一屁股就坐到了政府一方。这样的学者也和网民形成了对立，加剧了网民对政府的不信任。对于过于粗糙和非理性的民意表达，记者必须警惕，要避免被这种民意误导。但也要避免矫枉过正，一板子打在网民身上。

我的第二层思考是，媒体大面积地挨骂反映出了媒体和民意的断裂。媒体本来是承载民意的，表达民意的，但这些年随着社会矛盾的激化，不单是社会各阶层出现了像孙立平先生所说的断裂，中国的媒体也出现了错位。

南方周末自从改变了原来锋芒毕露的风格，为了生存，追求更合适的表达方式之后，一直不为一些读者理解。这种情况在中国媒体是一个普遍现象。2003 年前，有不少媒体都比较“冲”，不止南方周末，中国青年报、瞭望东方周刊、中国新闻周刊等等都敢于“揭黑”。应该说，在一个转型社会，“揭黑”报道对媒体来说是极为重要的，而且理应成为报道的重头。但是中国媒体为了生存，不得不收其锋芒，收缩报道领域。

在媒体圈，一向有南有南方报业，北有中青的说法，但能进入这些媒体报道领域的社会热点事件能有多少呢？相当多的热点事件都是在网络上出现、发酵并掀起高潮。这些年，实际情况是，大面积的官员腐败和大量的社会不公事件出现，而传统媒体表现的是“形势越来越好了”。对这些深层的社会问题，媒体不能适度展现，甚至比以前展现得还少，慢慢地，媒体的报道和民意就会出现断裂。

媒体无法承载民意，公信力下降，这个功能反而由网络来承担。互联网的高度发展，信息传播的迅速，从技术角度来看，也会导致民意重心的转移。但互联网作为一个信息的松散集散地，大量网民隐匿在互联网背后，自发地发布信息，难以形成传统媒体的公信力。网上也有一些论坛、QQ 群有一些意见领袖，有一定影响力，但因为他们难以像传统媒体那样深入到一线调查，所获取信息的来源靠网民的口口相传，并通过网络传播，这种收集和传播信息的渠道都决定了信息的不确定性和真实度较低。对这一点，我作为报纸的记者有较深刻的体会，但网民对信息的可靠度没有像记者那样保持高度警惕，他们更愿意按照既定的模式去思考、判断，而不是建立在大量真实可靠的信息上。这样的信息传播方式和心态，会助长民意表达的粗糙和非理性。

这种粗糙和非理性，在最近一两年是相当严重的，最厉害的是杨佳案。杨佳是不是英雄，是不是大侠？很多人忽略了一个基本的事实，就是杨佳杀的不是害他的人。即便是按照原始正义的复仇理论，他也算不上是大侠。事实上，他处于一个两难的境地，他的遭遇非常令人同情。当时我写了篇文章《从杨佳案看二极管思维方式》，就是探讨的这种非理性的、动不动就诛心的表达方式，会对民间力量的发展起坏作用。这是一种恶性循环，对双方形成良性互动，共同推动制度良性建构是非常不利的。对此，无论媒体，还是网络都应该检讨。

我觉得，网络和传统媒体要形成良性互动，相当困难，但并非做不到。“周老虎事件”就是一个好的例证。对民意理性的表达，最终还是要靠传统媒体。在中国的网络时代，媒体要想更好地做好“社会公器”“，必须要有更高的眼光和更宽广的胸怀。作为一个记者，同时也是一个网民，他应该对互联网民意有深入的把握，对网上真假莫辨的信息有一双火眼金睛，这样才可以引领民意，更好地传达民意。

（作者系南方周末记者）

我选择了冷静观察与客观记录

□王和岩

王和岩

本文的题目，是我对自己作为一名记者的定位。当然，我认为，一名优秀的记者除了前述两种能力，还应该具备判断能力、思考能力。

由于所在媒体的定位不同，我介入邓玉娇案的报道比较晚。5月18日，巴东警方的通报和此前媒体报道在关键情节上描述用词出现差异，这一点引起了我们的注意。当日，我协助实习记者做了一篇网络稿。

自此，邓玉娇案就没有脱离我的视野。和所有关心邓玉娇案进展的人一起，在短短的20多天里，目睹它在网络上风起云涌，扑朔迷离，从一个普通的刑事案件演变为一个震动全国的公共事件，直至尘埃落定。

6月14日下午，我到达巴东。在码头候车室，即受到不同其他乘客的待遇：登记身份证。之后，前往酒店入住途中，也有法院的警车尾随。

两天后，邓玉娇案开庭审理。不能进入法庭的我，和其他媒体的记者采访、拍照，或多或少受到警察阻拦、干扰。

这种做法固然不正常，但并不能因此认定巴东警方做贼心虚、欲盖弥彰。我以为，这不过是巴东地方当局在舆论风暴下的一种举止失措的惯常反应。后来的采访证实，我的看法是有道理的。

我所了解的案情

邓玉娇案开庭前夕，6月14日，我来到巴东。采访中，我有幸采访到一些知情者，接触到一些关键材料，这使我对整个案情有了比较清晰的认识。

巴东警方总共对邓玉娇做了三次口供。三次口供的时间分别为，案发次日，即5月11日晚，5月20日，5月24日，调查询问单位分别是野三关派出所、巴东公安局和恩施州公安局。

邓玉娇的这三次口供，均描述了第一现场水疗区五号包房（即VIP5包房）案发情形。但对黄德智行为的叙述，三次口供对相关细节的陈述有所出入。

但有一点可以肯定，邓玉娇三次口供所述黄德智对其所做最严重的行为是将其拉倒在床，扯她的衣服。

邓玉娇的口供前后不一，不仅表现在对VIP5包房黄德智行为的描述上，也反映在其对刺死邓贵大的黄色水果刀来历的供述。最初，邓玉娇称水果刀是她顺手从茶几上拿起的。后来又改称是她买的，装在包里防身用。

至于邓玉娇在巴东县检察院所做的口供，以及湖北律师对邓玉娇进行的四次询问，对黄德志在VIP5包房的行为描述，与起诉书内容几近一致。这表明，邓玉娇的所有口供均未指称黄德智对其实施如刑事控告书所称行为。而黄德智的四次口供，均称自己在VIP5包房没有拉过邓玉娇。

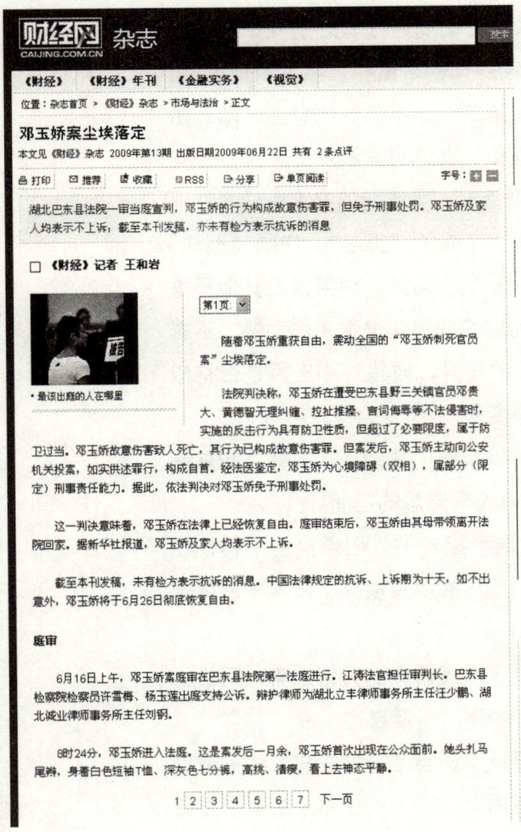

财经网 杂志 CAIJING.COM.CN

《财经》 《财经》年刊 《金融实务》 《视觉》

位置：杂志首页 > 《财经》杂志 > 市场与法治 > 正文

邓玉娇案尘埃落定

本文见《财经》杂志 2009年第13期 出版日期2009年06月22日 共有 2条点评

打印 推荐 收藏 RSS 分享 单页阅读 字号：

湖北巴东县法院一审当庭宣判，邓玉娇的行为构成故意伤害罪，但免予刑事处罚。邓玉娇及家人均表示不上诉；截至本刊发稿，亦未有检方表示抗诉的消息

□ 《财经》记者 王和岩

·最该出庭的人在哪里

第1页:

随着邓玉娇重获自由，震动全国的“邓玉娇刺死官员案”尘埃落定。

法院判决称，邓玉娇在遭受巴东县野三关镇官员邓贵大、黄德智无理纠缠、拉扯推搡、言词侮辱等不法侵害时，实施的反击行为具有防卫性质，但超过了必要限度，属于防卫过当。邓玉娇故意伤害致人死亡，其行为已构成故意伤害罪。但案发后，邓玉娇主动向公安机关投案，如实供述罪行，构成自首。经法医鉴定，邓玉娇为心境障碍（双相），属部分（限定）刑事责任能力。据此，依法判决对邓玉娇免予刑事处罚。

这一判决意味着，邓玉娇在法律上已经恢复自由。庭审结束后，邓玉娇由其母带领离开法院回家。据新华社报道，邓玉娇及家人均表示不上诉。

截至本刊发稿，未有检方表示抗诉的消息。中国法律规定的抗诉、上诉期为十天，如不出意外，邓玉娇将于6月26日彻底恢复自由。

庭审

6月16日上午，邓玉娇案庭审在巴东县法院第一法庭进行。江涛法官担任审判长。巴东县检察院检察员许雪梅、杨玉莲出庭支持公诉。辩护律师为湖北立丰律师事务所主任汪少鹏、湖北诚业律师事务所主任刘钢。

8时24分，邓玉娇进入法庭。这是案发后一月余，邓玉娇首次出现在公众面前。她头扎马尾辫，身着白色短袖T恤、深灰色七分裤，高挑、清瘦，看上去神态平静。

1 2 3 4 5 6 7 下一页

案发后，巴东警方对第一现场VIP5包房，以及第二现场（即服务员休息室）所做的勘验显示，VIP5包房的双人床，除在床尾有一深一浅的两个坐痕，床上其他地方，平整无褶皱。

5月26日，巴东警方曾就此专门做过侦查试验。巴东警方安排了两个跟邓玉娇、黄德智形体相似的人，在VIP5包房床上分别模拟了坐、拉倒、挣扎等动作，并拍照记录。侦查试验显示，上述几种动作都会在床单上形成不同的压痕和褶皱痕迹。

这些情况使我明白，邓玉娇对案情的陈述，只是当事一方的说法。何况在一些比较重要的细节上，邓玉娇本人的几次陈述出现了不小的差别。对其陈述需要多方求证，而不能毫无保留地相信。

民意缘何滔滔

邓玉娇案由一个普通的刑事案件，演变为备受瞩目的公共事件，有三个不容忽视的时间点对该案的发展起了关键性的作用。

第一个时间点：5月18日，由巴东县公安局通报与之前媒体最初的报道在关键细节上存在的差异引发。最初媒体的报道称，案发前黄德志、邓贵大向邓某提出“特殊服务要求”；在第二现场服务员休息室，邓玉娇第二次欲离开时，被邓贵大“按”或“按倒”在休息室沙发上。

而在此次巴东县公安局的通报中明确指出，黄德智的要求变成了让邓玉娇提供“异性洗浴服务”。“按”“按倒”变成了“推坐”。中国《刑法》第20条规定：“对正在进行行凶、杀人、抢劫、强奸、绑架以及其他严重危及人身安全的暴力犯罪，采取防卫行为，造成不法侵害人伤亡的，不属于防卫过当，不负刑事责任。”这一细节的差异，或将对邓玉娇是否构成正当防卫以及防卫是否过当的认定产生重要影响。

第二个时间点：5月21日，“邓玉娇被实施了性侵犯，内裤、胸罩等是关键证据”。这一说法，给媒体和网民以无限遐想的空间。

第三个时间点：5月25日，黄德智刑事控告书。刑事控告书称，在VIP5包房黄德智对邓玉娇实施了脱裤子、脱内裤以及摸其下体等一系列涉嫌强奸的行为。

三个时间点的三个标志性说法，推动了邓玉娇案的舆论走势，网络上人声鼎沸，民意滔滔，对巴东官方及警方的声讨一浪高过一浪。

由于现实环境中公权力的公信力普遍低下，当官方说法与媒体报道出现分歧时，民众包括专家显然愿意更相信后者。这一点在邓玉娇案中显露无疑。案情细节由“按住、按倒”变为“推坐”，网民本能地选择相信媒体，巴东警方的通报则被解读为涉案的官员开脱。

遗憾的是，几乎没有媒体去调查“按住”、“按倒”和“推坐”这三个说法的来由；也没有探究案发第二现场的重要物证之一——“沙发”是什么样，邓玉娇有无可能被“按倒”；更没有了解最初报道案情的媒体使用的“按倒”的信息源及身份，是否是一线办案人员，其表述是否准确。

据我了解，5月11日邓玉娇的第一次口供，案发经过描述最详细，篇幅最长。在此次口供中，对第二现场服务员休息室邓贵大行为的描述就是“推坐”，而不是媒体报道的“按住”或“按倒”。

我所见的现场勘验显示，邓贵大将邓玉娇推至靠墙的沙发前，这个是单人沙发，棕红色，皮质或人造皮革质地，高靠背、高扶手，空间狭小，只能容纳一人落座。

而据后来《新民周刊》报道，5月12日，巴东县公安局副局长宋俊向巴东县政府通报了邓玉娇案调查结果及细节，并接受了湖北省内《三峡晚报》、《长江商报》等部分媒体采访。这些情况的汇集，被外界视作巴东警方对于邓玉娇案的“第一次通报”。

相关人士称，巴东警方这次通报是由媒体报道汇集而成，而5月18日的通报是由警方根据案情择要对外公布，对于邓玉娇案一些细节的表述，相较而言，措辞更为准确。

但这些本该被挖掘、及时见诸报道的东西，在很长一段时间里却被有意无意地忽略、遮蔽。我们看到，稍有风吹草动，便有不加甄别、甚至不予核实的报道出现，而一些时评家、法律人也不甘人后，纷纷在第一时间发言，哪怕因此谬误频出。这些报道、这些评论，在网络上引导着网民，和着民众的情绪，将邓玉娇案推向一个又一个的高潮。

如6月15日上午，有媒体将邓玉娇的精神病鉴定为“心境障碍”谬作“心智障碍”。尽管数小时后即有准确报道上网，但“心智障碍”还是被多家媒体转载，被时评作者、法律人引述，他们争先恐后地质疑、批驳，阴谋论似乎再次得到有力证实。唯独没有对“心智障碍”这个表述的真实性保持应有的谨慎和警惕。

在一些媒体的笔下，邓玉娇的形象、家庭被有意无意地美化和弱势化；而相对另一面，邓贵大、黄德志等基层小吏的背景（尽管是中国行政序列中不被认可的股级）则被强化与放大，给网民以充分猜测和遐想的空间。个别媒体稍有不同见解，即骂声四起。于是，汹涌民意伴生着谬误，成了事件的重要组成部分。

之后的“性侵犯”、“涉嫌强奸”、“关键证据灭失”等重要说法出现，媒体和民众选择了一边倒，俨然忘却了即使上述说法全部来自邓玉娇，也仅仅是当事一方的供述；被动中的巴东官方举止失当，以“半夜鸡叫”的方式抢先发布北京律师被解聘的消息；限制媒体采访，殴打记者……凡此种种，一次次固化了巴东官方和警方在网民和一些媒体心目中“阴谋者”的形象。

客观报道有多难

自5月18日后，我和我的同事先后做了十多篇网络稿和两篇杂志稿。在我们的报道中，有警方通报，有北京律师控告书，有湖北律师的声明和澄清，有优抚医院的说法，有记者被打……

在巴东，在我了解到相关案件材料跟舆论呈现的情况存在不小偏差后，我的编辑指导我依然选择冷静而客观地叙述所看到的一切……

由于我们首次到达巴东的时间，相对其他同行晚得多，我对邓玉娇案的认识也有一个过程，我们的观察和记录难免力所不逮，有所疏漏。但检视我们的报道，可以说，是事态发展的客观记录，不是倾向性的选择报道。

我以为，对新闻事件做尽可能的客观报道，不仅符合新闻职业规范，也避免了倾向性报道潜在的风险对媒体声誉的不良影响。

我不认为做到这点很难，只要遵循新闻报道基本准则，采访当事各方，对任何一个当事人提供的信息保持必要的警惕，进行核实，就不会出现立场替代是非的结果。

但遗憾的是，有不少媒体选择性采访，倾向性报道，专家、网民依据这些报道发表一边倒的言论。这种似曾相识的态势，让我想起了当年的黄静案。

（作者系财经杂志记者）

从邓玉娇事件看媒体对民意的表达

□杜安娜

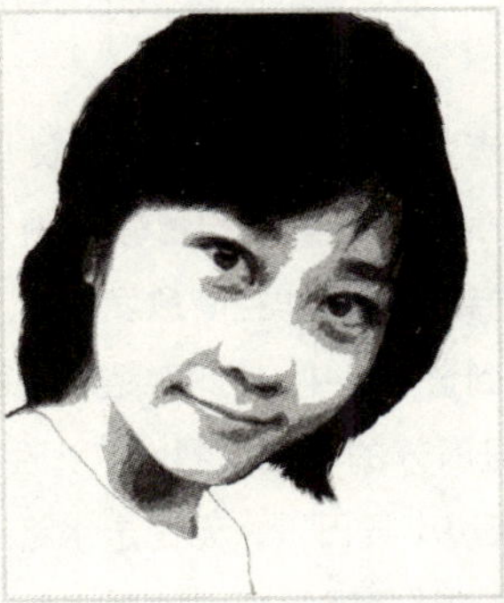

杜安娜

今年5月发生在湖北小县巴东的一件刑事案件，经过媒体的报道后，成了全国瞩目的带有强烈法律争议、道德审视和行政问责的大事件。这在互联网高速发展了近二十年后的中国社会，前有“周老虎事件”、“躲猫猫事件”的先例，说起来也并非奇事。

而邓玉娇事件的特点在于，这次传统媒体在新媒介环境下摆脱了缺位的尴尬。可以说，这是网络媒体来袭，民意表达汹涌的今天，传统媒体在事件进展中扮演了不可或缺的角色，第一次真正意义上凸现出它独特的价值。

但这次主动积极的尝试，一不小心就被汹汹“民意”“镇压”得体无完肤。媒体与民意真有决裂之意吗？作为事件报道的亲历者，我认为结论还有待于商榷。

这是有标本意义的一次尝试，传统媒体“上传下达”的原始功能有了新的诠释。一方面，传统媒体在事件的进行中彰显了自身的力量，探索到一些窍门；另一方面，也触到暗礁，有许多值得反思经验。

一、从“邓玉娇案”到“邓玉娇事件”：三个阶段之角色变迁

从5月10日案发到6月16日，湖北巴东县野三关镇一普通女子因

杀人致死被公安机关带走，到“杀人凶手”邓玉娇判为“有罪无罚”，短短 37 天恢复自由身。也难怪法学界有人惊叹，邓玉娇案件最终结果实属少见！

1. 序幕

在我看来，邓玉娇事件有三个明显的阶段，开始引起传统媒体大面积关注应该是第二阶段。

5 月 20 日南方都市报记者龙志的报道《女服务员与招商办官员的致命邂逅》出街，案发前 24 小时发生了什么已比较清晰，当事人能采访到的差不多都被采访了，留下的新闻可操作空间愈发局促。

我从 5 月 21 日开始介入到该事件中，而此时距事发已有 11 天。所以，最初设想是补做一篇不用太赶时效的“巴东烈女”人生故事的深度讲述。同时，从广州到湖北山区长江边小县巴东，无论走水路还是山路，至少需要一天时间赶路，路途遥远更冲淡了我抢新闻的急切。

就当时的局势看，“序幕”显得并不复杂，未知外界变化的邓玉娇被网友推为“2009 年第一烈女”，成为事情的主角；另一事件责任人邓贵大因抢救无效而死，其亲属并没有为其代言，算作缺位；巴东县警方因三次变更案件情况在网上遭遇诟病，被疑为办案不公，偏袒官员邓贵大。如同一出戏剧上演，根据角色配置，剧中人物被迅速脸谱化，“烈女”、“淫官”加上个糊涂判案的“葫芦僧”。

责任编辑：王月华 gzrbywb@gzdaily.com
美术编辑：王 斌

A6 广州日报

巴东警方：邓玉娇未被强奸

邓母张树梅突然改口称与律师解除委托关系 之后手机关机联络不上

“我不要钱，我要我的孙女，你们能不能把我的孙女找回来？”
——邓玉娇外婆不愿接受网友捐款

昨晨 1 时 37 分，巴东县政府官方网站发布通报，称邓玉娇母亲张树梅声明与受委托律师解除委托关系。

昨日上午，记者将通报内容告知张树梅，她十分惊讶，称这是没有的事。

昨日下午 4 时，张树梅改口，称确实与律师解除委托关系，理由是律师没有依法办事，之后手机一直关机。

文、图／本报特派巴东记者杜安娜

昨日凌晨 1 时 37 分，巴东县政府新闻发言人再次在官方网站上通报了“邓玉娇案”最新情况。该新闻发言人称，公安机关证实不存在邓玉娇被强奸的事实，并认定邓贵大、黄德智所陪同的“第三人”系巴东县野三关镇财经所转制分流人员邓中佳，没有违法行为。

这份在凌晨发布的通报称，邓玉娇母亲张树梅已声明与受委托律师解除委托关系的原因是受委托律师未履行好职责，没有对委托人提供实质上的法律帮助。

通告发出 10 小时后，记者于昨日中午 11 时电话邓玉娇母亲张树梅，张树梅非常吃惊地反问记者，“这些是谁说的，没有的事”。

但到了下午 4 时左右，记者再次核实该消息的准确性时，张树梅突然改了口，她告诉记者，确与律师解除了委托关系。她说：“律师没有‘依法办案’，他们没有替我们说话，并且泄露了我女儿的隐私。”张树梅说完就挂断了电话。截至记者发稿前，张树梅的手机一直处于关机状态。

另据了解，就在政府公布“解除与委托律师关系”的前一天，律师还一直陪同邓玉娇母亲在武装部汇报情况。

当记者拨通政府新闻发言人电话时，对方表示，所有的案件进展都会在网上公布，不接受电话采访。

巴东县政府新闻发言人称：公安机关以雄风宾馆休闲中心梦幻城涉嫌色情服务，于 22 日传唤了雄风宾馆经理贾德红。警方找邓玉娇、有关证人进一步调查和现场勘察，证实不存在邓玉娇被强奸的事实。

白发外婆

能不能把我孙女找回来？

“邓玉娇案”发生后，在野三关镇木龙垭村的高山上生活的外婆一直盼着她的消息。邓玉娇一岁多的时候父母离异，小时候一直和外婆秦尚菊生活，祖孙感情非常深。秦尚菊房里几乎所有的用品都是邓玉娇买回来的。在秦尚菊眼里，邓玉娇并不喜欢跟人计较。她说，邓玉娇以前在浙江打工，有一次，有个同事砸破了啤酒瓶，玻璃碴把她的脸划破了，同事不肯赔，邓玉娇也就算了。当得知网友给她捐款时，秦尚菊连忙推脱，嘶哑地喊道：“我不要钱，我要我的孙女，你们能不能把我的孙女找回来？”

代理律师

政府代发声明 令人疑窦丛生

昨晚 10 时 30 分，一直保持沉默的夏霖律师在自己的博客上发表了一篇声明，对巴东县官方代表邓玉娇母亲发出的与律师解除委托关系的声明表示震惊。

夏霖说：“我们看到了长江巴东网的新闻通稿，该稿称邓玉娇的母亲张树梅声明解除与我们两位律师的委托关系，非常震惊。”他表示，自从 5 月 21 日邓玉娇母亲张树梅被野三关派出所所长谭静带走之后，一直无法顺利沟通，关于是否解除委托关系一事他们并不知情。“况且，这样的声明从政府口中发出，十分不妥，让人疑窦丛生”。

夏霖说，昨日上午 10 时 40 分左右，张树梅来电表示，政府新闻通稿中关于她的声明不实，她并未决定与律师解除委托关系，要求与律师见面。等至下午 4 时许，张树梅忽然致电要求解除委托关系，再也不肯与律师面谈。

另外，夏霖说道，“媒体报道称我们发现此案存在‘强奸’情节，这是不实报道。我们所指的是‘性侵犯’，构成法律意义上的‘强奸（未遂）’，并不是民间俗称的‘强奸’”。

最先报道该事件的湖北媒体记者李海夫说，他的这篇稿件是通讯员来稿，只发了个豆腐块，他本人还没来得及去现场，就接到不予追踪报道的命令。没想到这样一篇小消息引来了网友如此的关注。

2. 开演

在前往巴东的同时，得知两位来自北京，免费为邓玉娇担任侦察阶段代理律师的夏霖、夏楠在巴东“潜伏”三天后，已向警方提出了会见邓玉娇的请求。5月21日，两位律师会见邓玉娇后，加上各路媒体的跟进，邓玉娇案味道发生了变化，开始向邓玉娇事件转化。

5月21日律师会见邓玉娇后走出看守所时的失态表现，让在看守所外等候的各家媒体和网友大跌眼镜，网友屠夫随即电话授意更新个人博客，网上公布当时情况。网络上也因律师的失态一片哗然，至今仍有人抨击律师“有失专业水准”、“做秀”。

当时在现场的5家平面媒体，一家电视台，包括南方都市报和广州日报，以及21日下午赶到巴东的新民周刊，都没有当天发稿的载体条件。而还在野三关采访的几家媒体则错过了这场变故。

不能不说，律师的进入，加

A6 广州日报 国内·评论

律师：无论如何要耗在巴东

称自己有责任把邓玉娇尽快救出来 邓母手机一直关机联系不上

办个奥数班年入上千万

最晚28日可调油价

“创文”是攻坚战也是持久战

央视女记者受骗背后的两只“黑手”

频提G2，美国的“离间计”？

违规购房“补差价”疑似“罚酒三杯”

楼巴停车点，不能蒙查查

“神木之困”正说明免费医疗之必要

上媒体的报道，一夜间促成事态升级。律师的表现并非可以迎合网友的表现，但事实上的确印证了网友的猜测：警方办案不公。

第一天会谈结束后，紧接着发生的一系列动作，有些目不暇接。邓母清洗了可以作为证据的衣物，不声不响地向夏霖所在律师事务所发函解除代理关系。这是夏霖在 5 月底返回北京后看到桌上这封函电才明白的。新聘两位湖北律师。野三关网友被集体劝返，巴东水路实行戒严。再到后来两位外地记者采访被打，一直处于被禁状态的湖北本地媒体突然被当地官方钦点进行独家报道。这一切动作表明了一个姿态：这事由当地处理，请外界不要狂热。

在这一阶段，民众心理发生了微妙的变化，如果说第一阶段网友把事件中各人物"脸谱化"了，那么，慢慢这些人物开始逐渐被"符号化"。观察事态变化的网友，已经把邓玉娇想象成自己的化身，成为民众表达情绪的一个符号。律师虽第一天表现失态，但网友怀疑的只是他的办案能力而不是他的立场，所以从头到尾，他也一直代表着网友的表达。而通过媒体了解到巴东所发生的事情后，当地官方则被自动定格为已死官员邓贵大的代言人，从而站到了民意的对立面，成为"欺压民众"的符号。

符号化的事实在巴东当地也展现得淋漓尽致，以至于最后夏霖所到用餐之处，餐馆老板表示声援不收饭钱。网友一边倒的态势在网络迅速蔓延，还有大批量的网友自费来到野三关镇邓玉娇的家乡进行捐款和声援。

随着事态升级，前来巴东的媒体越来越密，之后重庆晨报、中国日报、新京报、时代周报、南方人物周刊纷纷到场。据重庆晨报记者说，见到网上炒得火热，他们正犹豫要不要派人，律师与邓玉娇会面的报道出来后，他们觉得事情变得有意思起来。就个人体会，与狂热的网友相比，在场的媒体则相当镇定，没直接"列队站好"的姿态。

当时，邓玉娇案直接相关人集体失语，巴东警方则有统一拒绝采访的用语："具体情况请找我们的新闻发言人欧阳开平。"邓母在 5 月 21 日后就再没接受过媒体采访，而在案发现场的邓玉娇朋友唐芹杳无踪迹，其他好友杨红艳拒不回答相关问题。记者和网友所能了解到情况的唯一对象就是邓玉娇律师。

时代周报的记者私下说对邓玉娇的律师始终抱怀疑态度，而持此想法的不只一个，还有成都商报。最后时代周报的记者表示，这种悖论的采访状态让他有些进退维谷，一方面怀疑，另一方面没有其他信息源。

参与到后期动态报道的媒体，重庆晨报、中国日报、南方都市报、以及广州日报都只能从律师处得到信息，从新闻操作来看，似乎有违新闻的公平性原理，但当时也是一种无奈的选择。

3. 结局

5月23日后，随着邓玉娇律师的解聘，双方阵营彻底决裂。至此，邓玉娇案已完全偏离了法律轨道，进入到另外一个层面。两位律师被官方宣布已失去了办理邓玉娇案的合法身份。这时，双方都转入“地下”工作。

后来才知，5月24日的那个周末，北京两位律师耗在巴东的同时，邓玉娇已经在安排下与新任的两位湖北律师见面签订了新的代理协议，而这两位律师始终不接听媒体采访电话。同时在网上广泛流传着一张巴东县发生群众力挺邓玉娇的示威游行照片，以及全国网友将于端午节假期集中前往巴东的消息。无论是网友恶搞，还是当地宣传部门的背后授意，最后的结果是，所有记者都收到了所在媒体的召回令。同时，湖北媒体楚天都市报被当地官方钦点独家专访邓玉娇家人、新任律师。

从24日开始，随着召回令的下达，新闻资源的丧失，媒体开始逐渐退场，只有几家媒体留下来观察，这是一个相对冷清的巴东周末，在网上亦如此。

25日，周一，被解聘的两位律师表示要放出一枚“炸弹”，关于案件细节，代邓玉娇向警方递交控告书，告黄德智强奸。夏霖还把这份控告书全文放到自己的博客上，博客是他接手邓玉娇案后新开的。留守的几家媒体也对控告书内容进行了报道。这也是广州日报在邓玉娇案开庭之前的最后一篇报道，实行不署名不上网，所以在网络上搜索不到来自广州日报的

A4 广州日报 GUANGZHOUDAILY 国内新闻 2009年5月23日 星期六

邓玉娇案关键证据离奇被毁

警方21日下午陪邓母回家“取拿东西” 21日晚邓母将女儿内衣裤全部清洗

邓贵大成当地反面教材

另外两名当事人不见踪迹

好朋友为邓玉娇打抱不平：

她性格耿直 根本没病

市领导调研亚运场馆

要求加大周边环境整治力度

军地老领导游天河公园

从化启动“乡村风情游”

穗政府门户网站受好评

这篇报道。第二天，网友可以通过各种渠道获得各种版本的控告书内容，但它的可信度似乎有些打折。后来看到凤凰卫视的节目《文涛拍案》讲述邓玉娇事件时，涉及到控告书内容时，主持人只表示这是坊间传说。

27 日，我与中国日报、新民周刊的记者同一批离开了巴东，也是离开巴东县城的最后一批外地记者。那时，还有两名记者执意前往邓玉娇家乡野三关采访，我们途中听闻两记者在邓玉娇外婆家采访时被打，之后，他们也被送返。辗转到 28 日，两位律师最终离开了巴东。当天巴东水路封航。至此，巴东成为一片平静的无干涉之地。夏霖律师后来告诉记者，回到北京后，司法部门的领导特意设了饭局，安慰了他的“委屈”。其实，从那时开始，邓玉娇案就已经设置好了一个结局，只是需要几个安分的角色把戏继续演下去。

从 27 日开始，全国仅楚天都市报一家媒体独家连续报道邓玉娇事情的进展，其中包括对邓玉娇家人、律师的专访，并登载了邓玉娇变更监视居住后，与家人共度端午佳节的大幅照片，也是让网友有些欣慰的地方。

外界退场后，“邓玉娇案”静置了近 20 天，邓玉娇恢复了自由身，获得“有罪无罚”结果，法律最终成为一个成就结果达成妥协的工具。这也是至今人们对当时新华社专访武汉大学法学泰斗马克昌的说法存在不满的地方，说他“晚节不保”。

一个月后，围绕着巴东野三关镇的喧嚣逐渐散去，如同完成一场战役，各路人马退场。在第三个阶段，新闻报道、案件办理都继续，只是外地媒体、律师全换为本地的。或许这也是当地政府应急公关的一个创新之举，没有武断地封锁网友的知情权，所有功能都还健全存在，只是用内部人说话。

这 20 天时间，网上也出奇地平静，而舞台上只剩下一个主角，就是当地官方。对邓玉娇这个符号的处理，全部掌控在手上。

二、是谁在推动事态进展？

历经 37 天变化，邓玉娇事件的解决差强人意，结果含量很复杂，不过重要的一点是网友的意见。在网络媒体发达的今天，传统媒体与网络媒体相互配合共同推进事情进展，甚至网络媒体一马当先，独当一面推动事态进展的案例也举不胜举。

比较起去年的“周老虎事件”、今年年初的“躲猫猫事件”，也可以称为网友运动的三个不同范本，而在邓玉娇事件中，传统媒体的表现有了新的阐释。

在 2008 年“周老虎事件”中，案情每一个突破性进展几乎都由网友推动，传统媒体只是不断跟进验证事件的真实性，对网友产生了极大依赖，看起来热闹的新闻大战似乎是网友在策划。而 2009 年初的“躲猫猫事件”中，传统媒体气息微弱，网友地位却相当高，云南省委宣传部特意组织事件真相调查委员会，公开面向社会邀请网友和社会人士参与调查，当时 15 人组成的委员会中，有 8 人是网友和社会人士。从整个事件的发展来看，传统媒体的作用有限。

较之以前，邓玉娇案中传统媒体的报道出现了变化。首先是，传统媒体一直处于全程到位和独立报道，并且引导舆论的位置之上，这是与“周老虎事件”和“躲猫猫事件”的最大不同之处。邓玉娇案发轫于传统媒体的报道，最初湖北当地媒体报道出来，在整个事件过程中，在网络舆论对邓玉娇“烈女”说法拔高发酵时，传统媒体始终保持对该事件的独立判断和冷静观察。从事后的报道来看，没有一家传统媒体“一边倒”。

其次，网络舆论与传统媒体的交互同步，促进了事态的发展，这是网络与传统媒体愉快合作的又一次尝试。湖北媒体最先报出邓玉娇案，恩施电视台播出了雄风宾馆杀人现场室内格局，及邓玉娇在恩施优抚医院治疗，躺在病床歇斯底里痛哭状，最后配上抨击邓贵大等官员们不正之风的激烈言词。

新闻报道出来后，随即在网上炸开锅，不甘于虚拟的互联网，网友屠夫走下网络，他先到恩施优抚医院，说服院方见到了邓玉娇，且把会见当天的照片传到博客上。随即，网上对邓玉娇的关注骤升。网友的热情高涨，传统媒体进一步跟进，全程记录了邓玉娇事件发展过程。在 5 月 26 日，传统媒体退场后网络舆论也开始降温；同时必须承认，如果没有网友的持续“冲动”，传统媒体产生不了巨大的报道动力。

可以说，网友们对事态的判断主要源于传统媒体的报道，从而对下一步进展提出意见和看法。虽然在整个过程中，双方有些摩擦，但原因在于根本目的的不同，网友急切“粗暴”判断邓玉娇应无罪释放，而媒体的责任要求全面反应各方意见，合作的基础在于一个交集：事情能合法合理的最终解决。

另外，还有重要的一点，传统媒体潜在的巨大价值有待于发掘，那就是它充当了事件矛盾双方的缓冲器。作为矛盾一头的当地官方明白媒体意味着什么，当地宣传部门在和记者聊天时谈到的，2008 年发生在巴东的一次山体滑坡事件，才让他们有了一些应对媒体的经验，也看到了媒体的作用。

所以一开始，当地官方抱有开放的态度，配合采访。而后来，即便不配合采访，也没有下逐客令。直到事态演变得越来越激烈，网友意图癫狂涌入巴东时，官方才采取了一些措施。网友们每天正是通过传统媒体报道了解事态变化，虽然到后来“渠道”不畅，但至少还有这样一条可信的通道，这就消释了一些或许会因不明事态而产生的“不安全感”。试想，如果当时连这条路都被堵死了，难保不会发生又一场“瓮安事件”。传统媒体身在其中，起到了矛盾双方的缓冲阀的一个作用。

三、怎样的报道才是客观公正的？

广州日报的一组连续报道均成为邓玉娇事件中转载率最高的报道，客观原因有南方都市报被转载的特殊条件限制，但媒体大战下，能受到如此关注，对于记者来说，这无疑等同于获得了一枚“公正客观”新闻勋章。然而，报道结束后许久，我不得不承认，对邓玉娇的天然同情依然还会隐隐作痛。

这种“同情”似乎给我的报道铺就了一层底色，但同情的成分更多是基于对事实的理性判断及新闻操作传统。很多人看来，这也是邓玉娇事件报道中，同城媒体的南方都市报和广州日报呈现出的不同风格。

从一开始，南方都市报与广州日报在对新闻事件的处理上就表现出不同的操作手法。

首先从文本信息来看。南方都市报的第一篇深度稿件《女服务员与招商办官员的致命邂逅》还原了案发前的 24 小时，可以说是邓玉娇事件第一阶段的一个终结，也是当时对邓玉娇案相对完整的解读，那时广州日报还未进入报道程序。现在看来，《女服务员与招商办官员的致命邂逅》就文本信息来说基本符合事实原委，但在网上招致反对的最主要原因是，消解了邓玉娇烈女的形象，从而颠覆了这个代表了网友自身的符号。

从新闻操作来说，我理解的南都这种写法，是让邓玉娇走下圣坛，还原她本来的自我，这是深度报道中一种人性化的客观手法。之后，在与《女服务员与招商办官员的致命邂逅》作者龙志交流时，他表达了这样的观点前期调查的所有结果都证明了这就是一个极度偶然的事件，邓玉娇是被拔高了，邓贵大是倒了霉，其实他也没那么坏。当时网络上对邓玉娇呈一边倒的态势，就像一个“典型”被树了起来。

但问题是整篇文章在还原人物时，似乎有些矫枉过正。邓玉娇一下从“烈女”摔成了“贱女”，而邓贵大则从“淫官”变得“无辜”。比如，邓玉娇“和朋友度过了一个无所事事的上午”这种表述，这种略带“偏抑”的意味，无疑是在向高压电线挑战。

与南方都市报的报道不同，广州日报所呈现出来的整体感觉，基本上维持了网友对邓玉娇的“原判”。从旁观者的角度来看，似乎谁都没站在最完美的平衡点上，究竟谁离真实最近？我不好下判断。

再从报道产生差异的原因来看，媒体属性和新闻理念的差异不可忽视。

从媒体属性来看，广州日报作为党报，终究保持着党报色彩，对案件的报道和评述，最重要的是摆正立场。这也是当年报道“吴天喜案”时，记者因文稿中多加笔墨描述了吴天喜究竟属于强奸还是嫖娼，而被评价过于纠缠细节而失了大体和立场。

记者当时也对邓贵大亲人、领导、老乡进行仔细采访，了解到邓贵大这个人实质上也没有网友所定格的那样劣迹斑斑，令人发指。但稿件在编辑的处理下，弱化了这块内容，Delete一键消除了邓贵大方的声音。

对邓玉娇应同情，邓贵大应指责，这是党报在新闻报道时所应展示的正确立场。

另外，党报的报道始终存在一个“非善即恶”的二元道德观念。这种道德观植根在记者心里，也体现在新闻报道中。而南都作为都市类报纸，往往能跳出这些道道，个性地表达新闻内容。

从新闻理念分析。南都一如既往的精英色彩与广州日报多年传承的大众性格产生了对碰。南都的《女服务员与招商办官员的致命邂逅》读起来更像文学创作，情节跌宕，整篇报道散发出精英色彩，这种色彩自身就要求标新立异。而广州日报的报道则略显冷峻，平实易懂，尽量直白、大量的传达信息。因为大众读者最为追求的的是平实本真的事实和最足量的信息。

这也是多年来，两家媒体在新闻理念和新闻操作上形成的独有风格。每一篇新闻报道都不可能脱离媒体成长的土壤，所呈现出来的不同风格实际上都是媒体不同传统力量的影响。

最后，从我个人操作新闻的角度看，事实的原委和真相始终是编织报道理念和风格的针线。事实上，有时身在事件报道中心地带，艰难大量的采访任务，反而无暇顾及网络民意的及时更新，对邓玉娇案的判断，更多来自于自己看到、听到，分析到的东西。不受外界干扰，反而让自己有一个清醒的空间去追逐本真和事实真相。

据邓玉娇的外婆表述，邓玉娇从小就言语不多，不会乖巧讨好，但像她这个年纪的女孩子一般都做不到的事，她能做，她给外婆洗澡，洗脚，剪指甲，她时常爬一个多小时的陡峭山路，给外公外婆送日常生活用品。而邓玉娇小学同学对这个女孩子印象不深，只记得她成绩一般，不爱说话。即便是她后来变得时髦，但她的内向体贴的本性难移。

而邓玉娇的邻居说，她在外打工几年，常常因为买不起药，还要打电话找邓母接济，邻居推测，如果一个女孩子家在外做的不是正经事，还缺这点钱?

所以，在我的文稿里，并没有刻意把邓玉娇描述为“烈女”，但我一直在讲述我所了解到的这个女孩子本性中的美丽和善良。或许这无意间契合了网友的心境。

报道中，记者“性格”也是影响报道的重要原因，参与报道的南方都市报与南方周末记者可以称为经验老道的法制记者，他们对案情法理严密性要求颇高，擅长逻辑推理。而我却对邓玉娇事件背后的社会、文化意义更在意。所以，邓玉娇案最后一篇报道中，我毅然托出我沉淀已久的想法，把事件人物打上了文化意义的标签。

四、反思：民意究竟是否需要迎合？

民意与媒体是否断裂，这个问题有些复杂，如果绝对地保持一致，就会像有些人质疑的那样，媒介是不是又在影响司法公正。

首先，媒体有表达民意的责任。这就像若干年前的新闻道德审判，究竟应

记者手记

“邓玉娇事件”不仅是一次偶然

“邓玉娇事件”一直牵扯着不少眼光，自从5月10日案发后到6月16日，事情才算是有了一个些许完整的过程。如果不是媒体的介入，对当地公安部门来说，邓玉娇事件或许只是案头一份普通的“杀人致死”的刑事案件。5月11日，也就是案发第二天，当地媒体报出此案后，掀起了第一轮“邓玉娇报道”高潮。

第一轮高潮以媒体还原“事件发生前的24小时”结束，当时一线的记者是“失望的”，有人说，采访调查结束后才发现“一切都是巧合”：娱乐场所经常发生的纠纷升级了，死了人。“邓玉娇或许不是网友所描述与期待的烈女”，有些媒体甚至因此退出了采访。

案发的野三关镇是湖北三峡酒的产地，它离巴东县城还有3个多小时的车程，坑坑洼洼的山路多少隔断了些现代文明的影响，保存了山里人的淳朴和善良。

山里人在大山里都住得很稀松，偶尔路过一个人，全部都当客人。他们对外来人的“不设防”让充满戒备的城里人感到羞愧。

邓玉娇和邓贵大都从大山走向城市，也都在城市里改变了命运。

邓玉娇去大城市打工三四年回来后，变得时髦了，但她的细腻、体贴、刚直、淳朴没有改变。只是她的经济仍然困难，处在社会最边缘。而邓贵大，接替父亲担任镇干部后，在外人，包括共事多年的同事、乡亲眼里，他仍然是一个温和的后生。但在光怪陆离的圈子里，他渐渐蜕去山里人的本色，他变了。

他们最终在一个都不该出现的地方相遇，这或许已经不是两个人的相遇，而是当地两种极端的社会形态的相遇，更或许是邓贵大自身矛盾的一个爆发。这种冲突在镇上时常发生，只是这一次以最激烈的形式呈现了出来。邓贵大死了，用乡亲的话来说，有些“划不来”；邓玉娇的未来还是未知数。对他们来说，这是一场无法挽回的悲剧，而这场悲剧终究不是“偶然”这个词就可以简单概括的。

该阻止骑自行车的人掉下大雨滂沱中的井，还是应该举起手中的相机拍下落井的一幕。

我认为，这是一个比较难把控的悖论。如果过多反映民意，就成了民意代言。当时的官方半放弃对媒体表达的情况下，媒体则把更多的目光给了民众。但民意癫狂时，媒体并没有与众共舞。媒体表达民意，却并没有受制于民意，正是媒体日臻成熟的表现。

另外有一点需要说明的是，网络民意是否是真实的民意表达。在邓玉娇案中，各路网友“占山为王”，派别林立，每派都有自己的意见领袖。这些意见领袖很懂得掌控网友的情绪和想法。

虽如此，各派对事件的道德审判出奇地一致，在一个社会价值观如此多元的今天，能出现这种高认同度，不能不说，是网络领袖们牢牢掌握着把控舆论的技巧。

不可忽略，邓玉娇事件各人物背后角色博弈，是让民意与媒体生隙的深层原因。如同“瓮安事件”的发生，事件本身内容并不是最重要的，只是大家恰好抓到了一个宣泄观点和情绪的缺口。网络舆论领袖往往迅速迎合民众想法，并坚定地带领舆论走这条路。而媒体在新闻操作时，更多地在认认真真叙述事情本身的原委，而不是表达事件背后的阴影。

如一位叫时寒冰的网友，当律师指出对邓玉娇实施性侵犯的人是黄德智，此人却一直在警方控制之外，时寒冰断言：黄德智有强大后台。而大部分网友立刻被此推断洗脑，开始对黄德智和官方情绪激愤起来，当时甚至有朋友忍不住好奇地打电话问我黄德智的后台是谁。

此事中，有多少网友是真正关心邓玉娇本人，有多少是看热闹起哄的，有多少是为“炒案件”而“炒案件”的，在邓玉娇案件审判之后，全部原形毕露。以屠夫为代表的网友派别，客观上产生了炒作自己效果。当邓玉娇被判“有罪无罚”的当天，屠夫已经在云南“开展”另外一单案件，他来不及思考就随口表示满意了这个结果。而以汉大赋这一派网友则表示极不满意，他认为一个年轻女孩子就已经背上故意杀人罪名，将来怎么生活，将来工作怎么办，这些现实的问题。

这些意见领袖究竟代表了多少真实的民意表达，这也许是将来媒体所需要谨慎甄别和判断的。

（作者系广州日报机动部记者）

专业的才是客观的

——公共事件中媒体和维权律师的互动

□沈亚川

沈亚川

一个社会新闻之所以能发育成公共事件，在宏观上取决于社会情绪是否饱满并接近临界点，在技术上则往往取决于社会力量能否成功同步介入事件，其介入的深度，互联的广度，对该公共事件的运行轨迹往往能起到决定性作用，甚至基本能决定其是否朝推动社会进步的良性方向发展。

而这个社会力量的主要角色，往往由负责任的专业媒体和维权律师充任。事实上，在官方渠道公信力不足的情况下，媒体和律师基本充当了满足公众知情权的两个重要管道。从去年的杨佳案，到今年的邓玉娇案，都在证实这个规律。在可预期的未来，这类公共事件相信会越来越多，其可供我们总结和检讨之处也甚多。

对媒体而言，律师是官方渠道和当事人之外最重要的信息源，因为其往往能接触到记者无法接近的信息源，如律师可以会见到被羁押的嫌疑人，也可在法定阶段查阅和复制案卷。对律师而言，媒体是己方利益的放大器，减小办案阻力的友军，传播执业声誉和口碑的良好载体。

需要指出的是，对一起公共事件而言，媒体和律师，固然是推动社会进步的同盟军，同时也是恪守各自专业准则和职业道德的卫士。唯有专业的，才是客观的。如同一个恪守职业道德的专业律师很少会把自己弄成新闻事件的主角一样，一个负责任的媒体，也一定会警惕自己沦为任何一方的宣传机器。本文侧重从后者角度来试谈以下看法，以期抛砖引玉。

一、我眼里靠谱的律师标准

既有干预现实的勇气，也有精熟的业务技能，并以维护当事人利益为最高准则，这是一；知道如何和媒体打交道，也熟悉网络传播规律，最重要的是还要懂得妥协和平衡，这是二。我熟悉的国内维权律师群体中，具备前三者的所在多有，而能同时具备后三者的实在不多。

邓玉娇案中首先介入的两位律师，在勇气和业务上均无可指责，遗憾之处在于疏忽了网络传播规律。在去年杨佳案中担任一审辩护的两位谢姓上海律师，其实辩护的力度并不弱，其最为舆论诟病之处，其实也在于完全不具备和媒体打交道的能力，其到最后已经发展到拒人于千里之外的可笑状态。

二、我眼里不靠谱的律师标准

恶意竞争并攻击同行的律师。这是最可恶的行径，在本地律师和外地律师之争已成为十分敏感的问题时，此点尤为重要。如邓玉娇案中一位北京刑辩律师在博客上不惜将邓玉娇称为“圣女”，直言如果换自己去辩护将如何如何，其言行无法不令人侧目；而颇受争议的西南政法大学教授高

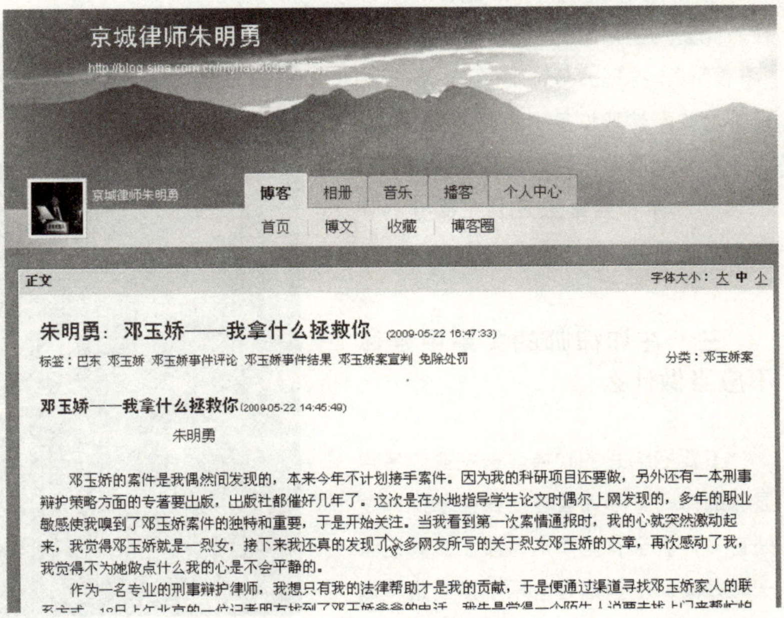

京城律师朱明勇
http://blog.sina.com.cn/myhao0695
京城律师朱明勇
博客 相册 音乐 播客 个人中心
首页 博文 收藏 博客圈

正文　　字体大小：大 中 小

朱明勇：邓玉娇——我拿什么拯救你 (2009-05-22 16:47:33)

标签：巴东 邓玉娇 邓玉娇事件评论 邓玉娇事件结果 邓玉娇案宣判 免除处罚　　分类：邓玉娇案

邓玉娇——我拿什么拯救你(2009-05-22 14:45:49)

朱明勇

邓玉娇的案件是我偶然间发现的，本来今年不计划接手案件。因为我的科研项目还要做，另外还有一本刑事辩护策略方面的专著要出版，出版社都催好几年了。这次是在外地指导学生论文时偶尔上网发现的，多年的职业敏感使我嗅到了邓玉娇案件的独特和重要，于是开始关注。当我看到第一次案情通报时，我的心就突然激动起来，我觉得邓玉娇就是一烈女，接下来我还真的发现了众多网友所写的关于烈女邓玉娇的文章，再次感动了我，我觉得不为她做点什么我的心是不会平静的。

作为一名专业的刑事辩护律师，我想只有我的法律帮助才是我的贡献，于是便通过渠道寻找邓玉娇家人的联

一飞就邓玉娇案所发的所有言论中，我认为最不得体的即是呼吁北京律协处分两位北京律师，理由无他，因其本身也是身为全国律协会员的重庆兼职律师。

可作为相反例证的，是参与到杨佳案中二审辩护的律师们。他们曾有一个很好的开端，即接案的上海律师曾准备和关注该案的外地律师面谈，磋商如何更好地为当事人辩护（可惜后来这个面谈因故未能进行）。

操控性极强，喜欢指挥媒体和记者报道的律师。我极其反感这种操控，需知记者和律师最大的区别是，律师的最高任务是维护当事人的合法权益，但记者并不是任何人的传声筒，只需忠实于事实和真相。

最后一类是管不住自己的嘴的律师。这个无需多说，上海刑辩律师张培鸿曾提出维权律师中“站着辩”（只求一时痛快，高调指斥控方）、“跪着辩”（和控方立场几乎相同的穿连裆裤律师）和“蹲着辩”（据理力争，不愠不火）三种辩护形式。越来越多律师们会发现，在媒体和公众面前，并非越高调越好，真正信仰法律和具备坚定职业操守的律师，恰能赢得媒体和公众信任。

封面报道 COVER STORY

“超级低俗屠夫”的非典型成名

吴淦，这个去年底才开始泡论坛、写博客的网络新人，却因以网民的身份“千里奔袭”邓玉娇案事发地而骤然成名，也让他由此成为一名让众官员都头疼不已的“危机制造者”。“网络就是人人都能参与，我没工作闲着，有时间、有精力、有胆量，那就让我去现场。”现在，已经出名的他正在昆明为“小学生卖淫案”而奔波。

三、在和律师的关系中媒体不应当做什么

不要捆绑式的吹捧。一些业内名声显赫的律师毫不讳言自己得益于媒体之处甚多，甚至有些律师习惯了携同记者一起办案，一些记者也乐于接受这种邀

请。这种互生关系的结果之一就是律师成为单一的信息源，媒体提供廉价的吹捧。

不要组团和策划。上述做法的极致，即是组团采访，当事人、律师和多家媒体记者捆绑在一起，兵分多路，统一行动——一个例证是在邓玉娇案中据说居然有媒体同仁兼职充当律师的新闻发布人。记者和记者之间，记者和律师之间，互通有无无可厚非，但笔者反对这种现在流行的所谓组团采访和周密策划，理由是其破坏了记者采访的独立性，也破坏了新闻自发生长的规律，最后也破坏了媒体互相监督和挑错的机制，最终妨碍了接近真相的努力过程，媒体的功能恰就是以发掘真相为己任，只有真相才是最有力的。所以媒体完全没必要为反对而反对，不做体制的喉舌，并非就一定要做其他任何机构和个人的喉舌。

不要被网络民意所挟持。纵观最近七八年间备受网络关注的公共案件，网络民意起了巨大作用，但如果媒体被其裹挟或不加甄别和审视在报道中直接援引，是十分危险的。3年前检讨女教师黄静裸死案时，我曾提出“网络无罪，媒体有责”八字教训，窃以为在今天仍然没过时。纵观此番邓案中，财经王和岩撰写的《邓玉娇案尘埃落定》和南都龙志撰写的《案外风云：邓玉娇案演变全记录》等几篇稿子，基本做到了不被网络民意所裹挟。

四、值得注意的一个法律问题

谨慎使用案卷材料。因前述律师和记者的互生关系，一些同仁喜欢根据律师提供的案卷材料进行文本写作。这是个需认真对待的双刃剑，理由有二，一是材料有可能是选择性提供的。二是发展成公共事件的新闻，大多是刑事案件，而刑案案卷材料至少在一审开庭前是有密级的，如此，随意援引案卷材料，极易使得律师和记者都陷入妨碍司法罪的陷阱。

拉拉杂杂写了这么一些，其实我知道，在和体制抗争的过程中，在面临强大对手时，我们这么做，像是在作茧自缚，更像是书呆子气十足。在写此文时，实际上我也一直在挣扎当中，这并不是在试图给人上课，而更多的是个人教训的总结，希望不会有太多同仁会指我高调，站着说话不腰痛。还是那句话，无论如何，唯有真相，才是最有力的。唯有专业的，才是客观的。

（作者系南都周刊主笔）

平衡报道不能屈于网络民意

——关于邓玉娇案报道的个人观察

□傅剑锋

傅剑锋

网络时代，我们需要不断地返回新闻史

对业内人士来说，在邓玉案报道落幕一个多月后，可能第一个想了解的是，到底哪家媒体报道得最好，到底是谁的舆论场最强大？排行榜还是众人所好。

我在阅读了10余家媒体50多篇报道后，认为报道的信息量最大、拿到的核心信息源最多的是南方都市报，但具有最强舆论力量的还是网络。

可以这样说，传统媒体对邓玉娇案的报道议题完全是网络设置的，是网络舆论在推动与裹挟着传统媒体持续关注的热度。传统媒体在很大程度上已经成为网络媒体议程设置的实施者。这在我看来并不是坏事，网络媒体通过对数亿网民的意见集合，可以更实时、直观地反映这个社会的真问题与真实情绪。许多人看到的邓玉娇案中公民社会的意见力量，即不能不主要归功于网络和网民。但所要警惕的是，传统媒体不应成为网络议程的机械实施者，更需要独立判断，需要有超越于网络舆论、网络议程设置之外的关注视野。

在邓玉娇案中，网络舆论另一个令业内困惑的影响是：当部分客观性报道与网络想象、网络情绪不是趋于一致，而是颠覆甚至粉碎网民们的想象时，网络情绪就会出现极大的反弹，参与报道的记者被痛骂为“五毛”

甚至“人肉”的事亦已发生（如南方都市报记者因发表与网民想象不一致的《女服务员与招商办官员的致命邂逅》后遭网民攻击为最，其它部分媒体亦有类似遭遇）。于是，传统媒体的从业者不由深感困惑，如何保持独立性，特别是当调查情况与网民想象不一致、可能面临网络舆论“群殴”时，要不要坚持独立判断走下去？

显然，这是不容置疑的。网络舆论众声喧哗、真假难辨，此时有较高专业训练与媒介素养的传统媒体更应查出真相。只有真相和知情权，才是指引舆论走向理性的途径。问题是，以怎样合适的方式报道，又不被网络舆论所误解，使舆论朝理性的方向发展，确实是个难度极高的技术活。

为了分析这一技术活，我还是想从总结传统媒体有关邓玉娇案报道的得失说起。

报道任何一个新闻事件，不管它的角度多么独到，文本如何优美，如果缺少核心信息源，还是白搭。在邓玉娇案的报道中，即遇到了这样的困境，获取核心信息的途径极其有限。邓玉娇显然是邓玉娇案中最核心的信源，但她先是被关入精神病院，后又被关入看守所，被监视居住后，又完全被屏蔽，媒体要接触极为困难。巴东政府、办案警方显然也是重要的核心信源，但他们应对媒体的主要方式就是发布了三次前后不一的案情公告。结果质疑之声未消，反而被更为汹涌的网络舆论所声讨。在这样信源高度缺乏的情况下，网友屠夫以极强的活动能力，说服精神病院见到了邓玉娇，并拍下了视频，其情绪化的、实时的传播，虽然缺乏基本的媒介素养，但却有着迎合网民情绪的特性，故而一下占领了网络舆论的高地。此后，诸传统媒体则显得被动，因为此时“屠夫”的行为，已基本协助网友形成对邓玉娇的“烈女”想象和“恶吏”想象，如果谁想去颠覆这个想象，谁就可能遭殃，哪怕是用事实。另一方面，由于巴东政府在信息发布方面的保守与僵硬，媒体只能依靠邓玉娇案初期的律师夏霖、夏楠。由于“两夏”有关邓玉娇被性侵的推断与言论很难去向其它消息源求证，媒体也只能依赖来自律师的单一信源。结果，两夏律师对邓案的观点，进一步巩固了网络舆论对邓案的“烈女”想象，网络言论已完成了对邓案各方角色的符号化。当传统媒体的报道有违逆符号之处，必遭讨伐。

南方都市报记者龙志5月20日的报道《女服务员与招商办官员的致命邂逅》，力图还原真相，把邓玉娇与邓贵大从“烈女坛”和“恶吏坛”的符号化想象中拉下来，显然有逆网民情绪，所以

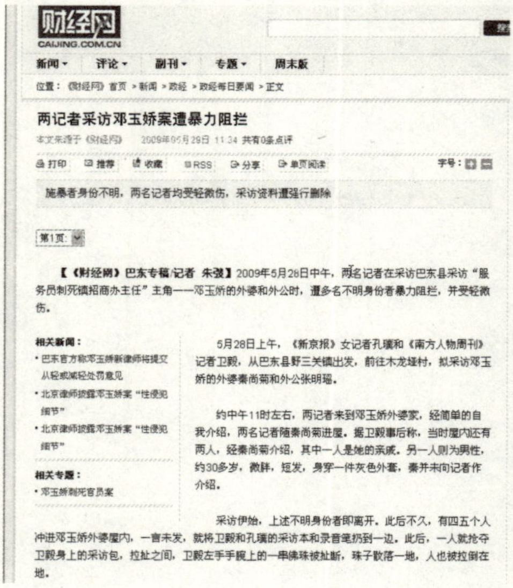

财经网 CAIJING.COM.CN

新闻 评论 副刊 专题 周末版

位置：《财经网》首页 > 新闻 > 政经 > 政经每日要闻 > 正文

两记者采访邓玉娇案遭暴力阻拦

本文来源于《财经网》 2009年05月29日 11:34 共有0条点评

施暴者身份不明，两名记者均受轻微伤，采访资料遭强行删除

【《财经网》巴东专稿/记者 朱弢】2009年5月28日中午，两名记者在采访巴东县采访“服务员刺死镇招商办主任”主角——邓玉娇的外婆和外公时，遭多名不明身份者暴力阻拦，并受轻微伤。

相关新闻：
- 巴东官方称邓玉娇新律师将提交从轻或减轻处罚意见
- 北京律师披露邓玉娇案“性侵犯细节”
- 北京律师披露邓玉娇案“性侵犯细节”

相关专题：
- 邓玉娇刺死官员案

5月28日上午，《新京报》女记者孔璞和《南方人物周刊》记者卫毅，从巴东县野三关镇出发，前往木龙垭村，拟采访邓玉娇的外婆秦尚菊和外公张明瑶。

约中午11时左右，两记者来到邓玉娇外婆家，经简单的自我介绍，两名记者随秦尚菊进屋。据卫毅事后称，当时屋内还有两人，经秦尚菊介绍，其中一人是她的亲戚。另一人则为男性，约30多岁，微胖，短发，身穿一件灰色外套，秦并未向记者作介绍。

采访伊始，上述不明身份者即离开。此后不久，有四五个人冲进邓玉娇外婆屋内，一言未发，就将卫毅和孔璞的采访本和录音笔扔到一边。此后，一人就抢夺卫毅身上的采访包，拉扯之间，卫毅左手手腕上的一串佛珠被扯断，珠子散落一地，人也被拉倒在地。

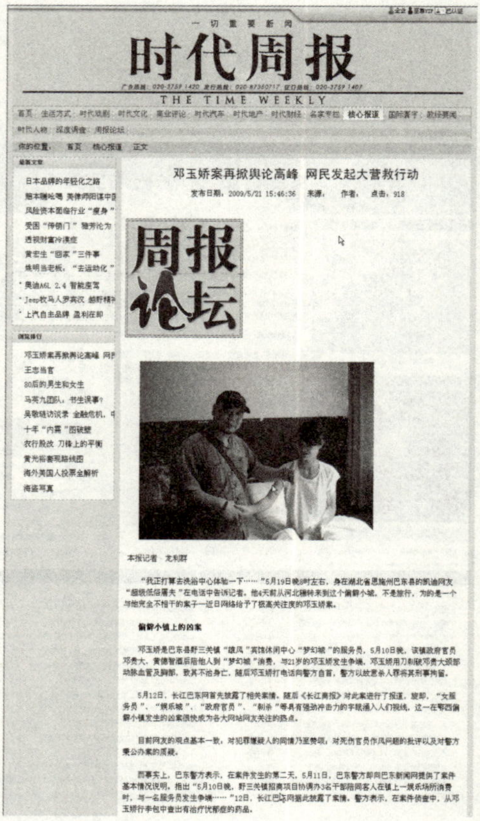

一切重要新闻

时代周报 THE TIME WEEKLY

首页 生活方式 时代戏剧 时代文化 商业评论 时代汽车 时代地产 时代财经 名家专栏 核心报道 国际著字 政经要闻 时代人物 深度调查 周报论坛

你的位置： 首页 核心报道 正文

邓玉娇案再掀舆论高峰 网民发起大营救行动

发布日期：2009/5/21 15:46:36 来源： 作者： 点击：918

周报论坛

本报记者 龙利群

“我正打算去洗浴中心体验一下……”5月19日晚8时左右，身在湖北省恩施州巴东县的凯迪网友“超级低俗屠夫”在电话中告诉记者。他4天前从河北辗转来到这个偏僻小城，不是旅行，为的是一个与他完全不相干的案子—近日网络给予了极高关注度的邓玉娇案。

偏僻小镇上的凶案

邓玉娇是巴东县野三关镇“雄风”宾馆休闲中心“梦幻城”的服务员，5月10日晚，该镇政府官员邓贵大、黄德智酒后陪他人到“梦幻城”消费，与21岁的邓玉娇发生争端，邓玉娇用刀刺破邓贵大颈部动脉血管及胸部，致其不治身亡，随后邓玉娇打电话向警方自首，警方以故意杀人罪将其刑事拘留。

5月12日，长江巴东网首先披露了相关案情，随后《长江商报》对此案进行了报道，旋即，“女服务员”、“娱乐城”、“政府官员”、“刺杀”等具有强劲冲击力的字眼涌入人们视线，这一在鄂西偏僻小镇发生的凶案很快成为各大网站网友关注的热点。

目前网友的观点基本一致，对犯罪嫌疑人的同情乃至赞颂，对死伤官员作风问题的批评以及对警方秉公办案的质疑。

而事实上，巴东警方表示，在案件发生的第二天，5月11日，巴东警方即向巴东新闻网提供了案件基本情况说明，指出“5月10日晚，野三关镇招商项目协调办3名干部陪同客人在镇上一娱乐场所消费时，与一名服务员发生争端……”12日，长江巴东网据此披露了案情，警方表示，在案件侦查中，从邓玉娇行李包中查出有治疗忧郁症的药品。

会被“群殴”。但公允地说，在核心信息源（如邓玉娇、办案警察）高度缺乏的情况下，该报道还是尽可能地找了外围知情者，如邓玉娇的朋友、父母和外婆等亲人；邓贵大的妻子、兄弟、邻居等，尽可能提供邓玉娇案真实的社会图景。应该说，至5月20日，在同类报道中，南都此文是国内最详细与扎实的。事后看该报道，该文总体是合符真实情况的。但该文的缺点也同样明显，就是有的地方表述不够客观与专业，如对邓玉娇与邓贵大的某些描述带有主观议论，这些主观议论又恰恰是颠覆了网民想象的。有的关键性的细节，缺乏必要的消息源交待，显得像是文学想象。从受众心理来说，相较议论，事实更有说服力，议论更易引起各方争执。而在这样一个意见领袖泛滥的网络时代，对报道中议论的反感更容易被放大，反而影响了网民对该文最有价值部分的认同与接受。

所以，从这篇文章的网络遭际里，我深刻地感受到，传统媒体那套原有的操作标准和伦理标准不但不能因为迎合网络口味而放弃，反而更应坚守。我还是拿南都的文章来说事，以给南都带来过卓越荣誉的《被收容者孙志刚之死》为例，它刚好产生于网络舆论监督兴起之时，该文最大的一个优点是特别的实证、冷峻、客观，它除了硬梆梆的事实，拒绝了所有情绪化的叙述，反而在网络时代中产生了极大的传播效应。所以，在网络时代遭遇这类技术困境时，我们确有必要不断地返回到新闻史，从那些最优秀的报道身上汲取精神资源与理论依据。

核心信息是“采访之王”，平衡报道不能屈于网络民意

当然，南方都市报的记者龙志也没有因为网民的非议而退缩，其后对核心信源的追逐是出色的。5月22日，他又专访到了负责邓玉娇案的公安局长杨立勇。在判决后，该报记者占才强又专访到了邓玉娇本人，及邓的爷爷等家属。尽管湖北当地媒体与新华社亦有访到过邓玉娇及其家人，但其访问过于机械与程式化，南方都市报的访问给人的真实感最强、人性的味道也最浓。甚至占才强的照片，也是国内所有邓玉娇案报道中拍得最好的：重获自由的邓玉娇，换了新装，站在农家小园的几盆花朵面前，腼腆而平静地散发着笑意。后来南方周末的头版照片也采用了这一张。他们做到了这些，其实也只是尽量接近了新闻操作的传统标准之一：找到核心信息源。

相较于南方都市报，广州日报的介入较晚，报道形式比南方都市报更平实，但接触到核心信息源的内容就少得多。广州日报中最令我印象深刻

的，反而是邓玉娇案结束时的记者手记，带着较浓的人性味，像个邻人一样向你叙述这一悲剧的不堪与沉重，有着很浓的市民气息。

在邓玉娇案报道中，值得致敬的是央广《中国之声》栏目和财经网，面对两记者被打事件，在其它都已被迫噤声时，央广播发了《记者采访邓玉娇案遭围殴 被强制写下书面材料》，财经网亦作了类似客观报道。巴东当地在邓玉娇事件后期的恶劣舆论政策因此得以披露。事实也证明这一报道的必要性，在人民网最近评选的十大舆论事件中，巴东政府的舆论应对被评为略优于石首的倒数第二，可为各地方当政者警示。

在这轮邓玉娇案报道中，周报周刊的表现基本乏善可陈。面对这类热点事件，受出版周期影响的周报周刊，在拿料与报道上确实无法和实时发布信息的网络、按天出版的都市类报纸相比。三联生活周刊的《邓玉娇杀人事件》故事是讲得比较好的，文本胜过了南方都市报的深度报道《女服务员与招商办官员的致命邂逅》，但表述上又比南都的文章客观与冷静。南方周末的《巴东37天》，是在邓玉娇案审判后的第二天刊发。当时唯能以角度取胜，所以就讲述了法律之外的因素如何来左右邓玉娇的故事，并把法律外因素重点放在了对政府行为的观察上。文章的表述初步达到了目的，表现出了不同于其它媒体的判断力，但文本技巧不够娴熟，表述略偏碎片化。相对而言，南方周末的述评《邓玉娇案背后的公民社会与法治社会》，超越了当时大多数评论，算是补了一些报道缺憾。同一天，南方都市报亦做了一篇立意类似的深度《案外风云 邓玉娇案演变全纪录》，但该文表述亦偏铺张与机械，虽然提供了足够的信息量，但其文章表述平平，提供的判断模糊，表述亦显碎片化。一周多之后《新民周刊》的报道，沿用了南方两报的同一思路，内容没有超越南周和南都的同角度报道，但其对邓玉娇案引发出来的评论《“邓玉娇案”的启迪是多维度的》、《郑永年:重塑县政》、《萧功秦:再造“公民社会”》还算有其独到之处。这像个隐喻，不只是在邓玉娇案中，在许多“罗生门”般的网络舆论事件中，都是意见多于事实，评论优于新闻。

比较让人意外的角度是，香港媒体亚洲周刊，从网友声援团这个独特的角度来反映邓玉娇案背后的公民力量以及建构中国理性的公民社会舆论的可能。此文可算是一篇不同于内地媒体的异质又好看的文章，但其没有介入到核心事实，只能算是一篇观察性的小品文。

综上，在邓玉娇事件中，各媒体的理性和专业程度是相对较好的，其间虽有一些媒体表现了跟据单一信源的明显倾向性，但最后都尽力回归到理性报道，他们把核心信息奉为“采访之王”，并尽可能地不曲阿官论、

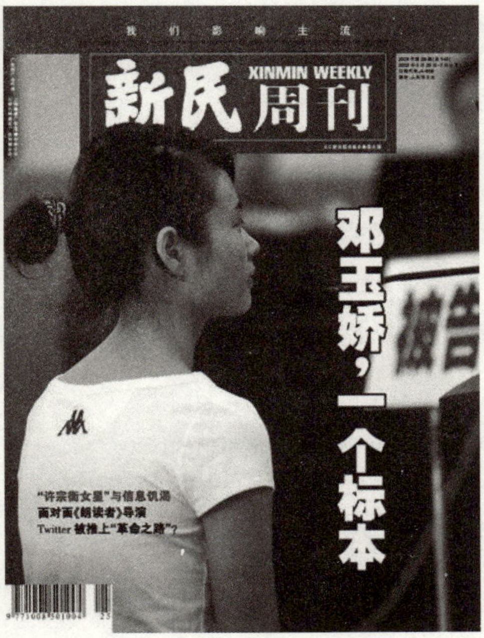

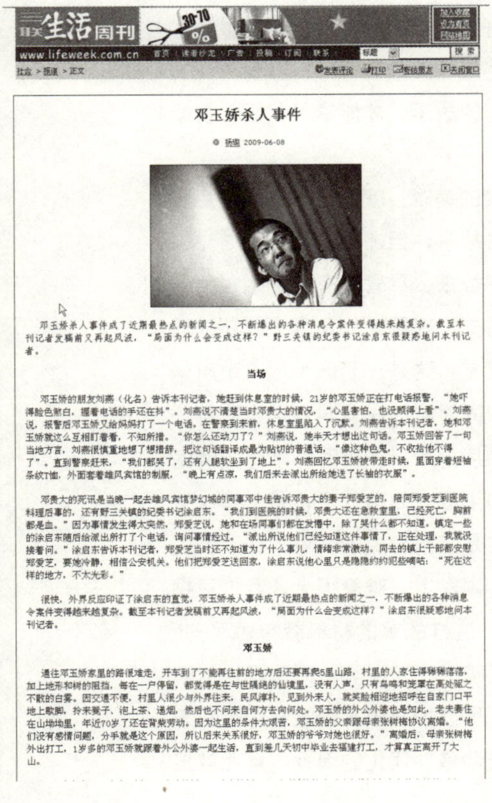

三联生活周刊
www.lifeweek.com.cn 首页 | 读者沙龙 | 广告 | 投稿 | 订阅 | 联系
社会 > 报道 > 正文

邓玉娇杀人事件

杨璐 2009-06-08

邓玉娇杀人事件成了近期最热点的新闻之一，不断爆出的各种消息令案件变得越来越复杂。截至本刊记者发稿前又再起风波，"局面为什么会变成这样？"野三关镇的纪委书记涂启东很疑惑地问本刊记者。

当场

邓玉娇的朋友刘燕（化名）告诉本刊记者，她赶到休息室的时候，21岁的邓玉娇正在打电话报警，"她吓得脸色煞白，握着电话的手还在抖"。刘燕说不清楚当时邓贵大的情况，"心里害怕，也没顾得上看"。刘燕说，报警后邓玉娇又给妈妈打了一个电话。在警察到来前，休息室里陷入了沉默。刘燕告诉本刊记者，她和邓玉娇就这么互相盯着看，不知所措。"你怎么还动刀了？"刘燕说，她半天才想出这句话。邓玉娇回答了一句当地方言，刘燕很慎重地想了想措辞，把这句话翻译成最为贴切的普通话，"像这种色鬼，不收拾他不得了"。直到警察赶来，"我们都哭了，还有人腿软坐到了地上"。刘燕回忆邓玉娇被带走时候，里面穿着短袖条纹T恤，外面套着雄风宾馆的制服，"晚上有点凉，我们后来去派出所给她送了长袖的衣服"。

邓贵大的死讯是当晚一起去雄风宾馆梦幻城的同事邓中佳告诉邓贵大的妻子郑爱芝的，陪同郑爱芝到医院料理后事的，还有野三关镇的纪委书记涂启东。"我们到医院的时候，邓贵大还在急救室里，已经死亡，胸前都是血。"因为事情发生得太突然，郑爱芝说，她和在场同事们都在发懵中，除了哭什么都不知道。镇定一些的涂启东随后给派出所打了个电话，询问事情经过。"派出所说他们已经知道这件事情了，正在处理，我就没接着问。"涂启东告诉本刊记者，郑爱芝当时还不知道为了什么事儿，情绪非常激动。同去的镇上干部都安慰郑爱芝，要她冷静，相信公安机关。他们把郑爱芝送回家，涂启东说他心里只是隐隐约约犯些嘀咕："死在这样的地方，不太光彩。"

很快，外界反应印证了涂启东的直觉，邓玉娇杀人事件成了近期最热点的新闻之一，不断爆出的各种消息令案件变得越来越复杂。截至本刊记者发稿前又再起风波，"局面为什么会变成这样？"涂启东很疑惑地问本刊记者。

邓玉娇

通往邓玉娇家里的路很难走，开车到了不能再往前的地方后还要再爬5里山路，村里的人家住得稀稀落落，加上地形和树的阻挡，每在一户停留，都觉得是在与世隔绝的仙境里，没有人声，只有鸟鸣和笼罩在高处驱之不散的白雾。因交通不便，村里人很少与外界往来，民风淳朴，见到外来人，就笑脸相迎地招呼在自家门口平地上歇脚，拎来凳子、泡上茶、递烟，然后也不问来自何方去向何处。邓玉娇的外公外婆也是如此，老夫妻住在山坳坳里，年近70岁了还在背柴劳动。因为这里的条件太艰苦，邓玉娇的父亲跟母亲张树梅协议离婚。"他们没有感情问题，分手就是这个原因，所以后来关系很好，邓玉娇的爷爷对她也很好。"离婚后，母亲张树梅外出打工，1岁多的邓玉娇就跟着外公外婆一起生活，直到差几天初中毕业去福建打工，才算真正离开了大山。

亦不曲阿网络民意。

但对这样的努力，有些学者是不认同的。如法律学者萧瀚认为：当代传播学把所谓"平衡报道"推崇为传播学基本规范之一，但由于在刑事案件中，刑事司法程序设计中，更有利于公安和检察院一方，公权力和涉案个人的权利是非常不对等的，媒体在进行相关报道时，应该了解这种制度性的特点，必须对代表控方的公权力有更多的警惕和监督。片面追求一种机械的"平衡报道"将有可能是损害弱势者合法权益。

萧瀚是我尊敬的一位法律学者，但他的这一观点是我所不能认同的。客观与平衡仍是传统媒体最基本的职业操守与伦理规约。并且，从社会功能的相互作用来看，网络这个具有最大舆论场的平台正在越来越趋于民粹化（它天然地民粹化倾向是可以理解的，它最直观地呈现着社会情绪），某些地方政府的信息不公开又更致使其公信力丧失。这个时候，传统媒体客观、中立、深入、平衡的报道，有利于政府与民间、官方舆论与网络舆论的沟通。传统媒体在这个意义上，成了舆论整合器、舆论校正器和舆论缓冲器。如果传统媒体不是依据于事实的原则，而是在简单、情绪化地倾向于弱者，不但不会利于社会各阶层言论的表达，只会加深社群的分裂与断裂。

故而，也是从社会功能论的角度，可清楚看到，面对重大网络舆论事件，地方政府的一味封锁消息、封杀传统媒体的报道是多么不智。因为封杀了较为理性报道的传统媒体，就意味着丧失了与网络舆论沟通的可能，意味着把舆论权拱手让给了天然倾向于民粹的网络舆论乃至手机等新媒体，以及对中国怀有偏见的境外媒体，因为要封杀后者难度大得多。结果，一件普通的刑事案件，可能因此而不可收拾。在这方面，人民网的“十大舆论事件”已有很好的分析与建言。

传统媒体没有做好“讲故事”的技术活

在分析了传统媒在面对网络舆论该如何自处的基本原则后，我也想聊聊传统媒体在这次邓玉娇事件报道中的文本问题。以我个人对邓案报道的阅读经验，我认为各大传统媒体的报道文本都比较糙，除了三联生活周刊故事还算讲得比较好，不过仍然不脱“能拿料的不会讲故事，会讲故事的没拿到料”这种尴尬。相反，网络舆论中，倒是充分地表现出网民智慧，许多打油诗、仿古网文精彩迭出。某种程度上，网络文本的传播击败了传统媒体这种粗糙、落后的文本写作。

传统媒体若想在网络媒体中胜出，写好文本、讲好故事，仍是最基本的技术之一。甚至可以这样说，你若想让网络舆论更理性，靠说理是不行的，这只会引起更多的争论。只有那些呈现真相的故事，才能春风化雨，使所有的非理性躁动安静下来，让人去沉思。

在这个方面，我作为南方周末邓玉娇案的编辑，就以己为例作些自我批评吧。南方周末报道的优点之一是善于讲故事，但《巴东 37 天》一文，像多数其它媒体的同类报道一样，没有讲好故事，尽管它有一个相对独到的角度。事后，我与同事作了总结分析。首先，在概念与角度上，还缺乏一个清晰的提炼。当时，对邓玉娇案的角度是：这是一起因为地方政府一步步的决策失误造成错上加错的舆论事件，同时网络民意对当地官方信任感也从断裂走向对立，加剧了舆论风潮的烈度。所以，当时特别想搞清楚的是，这样一个案子，从立案到判决，政府到底在做些什么，是怎样决策的，是哪些地方决策失误了，中国式的判决是怎样形成的，可以在我们的法治进程与信息公开中留下什么经验教训。事实上，难度很大，我们只搞清楚了部分核心消息，有些还不能写出来，这样故事的材料就单薄了些，还同质化了些。报道后总结，这样的判断还需进一步提炼，即邓玉娇的演变，其实是法律之外的因素起了最大作用。所以如果当时确定一个“邓玉娇案，与法律无关”的判断，然后写政府推动事件演化的因素，可能就显得更独到更有可读性。

这里其实涉及到写好文本的基本前提，即面对纷繁复杂的采访材料，一个采编人员，他需要根据采访事实建立自已对于材料的独到和清晰的判断，超越于同行的判断，接近于真相的判断。明白“我要写什么，我怎样写才能让读者感兴趣”太重要了!

在这个判断的基础上，建立起一个强大又有节奏感的叙事逻辑，厘清导致事物变化的基本力量要素（如邓玉娇案的基本力量要素是政府，网络的力量要素是从属性的、外部性的）。在写作中，叙事逻辑就会像一块巨大的磁铁，可以把所有横七竖八的材料吸引过来了，然后为故事所用。

当然，这里会碰到许多许多技术活，例如，如何恰当地转述引语，如何控制叙事节奏，如何按排情节的疏密等等。我觉得这方面我还没有足够资格来说，因为自已也还是实践者之一，倒是建议一起重读几次《华尔街日报是如何讲故事的》。

想做一流的采编人员，真得不能忽略技术，采访时是调查的技术，采访后是讲故事的技术。我们不缺责任感，但我们缺技术。责任感不是空洞的，而是由一步步对技术艰难而执着的追求来实现的。

（作者系南方周末编辑）

“舆论与权力”博弈的冷思考

——从邓玉娇事件说开去

□范以锦 邬茜

范以锦

“邓玉娇案”，是一个被舆论广为关注的案件，也是官方权力部门、司法机关颇为棘手的一个案件。从案发到审理已通过网络舆论给关注此案的人们留下一系列的悬疑，案件审结后也久久未能消解，诸如，案件的结局是“舆论与权力”博弈的必然结果吗？“地位”的弱者何以变成了“舆论”的强者？司法能摆脱“权力与舆论”间的摇摆吗？依然是人们议论纷纷的话题。也许至今仍难找出一个大家都认同的答案，但透过这个案例，认真思考舆论、官方权力、司法三者的职责，不断创新思维方式，对强化权力的约束和推动司法的进步不无好处。

“邓玉娇案”的终结，是“舆论与权力”博弈的必然结果吗？

2009年6月16日上午，湖北省巴东县人民法院对“邓玉娇案”作出了一审判决，认定邓玉娇的行为构成故意伤害罪，但因邓玉娇属于限制刑事责任能力，又有自首情节，因此对其免予处罚。当天下午，邓玉娇即在判决书上签下“服从判决”。至此，这起受到全国众多新媒体、传统媒体及社会舆论关注的事件终于画上一个句号。

这一判决，被看成是平衡各方力量的一种妥协，因此没有前期那么激烈的舆论反弹，但也仍然有许多议论和猜测。

此案从案发起就热议开来，很快呈现一边倒之势。许多网站关于此案的报道出来后，动辄就是成千上万的网友的评论，绝大部分言论明显偏向邓玉娇一方。网友们纷纷谴责侵害邓玉娇的官员，就是被邓玉娇杀死的邓贵大也不放过；而对邓玉娇则普遍抱着一种同情、赞赏和支持的态度，甚至将其描述为一名勇敢反抗黑恶权势的“烈女”。不少传统媒体也与网络的观点高度一致。在央视的投票调查中，“邓玉娇属正当防卫，应无罪释放”的票数高达 93% 以上。北京的一批学者、记者举行了关于此案的研讨会，决定成立邓玉娇案公民司法正义观察团、律师后援团、青年网民后援团、舆论后援团；5 名女子在北京西站附近表示“支持邓玉娇”，其中一名女子浑身缠满白布，戴着口罩，躺在地上，旁边写着“谁都可能成为邓玉娇”……

对“邓玉娇案”的处置无非有四种可能：故意杀人罪；故意伤害罪；故意伤害罪但防卫过当；正当防卫，即具有无限防卫权力，不构成犯罪。如果属于前两种情况，最高刑罚可判处死刑。现在审理的结果，无论对邓玉娇、家人及众多支持者来说，应该说如释重负，属比较好的结果。就连邓玉娇的家人都说“意料不到”，当然，这其中有无在某种压力下，与权力部门的默契有关。但不管如何，“如释重负”是众多支持者第一时间的感觉。然而，我们在网络上仍然看到不少网民的责疑之声。尽管，“免于处罚”这一判决很大程度上契合了网友的期许，但不少人仍然对“构成故

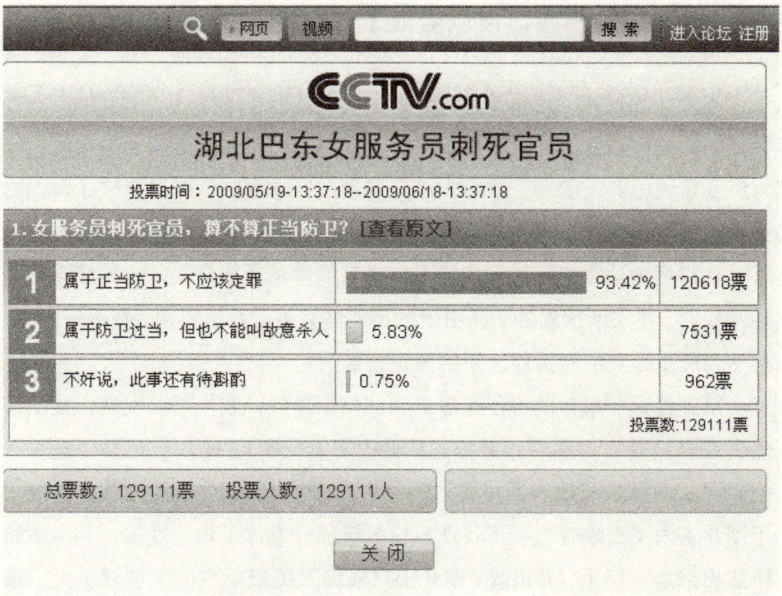

意伤害罪"的结论不满意,坚持认为邓玉娇的行为称不上"故意伤害",是"正当防卫"而不是"防卫过当"。北京大学法学院教授、博士生导师贺卫方更是提出了邓玉娇案是否是一个假案的疑问。他认为，邓玉娇的反抗是由一个先在的犯罪所引起的，若抛开黄德智和死者邓贵大犯罪行为这个前提不讲,那么根本就不存在一个独立的邓玉娇案。也有很多质疑的声音指出:为何黄德智和邓贵大没有被定罪？若他们的行为被定性为强奸，邓玉娇则具有无限防卫权力，不构成犯罪；如果定性为对邓玉娇的故意伤害或别的行为，则至少应追究黄德智的刑事责任。

无可否认，强大的舆论站在邓玉娇一边。但也有一些舆论认为,毕竟将人杀死了,而且邓玉娇受到性侵害的证据不足，"正当防卫"的理由并不充分，既然定性"防卫过当"，对邓玉娇的处置就太轻了。

那么，"邓玉娇案"的最终审结，是司法机关在考虑各种舆论之后所作出的一种妥协性的选择,还是更多地屈从权力的干预呢？网上诸多猜测。从办案的过程来看，将"特殊服务"改成了要求"异性洗浴服务","按倒"变成了"推坐",试图谈化侵害者的不法行为；然而又要考虑到强大的声援邓玉娇"的舆论压力，不得不又以"限制刑事责任能力"、"自首情节"为由，以圆对邓玉娇"免予处罚"之结论。

因此,舆论也就必然发出疑问:"邓玉娇案"的结论，是"舆论与权力"博弈、平衡的必然结果吗?

"地位"的弱者，何以变成了"舆论"的强者？

本是一起普通的刑事案件，为何受到了这么多的关注，引发强烈的社会反响，进而演变为一个公共事件？与政府部门相对强势的官员相比，作为旅业普通服务员的邓玉娇原本应是弱者，在本案中何以又变成了舆论的强者?

这与当地处置事件过程中给人们带来的种种疑惑有关，也与社会转型期对权力、司法所积累的问题引发的不信任有关。在疑惑中、在不信任中，必然会产生强大的声援邓玉娇的舆论力量。

从处置这一事件的过程来看，回溯整个事件，我们可以发现，疑团首先出在当地警方对案件细节描述的修改上。5月12日，巴东县公安局一位副局长向巴东县政府通报了"5·10"案件的调查结果及细节，并接受了湖北省内《三峡晚报》、《长江商报》等部分媒体采访。次日，各媒体纷纷登出报道："5月10日晚,湖北巴东县野三关镇招商办主任邓贵大、镇农业服务中心主任黄德智和镇财经所干部邓中佳到雄风宾馆梦幻城休闲，要求邓玉娇提供‘特殊服务’，遭拒绝后，双方发生争执。邓贵大拿出一沓钱在邓玉娇面前显摆，还两次将邓玉娇按倒在沙发上，邓玉娇用修脚刀将其刺死，黄德智刺伤。”对一女子带有攻击性的“按倒”行为，自然会令人想到“强奸”这一可能性，舆论自然在遣责侵害人的同时，赞赏邓玉娇的反强暴行为。然而，几天后的5月18日，巴东县公安局在网上发布该案件的一些细节和警方的处置情况时，将此前媒体报道的要求“特殊服务”改成了要求“异性洗浴服务”，“按倒”变成了“推坐”。谁都明白“特殊服务”有其特定的指向，“推坐”属一般性的拉扯，而“按倒”则有强烈的攻击性的行为，从邓玉娇的角度和心理上来判断，完全可以视为“强暴”行为。修改后的结论，显然对侵害者有利，而对受侵害人邓玉娇极为不利。两处细节的改动瞬间在网上掀起了轩然大波，众多网民认定此次改动是为邓贵大等三人脱罪，也便于为邓玉娇定罪。与此同时，针对当地警

楚天都市报 TOP NEWS 今日重点 A03

“相信政府一定会依法处理此事”

本报记者昨在巴东独家专访邓玉娇的爷爷邓正兰

成都商报 要闻

刑法泰斗马克昌身陷邓玉娇案漩涡

马克昌：对网友的抨击表示理解

方以“涉嫌故意杀人”对邓玉娇立案侦查的说法，众多网友也提出了质疑：故意杀人是我国刑法中性质最恶劣、判刑最重的犯罪之一，最高可以判处死刑。为何警方先入为主地认定邓玉娇是故意杀人？一个弱女子在没有任何理由的情况下怎么可能故意去杀害一个地方官员？关于此案的疑点逐步被舆论聚焦、升温。

随着时间的推移，关于邓玉娇案的新的疑点又不断出现：为何她会被绑在病床上，哭喊着“爸爸，他们打我”？为何夏霖、夏楠两位律师在看守所与邓玉娇会面后失声痛哭？邓玉娇是否曾被性侵犯？律师所称的“关键物证”，为何又被邓玉娇的母亲张树梅洗掉，这其中是否另有隐情？张树梅要解聘律师的消息，为何又会由巴东县政府发布？《新京报》与《南方人物周刊》记者在采访时被打，是谁指使？由于当地政府在与媒体和公众的沟通上处理不当，众多的疑点在网络上广为传播，一时间邓玉娇案变得扑朔迷离。越来越多的网友也随之密切关注事件的发展，并参与到质疑当地政府的网络大军中，推动着舆论不断朝邓玉娇一方倾斜。当地政府及司法部门，终于深陷于这场舆论风暴中难以脱身。

从多年来积累的问题来看，此时的邓玉娇案实际上已成了官民矛盾的一个发泄口。在改革进入转型期的今天，出于对官场腐败的痛恨、对官官相护的反感以及对司法不公的恐惧，邓玉娇案无疑就成了激活人们心里长期积累的愤怒和不满的导火索。另一方面，同是底层百姓，同为弱势者，“谁都可能成为邓玉娇”，这种可能性恰恰戳到了人们的痛处。于是，他们将

邓玉娇视为自己利益群体中的一员，对其予以同病相怜的关注和支持，而这种支持中多少又暗含了人们维护自身利益的心情。

随着人们公民意识的提高和正义感的增强，也由于当前一些官员的强横和不负责任的作风已明显超越了人们所能承受的底线，因此，即使邓玉娇案的判决与他们并无直接利益冲突，但以网友为代表的民众仍是不遗余力地关注和推动着此案往有利于弱者的方向发展，无形中也就形成了舆论与权力之间的博弈。

正是众多网民为自己或为他人“网上维权”的行动及其显著的效果，给人们以启示：当一些地方以权力的傲慢漠视群众的利益甚至生命，而又得不到当地的主流传统媒体公正并及时的支持时，借助网络舆论并引发传统媒体的适时介入，形成强大的舆论力量，无疑是一种好办法。事实上，许多底层的弱者，正是通过这种方式由“地位”的弱者变成了“舆论”的强者。

司法能摆脱“权力和舆论”间的摇摆吗？

邓玉娇被判为故意伤害罪，但免于处罚的判决也还是让众多网民感到了一丝欣慰，虽然有舆论认为这结果不十分完美，但至少网友们的持续关注和抗争还是获得了一定的成果。有人评论认为这是舆论战胜权力，从而影响司法的结果，并认为这是庶民的胜利。

而在此前，舆论普遍认为：几经修改的细节反映了权力对邓贵大三人的包庇；不分青红皂白以故意杀人罪对邓玉娇立案侦查，是对其刺杀官员的报复性打击；张树梅洗掉关键证物和解聘律师，是迫于权力的压力……总之，邓玉娇案的诸多疑点几乎符合了人们关于权力挟持司法的所有想象。也正因如此，邓玉娇案宣判的当天，因发表意见支持法院的判决，已八旬高龄的中国法学会刑法学研究会名誉会长、武汉大学资深刑法学教授、我国刑法学界的泰斗马克昌也被网友抨击为“奉旨说话”、“受人利用”。与此同时，以西南政法大学教授高一飞为代表的支持法院判决、认为邓玉娇有罪的法学专家也均遭到了众多网友的指责和痛骂。

究其原因，其体现的无非是网友对司法公正的怀疑。其具体表现在：当前我国司法的独立性不够和司法腐败现象严重。我们可以看到，在不少事件中，司法在权力和舆论之间左右摇摆，一会儿受到权力的干扰，一会儿又被民愤和舆论所牵制，缺乏其应有的独立地位。在一些地方，司法成了权力面前的傀儡，在权力的示意下工作。而时常发生的政法领导干部进行权钱交易的司法腐败问题，也与权力有着脱不开的干系，这两个方面都极大地损害着司法机关和司法人员在公众中的形象。因此，要想维护司法的权威性和公正性，首先必须限制外来权力对其的影响和控制。同时，我们还应把握好司法和舆论的关系。一方面，舆论应对司法进行监督。司法权是国家的公共权力，它必须对人民负责，接受人民和舆论的监督，使其不至于被滥用。最高人民法院新闻发言人孙军工曾在阐述最高院对于邓玉娇案的立场时也称，各级法院应当做到“越是媒体关注，办案法院越要保持理性”。近年来，网络的发展又为普通民众监督司法大开了方便之门，人们通过网络舆论对司法腐败进行抨击，满心期待司法公正。另一方面，舆论对司法的影响又该有一定的适度原则，它不可牵着司法的鼻子走，更不可以“舆论审判”代替司法程序。有人认为，邓玉娇案中，舆论已经越过了其应有的界限，司法最终在迎合舆论的同时，自己已变得伤痕累累。可是，此案中的舆论充其量只是将依附在司法上的权力剥离，它在一定程度上影响了司法，却并没有使司法屈从于舆论。况且，我们不妨试想一下，若没有舆论的关注和支持，邓玉娇案又将走向何方？

面对沸沸扬扬的热点案件，政府官员、司法部门、舆论三者应该扮演怎样的角色？舆论行使的是监督权，毫无疑问，不应有“舆论审判”。民间舆论不可能完全是理智的，要求他们都理智是做不到的。如果“舆论审

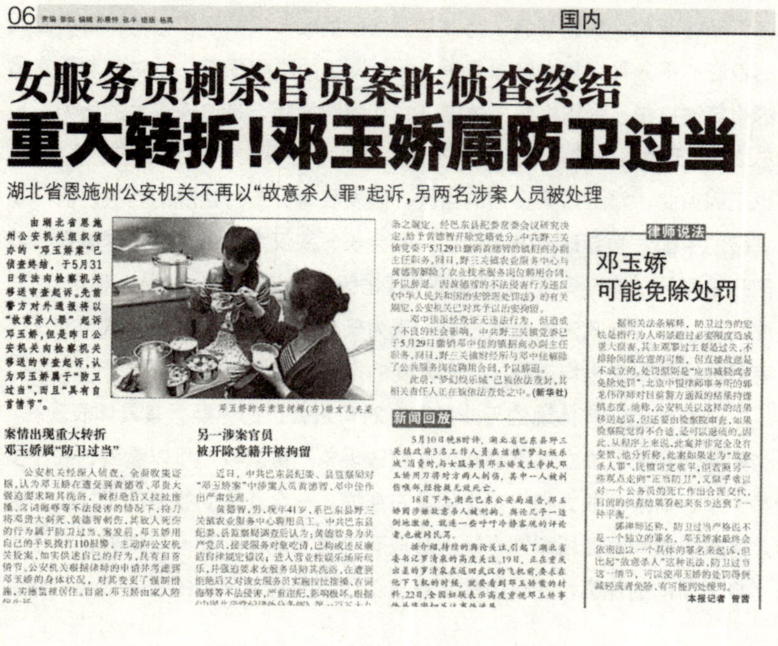

06 国内

女服务员刺杀官员案昨侦查终结

重大转折！邓玉娇属防卫过当

湖北省恩施州公安机关不再以“故意杀人罪”起诉，另两名涉案人员被处理

由湖北省恩施州公安机关组织侦办的“邓玉娇案”已侦查终结，于5月31日依法向检察机关移送审查起诉。先前警方对外通报将以“故意杀人罪”起诉邓玉娇，但是昨日公安机关向检察机关移送的审查起诉，认为邓玉娇属于“防卫过当”，而且“具有自首情节”。

邓玉娇的母亲张树梅（右）给女儿夹菜

案情出现重大转折 邓玉娇属“防卫过当”

公安机关经深入侦查，全面收集证据，认为邓玉娇在遭受到黄德智、邓贵大强迫要求陪其洗浴，被拒绝后又拉扯推搡、言词侮辱等不法侵害的情况下，持刀将邓贵大刺死、黄德智刺伤，其致人死伤的行为属于防卫过当。案发后，邓玉娇用自己的手机拨打110报警，主动向公安机关投案，如实供述自己的行为，具有自首情节。公安机关根据律师的申请并考虑到邓玉娇的身体状况，对其变更了强制措施，实施监视居住。目前，邓玉娇由家人陪伴……

另一涉案官员 被开除党籍并被拘留

近日，中共巴东县纪委、县监察局对“邓玉娇案”中涉案人员黄德智、邓中佳作出严肃处理。

黄德智，男，现年41岁，系巴东县野三关镇农业服务中心聘用员工。中共巴东县纪委、县监察局调查后认为：黄德智身为共产党员，接受服务对象吃请，已构成违反廉洁自律规定错误；进入营业性娱乐场所玩乐，并强迫要求女服务员陪其洗浴，在遭到拒绝后又对该女服务员实施拉扯推搡、言词侮辱等不法侵害，严重违纪，影响极坏。根据……条之规定，经巴东县纪委常委会议研究决定，给予黄德智开除党籍处分。中共野三关镇党委于5月29日撤销黄德智的镇招商办副主任职务，同日，野三关镇农业服务中心与黄德智解除了农业技术服务岗位聘用合同，予以辞退。因黄德智的不法侵害行为违反《中华人民共和国治安管理处罚法》的有关规定，公安机关已对其予以治安拘留。

邓中佳虽经查证无违法行为，但造成了不良的社会影响，中共野三关镇党委已于5月29日撤销邓中佳的镇招商办副主任职务，同日，野三关镇财经所与邓中佳解除了公共服务岗位聘用合同，予以辞退。

此前，“梦幻娱乐城”已被依法查封，其相关责任人正在被依法查处之中。（新华社）

新闻回放

5月10日晚8时许，湖北省巴东县野三关镇政府3名工作人员在该镇“梦幻娱乐城”消费时，与女服务员邓玉娇发生争执，邓玉娇用刀将对方两人刺伤，其中一人被刺伤喉部，经抢救无效死亡。

18日下午，湖北巴东公安局通告，邓玉娇因涉嫌故意杀人被刑拘。舆论几乎一边倒地激动，就连一些呼吁冷静客观的评论者，也被网民骂。

据介绍，持续的舆论关注，引起了湖北省委书记罗清泉的高度关注。19日，正在重庆出差的罗清泉在返回武汉的飞机前，要求在他下飞机的时候，就要看到邓玉娇案的材料。22日，全国妇联表示高度重视邓玉娇事件……

律师说法

邓玉娇 可能免除处罚

据相关法条解释，防卫过当的定性是指行为人明显超过必要限度造成重大损害，其主观罪过主要是过失，不排除间接故意的可能，但直接故意是不成立的。处罚原则是“应当减轻或者免除处罚”。北京中银律师事务所的郭龙伟律师对目前警方通报的结果持谨慎态度。他称，公安机关以这样的结果移送起诉，但还要由检察院审查，如果检察院觉得不合适，是可以退侦的。因此，从程序上来说，此案并非完全没有变数。他分析称，此案如果定为“故意杀人罪”，民愤肯定难平，但若照另一些观点走向“正当防卫”，又似乎难以对一个公务员的死亡作出合理交代，目前的侦查结果看起来至少达到了一种平衡。

郭律师还称，防卫过当严格说不是一个独立的罪名，邓玉娇案最终会依刑法以一个具体的罪名来起诉，但比起“故意杀人”这种说法，防卫过当这一情节，可以使邓玉娇的处罚得到减轻或者免除，有可能判处缓刑。

本报记者 曾謇

判”成为可能，非理智的方面就会引发“错判”。现今有人谈到舆论对办案的监督时，就断言“舆论审判”、干预司法。但我们细想一下，有多少案是媒体直接干预的。其实是官员干预，即官员看到汹涌而来的舆论浪潮乱了分寸，因此一个批示下去就改变了结果。现实很多事例说明，司法部门对舆论可以置之不理，但对有一定地位的官员不能不理。按中国目前这种现状，批示是很有效的。批示有的刚好与“公正”相吻合，这当然是“英明”的，但有的则是背道而驰，就把事情弄糟了。

在现实中我们可以看到，当舆论与权力发生不一致时，司法更多会屈从权力，而不是响应舆论。尽管我们强调“独立办案”，但因干部的管理体制，就难于不屈从权力。这种“特色”下，目前还很难改变这种状况。另外，作为一个地方的领导者，他也负有领导的责任和监督的责任。我们讲的监督包括法律的、纪律的、舆论的、群众的监督等，当然也包括上级对下级的监督。从这个角度考量，领导的批示并无过错。问题是出在批示的内涵上。如果批示只是一种引起对公正办案的重视，是无可非议的。问题出在过于具体的操作方法的意见，甚至是判决性的意见，诸如“不杀不足以平民愤”之类。这样一来，“权力判决”就一锤定音了。

综上所述，官方权力有监督的责任，但不能有具体操作的干预；民间舆论有监督的权利，但不能强求司法完全屈从舆论力量；而司法则应重视舆论和官方权力的监督，但须坚持“独立办案”原则，不应在权力和舆论中摇摆不定。当然，在现有的体制下要做到也不容易，但无论如何，为了维护良好的法制秩序，务必朝这个方向走下去。

（作者范以锦系暨南大学新闻与传播学院院长、博士生导师，邬茜系该校硕士研究生）

新闻界新一轮改革昭示着未来十年

——中国传媒业"生产报告"

□支庭荣

支庭荣

在 GPD 增速掉头向上和网民数突破 3 亿的背景下，2009 年新闻界的大戏终于开锣。如果说新闻出版总署力推的全国范围内的转企改制，不过是一场行业内部静悄悄的革命；那么网民热议中的中央电视台《新闻联播》的"变脸"，不啻是在平静湖面投下了一粒石子，碧波荡漾。

是谁在推动传统主流媒体大变革？不是别人，是 3 亿鼠标。这场变革将延续多久？不是别数，大约 10 年。

新一轮新闻改革组织化推进

中国是名副其实的制造业大国。全国年产电视剧 500 多部 1.4 万余集、电影故事片 400 多部、动画片 13 万分钟，年播出电视节目 1455 万小时。尽管外销差强人意，电视剧的产量、播出量均居世界之冠，电视剧首播和独播的烽火更彼伏此起戏诸侯。

今年以来，中央级媒体明显加大了新闻改革组合拳的力度，不仅深孚国民的期望，也凸显全球化态势下"国家队"与时俱进的勇猛与顽强。权威主流媒体重掌话语权和走出去的努力，无不从新闻着眼，令新闻、视听和综艺有望重新成为媒体内容的三套车。

略举一二例，中央电台"中国之声"自年初改版后，新闻播出的比例由 40% 提高到 75% 以上。《人民日报》自 7 月起每工作日由 16 版扩至 20 版。

央视在下一轮黄金时段广告招标之前，将对全台各部门、频道、栏目进行调整、扩充或改版，推动质量的全面升级。从当年央视的记者投身凤凰，到现今凤凰的评论员走近央视，这一轮回是新闻改革再出发的一个重要标识符。

国际传播方面，2月《中国日报》推出美国版。4月《环球时报》推出英文版。新华社英语电视新闻频道线路7月起试运行，瞄准海内外电视台、网站。民营企业家居然也击节起舞。温州商人叶茂西，宣布收购了一家英国卫星电视台。3年前，另一位温州商人王伟胜亦曾买下阿联酋一家国有电视台。中国俨然步入了国际媒体市场的买家行列。

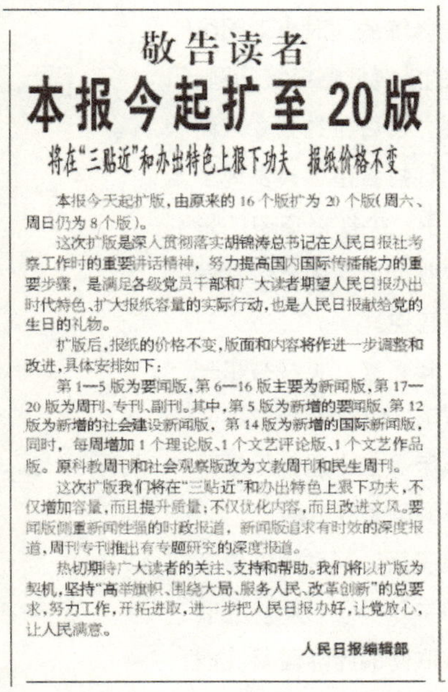

敬告读者

本报今起扩至20版

将在"三贴近"和办出特色上狠下功夫　报纸价格不变

本报今天起扩版，由原来的16个版扩为20个版(周六、周日仍为8个版)。

这次扩版是深入贯彻落实胡锦涛总书记在人民日报社考察工作时的重要讲话精神，努力提高国内国际传播能力的重要步骤，是满足各级党员干部和广大读者期望人民日报办出时代特色、扩大报纸容量的实际行动，也是人民日报献给党的生日的礼物。

扩版后，报纸的价格不变，版面和内容将作进一步调整和改进，具体安排如下：

第1—5版为要闻版，第6—16版主要为新闻版，第17—20版为周刊、专刊、副刊。其中，第5版为新增的要闻版，第12版为新增的社会建设新闻版，第14版为新增的国际新闻版，同时，每周增加1个理论版、1个文艺评论版、1个文艺作品版。原科教周刊和社会观察版改为文教周刊和民生周刊。

这次扩版我们将在"三贴近"和办出特色上狠下功夫，不仅增加容量，而且提升质量；不仅优化内容，而且改进文风。要闻版侧重新闻性强的时政报道，新闻版追求有时效的深度报道，周刊专刊推出有专题研究的深度报道。

热切期待广大读者的关注、支持和帮助。我们将以扩版为契机，坚持"高举旗帜、围绕大局、服务人民、改革创新"的总要求，努力工作，开拓进取，进一步把人民日报办好，让党放心，让人民满意。

人民日报编辑部

不过，从臆想回到现实中来，新闻界实已到了改革的关口，即使不全说真话，也须用事实说话，全不说假话。比如令人扼腕的《每周质量报告》，由于对"三鹿"的误判，也由于纠葛丛丛，成了大众的忧，央视的痛。这一雷峰塔的倒掉，余响不绝。但是中国产品质量和民生领域的万里行，不应止步于此。

从经营层面看，抓新闻生产也就抓住了媒体的根本。那么，新闻界被谁推动着前行？直接的因果关系自然是自上而下，间接的因则是这个时代多个层面的推手的合力，是这个网络化时代各利益集团间的纵横捭阖。弱女子邓玉娇案的判决，就是由网民、地方政府和司法智慧反复权衡出了一个各方能接受的结局。

互联网有其稚弱的一面，但是当互联网成为环境的一部分，成为人们潜意识的一个元素的时候，也必然是传统媒体报道现实干预现实所无法忽视的因子。传统媒体和新媒体，已经进入二人转世界。

互联网平衡生态混沌中生成

据《南方周末》报道，我国广告市场在今年第一季度跌入谷底，在第二季度却实现了逆转。其中贡献度最大的是 4 万亿财政政策刺激下的地方政府旅游招商广告和快速消费品广告，中国广告业快速回到了快车道。

实力和地位决定话语方式。传统主流媒体在自我修炼的同时也对网络环境提出了更高的要求。6月，央视连续报道谷歌中国的涉黄低俗链接问题。事实上与百度相比，谷歌对国内法律法规的尺度把握，每每自觉到令人诧异的地步。难怪在网上，这一监督报道被揶揄为假如你打着望远镜发现了一个销售黄书的地摊，CCTV 扑上来对望远镜大打出手。央视报道中的采访对象兼实习生，还被人肉搜索了一番。学界关于央视回归新闻本位，保持锋芒，说“人话”而不是“官话”的呼声，堪称良言逆耳。

其实央视的行为也是可以理解和宽容的。最近一年多来，央视被曝一门又一门：补妆门、短裤门、哈欠门、元宵门、高考门、间谍门、神医门、电话门等。纵然这些失误不大可能会在老一代道德典范身上出现，但是不能因此而薄今，否认今天规模急遽膨胀中的央视取得的巨大成就。

话说回来，互联网需要批评，但是否一定得暴风骤雨？互联网需要净化，但是否一定靠花季护航？网上少了绿坝，不见得中秋少了月明。互联网的秩序，既离不开管控，也有自我生成的一面。互联网的腰际藏着我们所不知道的温暖。

2008 年之前，没有人会想过动辄成瘾的网络游戏，与俗世政治生活有什么关联。但是，网游在美国大选和世界粮食计划署人道主义理念推广中的应用，说明原来网游不止于娱乐，同样可以服务于正当和高尚的目的。

另一方面也应该承认，在“周老虎”之后，政府和媒体对待网络和网民的总体反应速度和水准均在提高，网民的关注度因而很快转移到下一个突发事件上，使得一些新生的网络热词在公众印象里还没怎么流行就飙过去了。

笑侃三十年，多少风云事。随着花谢花飞，文化人内心的自由度亦由小而大，由团结紧张而生动活泼，见之于从马三立到周立波，从穆青到王克勤，从王蒙到韩寒，从邢质斌到王小丫。即使我们尚不完全具备身份平等的自由，多少有了迁徙的自由，这要拜开放所赐；即使表达要受限于条条框框，也多少有了思想情感的自由，这要拜互联网所赐。如果说传统媒体接近于键盘，呈现再呈现；互联网就接近于鼠标，探索再探索。也不妨说传统媒体扮演了教会的角色，应然挂在嘴上；互联网则扮演了国家的角色，源源不绝地提供资源。

旧媒体将逐一领驭新媒体高地

人们常常将中国传媒业比作一列地铁，正在开往如花的四季，虽然忽略了九天之外超音速和澜沧江边秋千索的存在，却也写意逼真。中国传媒业未来的基本格局，是传统主流媒体对新媒体高地的逐一占领，及其统御地位的大体不变。

首先，不变来源于社会的权力分配链条。虽说遥控器前台台平等，遥控器并不是观众制造的。无论春晚年夜饭吃得多别扭，无论名主持人嫁入豪门打碎了多少丑小鸭的梦想，传统主流媒体依然处于社会大舞台的中心。如《潇湘晨报》的一篇评论所说，一边是信息的爆炸和社会的多元化，一边是信息的集中和央视自身的"明星化"。发生在央视大院里的热门事件，恰恰泄露了支配当今社会权力结构的密码。哪怕互联网界的财富新贵，也不能掩去主持明星们的光芒。这样看来，互联网的确普及了，但是新媒体主导的时代并未真正到来。上有天苍苍，下有野茫茫，风吹草低见牛羊。

其次，不变属于口红效应。人们挂在嘴边的例子是，1929 年大萧条期间，美国人即使领取救济、节衣缩食，也要走进电影院，寻求心灵的慰藉与快乐。1997 年亚洲金融危机期间，韩国很多失业的年轻人爱上了网游，网游产业得以崛起。这说明萧条不足以重创传媒业，国内传媒界也再次验证了这一原理。2008 年，电影业综合收益达 84.33 亿元，同比增长 25%。在金融危机到来之后，娱乐圈中不仅小沈阳一炮而红，本山传媒集团经济效益也越来越好。

第三，不变属于社会转型中的多轨并进。报人梁国标认为，中国的新闻产业现在还处于发展和成熟期，还有一个历史时段，不会衰亡。一份《唐山广播电视报》，2008 年度广告创收突破 5000 万元，端的不可小觑。期刊人闫肖峰断言，期刊在未来一二十年仍大有可为。支撑的理由是在城市化与国际化两大推力下，都市人的情怀仍将以杂志为最好的载体。麦克卢汉的妙论也被反复吟诵：每当新媒体后来居上，就将旧媒体挤兑为一种艺术形式，一如汽车时代的马车漫步，互联网时代的纸本阅读，后者均会趋于精致化、深度化、艺术化生存。

第四，不变属于风险意识和未雨绸缪。始终惦记着"丰年想着歉年"

的羊城晚报报业集团，是巴菲特投资哲学“在别人贪婪时恐惧，在别人恐惧时贪婪”的媒体样本之一，将不仅在金融危机中，也会在其它危机中做到从容淡定。

由此推算，在“十二五”和“十三五”期间，传统媒体依然充满昂首阔步的潜能，并借着向新媒体高地的逐一渗透加固自己。

新媒体将无情颠覆集中式生产

有人将传统媒体与新媒体的关系比作老少两代人的关系，因为很多网站靠新闻机构提供内容，甚至靠新闻实体活着。但是宙斯取代乌拉诺斯统治奥林匹亚的步伐，未必很遥远，尤其是十年之后。

摩根斯坦利的一份研究报告显示，英美青少年一代的媒体使用更多地转向电影、音乐会和视频游戏机，对于传统的报纸、广播、电视没有定时关注的习惯，对于昂贵的手机互联网应用如 Twitter 也躲躲闪闪，对网站广告更是避之惟恐不及。可见虽然互联网的普及对整个受众群和新闻产业都是持久的福音，只怕传统平面媒体的衰落不可避免。全球报业广告收入在跨过 2007 年的巅峰之后，势将难现辉煌。最近，一直居于美国舆论监督标兵的《华盛顿邮报》，迫于生存压力策划一场将赞助商与政府官员聚于一堂的公关活动，而成为网上网下抨击的对象，为报业的衰落凭添了一个注脚。

受众口味在多大程度上受到技术的左右真是讲不清道不明。人们经常

FOCUS 焦点 | COMPANY 公司 | AUTO 汽车
财智BUSINESS
FOCUS 焦点 75
绿坝的尴尬
尽管绿坝暂缓部署，但对网络不良内容的担忧，以及对绿色上网过滤软件的怀疑，正在形成一种新的全球性焦虑。

接触的、愿意接纳的和真正喜欢乃至迷狂的媒体，也未必一致。这就打开了解释为什么众多白领和上班族爱上开心网的一个窗口。偷菜和争车位，自去年 8 月起，粉丝们前赴后继，跟着娱乐体育明星加盟，新华社电视、上海文广进驻，声势蔚为壮观。SNS 作为新生的互联网力量，被越来越多的年轻用户所青睐。引来模仿者插足，真假开心网展开龙虎斗，别出心裁的伤心网亦加入战团。子非鱼，安知鱼之乐?

在网络时代，人们的消费和生产方式都在改变。大众藉手机和互联网“生产”新闻，新媒体藉大众“生产”产品。面向大众寻求商业智慧和灵感古已有之。今日的互联网界则将这种方式命名为众包（crowdsourcing）。

众包的实质是以互联网为基础，运用集体的智能进行创造。过去十年，世界各地的人们显示出一种前所未有的社会行为：人们集合在一起，共同完成某些曾经是由专业人士完成的任务，有人甚至分文不取，例如维基百科。简单地说，“众包就是社会生产”，它植根于一种平等主义理念，靠群殴打败超人。这时，约翰 · 肯尼迪的话依然有效：不要问大众能为你做什么，问问自己能为大众做什么。

放大来看，众包不限于互联网。例如电视频道其实它就是一个平台，也相当于一个虚拟社区。只要让大众参与，就具备了众包的基本形态。湖南卫视的《智勇大冲关》，即是一个典型案例。这是因为媒体的背后，是人的行为的聚合和分离，不同的参与者对比赛各自赋予了一种特殊的意义，令节目具有一种特别的内涵和张力。

但是，传统并不代表绝对过时，创新未必总是彻底颠覆。新一轮新闻改革，昭示着未来十年传统主流媒体和互联网、手机之间的拉锯战格局已然形成。

（作者系陕西师范大学新闻与传播学院副院长、媒介研究所所长、教授、北京大学管理学博士后。本文为国家社科基金 09xxw003 号项目资助成果）

传媒业市场发展路径研究

□郭全中

郭全中

改革开放以来，我国传媒业市场快速发展，取得了巨大成就。但我国传媒业市场仍存于较低发展水平的初级阶段，未来传媒业市场将主要沿着两条路径发展，一方面是在纵线发展方面，从广告市场角度来看，由于“二元经济”结构导致发展不平衡，将呈现区域性的阶梯式发展；另一方面是在横线发展方面，从读者角度来看，由于中产阶层的不断兴起，细分市场呈现从党报市场到市民类市场，再到分众类专业市场等。而且，纵线方面和横线方面的发展也是高度密切相关的，相互促进，共同发展。

一、将呈现区域性的梯次化发展趋势

由于我国经济社会都存在严重的“二元经济”结构现象，不仅城市和农村之间，东部地区和西部地区之间存在重大差距，即使是同一区域之间也存在着很大的差距。在这种大的社会经济背景下，我国传媒业就必然呈现区域性梯次化发展趋势。

1. 从东部沿海地区到中部内陆地区再到西部地区纵深发展

从大区域市场来看，我国目前广告市场最为发达的地区是北京、上海和广东，其中北京和上海都超过了300亿元；超过100亿元的为5个，除了北京、上海和广东，还有江苏和浙江。

从05年到08年的发展现状来看，北京、上海和广东市场发展相对成熟，最近几年的增长率相对较低，当然北京由于奥运会重大利好的影响，仍保持着较高的增长率。江苏、浙江、天津和福建等沿海地区保持着较高的增长速度。而中部经济社会发展速度较快的地区，如四川、湖南、安徽、江西、山西和河北等地的发展速度在加快；而且西部一些地区发展速度较高的地区如内蒙古、陕西和青海的广告增长率出现较高的发展势头，尤其是2008年陕西省的广告市场同比增长率达到260.15%。

综上所述，我国传媒业市场在大区域方面，将经历北京、上海和广东等经济文化中心或重镇→江苏、浙江等沿海发达地区→中部地区→西部相对发达地区→西部欠发达地区。

2. 从中心城市市场到地市级市场

从城市市场来看，伴随着我国传媒业快速发展的是中心城市传媒业市场的快速发展，出现了上海、北京、广州等超过百亿元的广告市场，很多省会城市的传媒业市场也发展迅速，和这些中心城市和省会城市相比，其它城市的传媒业市场发展相对滞后，但是随着这些次中心和地市级城市经济社会的发展，他们的传媒业市场正处于或即将处于快速成长阶段。目前，以城市区域规划划分，我国城市传媒业可以分为如下五个层次。

（1）较为成熟区域，主要是指深圳。深圳作为经济特区，其经济社会发展程度已经完全达到中心城市水平，并远远超过绝大多数省会城市，报业广告收入已经超过25亿元。

（2）相对成熟区域，如宁波、青岛、大连、佛山、苏州和温州等，这些区域的报业处于快速发展时期，报业广告收入都超过3亿元。

（3）中等发达区域，如东莞、珠海、扬州、无锡、烟台、绍兴、宜昌等，这些区域的报业处于一般发展时期，报业广告收入在1亿元到3亿元之间。

媒企联盟 携手共赢

南方报业与省机场管理集团签署战略合作框架性协议

本报讯 昨日上午，南方报业传媒集团与广东省机场管理集团公司强强联手，双方正式签署战略合作框架性协议，宣告建立全面战略合作伙伴关系，开启了省级党报集团与大型国有航空运输企业深度合作的先例。

省委宣传部副部长赖斌，广东省机场管理集团公司总裁刘子静、党委书记卢光霖，南方报业传媒集团党委书记、管委会主任杨兴锋，总编辑王春芙，总经理钟广明等出席了签约仪式。

南方报业传媒集团被誉为当今中国报业"定位最清晰、结构最合理，综合运营能力最强、在国内最具影响力"的报业传媒集团。自2001年起，南方报业传媒集团连续7届荣登"中国最受尊敬企业"50强。2008年，在世界品牌实验室公布的"中国500最具价值品牌"排行榜中，南方报业旗下《南方日报》、《南方周末》、《南方都市报》及《21世纪经济报道》4份报纸品牌价值合计达到了124.64亿元，居国内报业集团之首。

广东省机场管理集团公司是直属广东省人民政府的国有大型航空运输服务保障企业，下辖广州白云、汕头、湛江和梅县机场，拥有在全国同行业居领先地位的资源优势、人才优势、技术优势、品牌优势和市场优势。省机场集团目前年服务旅客3500余万人次，旅客群体处于高端，服务链条长，网点分布广，具有独特的渠道优势，开发渠道媒体资源潜力巨大。

下转03版▶

昨日，南方报业传媒集团管委会主任杨兴锋（前左）与广东省机场管理集团公司总裁刘子静（前右）签署战略合作框架性协议，为大型国企跨行业深度合作探路。　梁文祥　摄其中，值得注意的是东莞市的传媒业市场正处于爆炸式增长阶段，会在未来的几年内达到相对成熟区域水平。

（4）中等偏下区域，如汕头、肇庆等，这些区域的报业处于发育时期，报业广告收入在1000万元到1亿元之间。

（5）不发达区域，绝大多数中西部地市级城市都属于不发达区域，这些区域的报业处于尚未发育时期，其报业广告收入低于1000万元。

综上所述，从城市市场的角度来看，我国传媒业市场已经经历北京、上海和广州等城市的快速发展期，今后将逐步经历深圳等较为成熟区域→宁波、青岛等相对成熟区域→东莞等中等发达区域→肇庆等中等偏下区域→不发达区域的城市。当然，必须注意的是虽然从相对量上来看，北京、上海和广州已经是发展成熟的城市，但是从绝对额上来看，这些城市依然是较低水平上的成熟，随着经济社会的进一步发展，这些城市将会经历新一轮的快速发展。尤其需要注意的是，一城市的传媒业市场发育程度除了和当地的经济社会发展水平密切相关，而且也和当地传媒业的竞争程度高度正相关，良性竞争的水平越高，市场越开放，则当地的传媒业市场就越发达。

3. 城镇化建设将为传媒业发展带来突破性成长

目前，我国的农村人口有72135万人，占全国总人口的54.3%。而由于农村所有的资源较少，单纯依靠农村不可能解决发展问题，要真正实现农村的富裕，就必须大力实施城镇化建设，实现“去农村化”。

一般说来，传媒是城镇化的产物，农村不可能形成真正的传媒业市场。随着我国城镇化进程的进一步加快，将能够释放出巨大的能量，为我国的传媒业发展带来突破性成长空间。当然，我国目前很多农村剩余劳动力在大城市打工已经释放了一定程度的传媒业市场空间。未来在判断某地城镇是否具备传媒业市场潜力的主要标志是当地是否具有大型的超市等零售机构，只有具备了超市等，才说明某些厂商的产品在当地能够形成一定的规模，而对于厂商来说，只有形成了一定的规模才去选择投放广告。

4. 我国的传媒业市场呈现六种模式也预示着将呈现梯次化发展

城市传媒业市场的影响因素及区分。某一城市传媒业市场主要受当地地区生产总值（GDP）、社会消费品零售总额、人口数量、人均可支配收入以及人均受教育程度等因素的影响，而这些关键是和当地城市的主流人群密切相关。不同发展程度的城市其主流人群不同，目前，从传媒业市场的视角来看，我国城市主要存在公务员人群和市民类人群。之所以把公务员人群作为判断一个城市传媒业市场的一个主要因素来区分的原因在于：一是我国地市级传媒业市场快速发展，这些市场的主流人群依然是公务员人群；二是公务员人群数量很大。我国公务员有两种统计口径：狭义的公务员是指各级行政机关工作人员，数量为 500 万人；广义的公务员是指行政机关、政党机关和社会团体的工作人员，数量为 1053 万人。而如果加上准公务员人群，这个群体的数量会更大；三是公务员消费能力高，由于公务员吃的是国家财政饭，具有旱涝保收的特征，尤其在经济发展相对落后的城市，往往成为当地的主流消费人群；四是社会地位较高、影响力强；五是知识素质整体较高，公务员人群基本上都是经过正规教育的，因此，从整体上看，知识素质和水平较高；六是其家庭在当地多为主流家庭，由于公务员人群个人素质较高，其家庭整体素质也较高，在当地的社会地位较高，影响力较强。

基于上述分析，我们可以按照某一城市主流人群把当地的传媒业市场区分为不同的发展模式，区分标志如下：当地是否有市民化媒体存在以及细分化和多元化媒体的存在，并且这些市民化媒体和多元化媒体是否已经成为主流。我国城市的传媒业市场可以被分为如下六种：

——多元化传媒业市场。此类城市主要包括北京、上海、天津、广州、重庆、深圳等中心城市。

——市民化人群为主导的市场。这类市场主要有各主要省市的省会城市如杭州、南京、成都、武汉、郑州、福州等城市，以及经济社会发展程度较高的宁波、青岛、厦门、大连等计划单列市。

——处于公务员人群为主导的市场向市民化为主导的市场转变的高级阶段。这类城市主要是指经济社会发展程度较高的一些次中心城市，如广东的佛山、东莞，浙江的温州，江苏的苏州、无锡、常州、徐州，山东的烟台等。

——处于公务员人群为主导的市场向市民化为主导的市场转变的低级阶段。这类城市主要是指经济社会发展程度中等的一些次中心城市，如广东的珠海、汕头、江门与惠州，浙江的台州、绍兴与金华，江苏的南通、盐城、扬州；山东的淄博、潍坊、济宁与临沂，河北的唐山，福建的泉州等。

——公务员人群为主导的市场。这类城市主要是指经济社会发展程度一般的地市级城市，如广东的中山、肇庆与茂名，浙江的嘉兴，山东的威海、泰安、东营、聊城、枣庄，江苏的泰州、镇江等。

——公务员市场为主导，但是尚不足以支撑媒体发展的市场。这类城市主要是指经济社会发展程度落后的地市级城市，如广东的韶关和中西部地区的绝大多数地市级城市。

在此类城市的传媒业市场上，对于传媒集团来说有如下要求：一是要把握城市传媒业市场的发展趋势；二是中心城市的机关报要充分利用自身在公务员人群的影响力优势和在当地传媒业市场的强势地位，进一步巩固和扩大优势，并且获取利润优势。

随着当地经济社会的发展，其传媒业市场将从较低的发展阶段向高级发展阶段发展，而且有的区域会出现跨越式发展，直接从低层次的市场发展为较高层次的市场。

二、专业细分市场不断涌现

伴随着我国传媒业的快速发展和市场规模的迅速增大，传媒业市场的分众化趋势越来越明显，大致经历了公务员市场→市民类大市场→时尚类大细分市场→生活服务类大细分市场→财经类等大细分市场等阶段，目前，又出现了理财、生活资讯、法律服务等更为细分的专业市场。

c16 产经 在这里 读懂中国
责任编辑 吴传震 助理编辑 温翠玲 E-mail:wuchuanzhen@gmail.com 电话:(020)87372139 2009.7.2

广告业的变化其实是中国实体经济转变的映射 CFP/图

广告业逆转

受地方政府形象广告和快速消费品广告增长带动，中国广告业出现了一个小阳春，但即便形势好转，中国广告业依然在经受产业升级的阵痛

1. 中产阶层的形成是分众类市场形成的前提

分众类市场具有更深层次信息服务的特点，这些都要求受众具有更高的知识水平、更强的消费能力，因此，对于分众类市场尤其是深层次信息服务媒体市场，中产阶层是其发展的基本前提条件。按照国家统计局的标准，到 2020 年，中等收入群体的规模将由 2005 年的 5.04％扩大到 45％。

2. 理财类专业细分市场已经出现

随着我国传媒业市场的不断发展壮大，细分市场空间不断出现和成熟，财经类媒体市场经过近几年的高速发展，已经相对成熟。财经类市场之下的细分市场机会也开始出现，个人理财类媒体市场就是很好的机会。

3. 生活资讯类专业市场正处于快速成长期

当前，我国媒体主要以社会经济地位来划分读者和受众，这种划分方式并不能很好地概括读者和受众的需求，更谈不上对媒体进行精准的定位。而以生活方式来划分就更为科学合理，尤其对于以中产阶层为主的社会和国家。例如，当今西方发达国家尤其是美国，其报纸杂志的发行量动辄以数百万计，其划分读者的标准采取的是生活方式，而不是社会经济地位。

目前，我国的生活资讯类专业细分市场已经具备一定的规模，如果以

2000 年—2008 年生活服务类周报广告额增长趋势单位：亿元

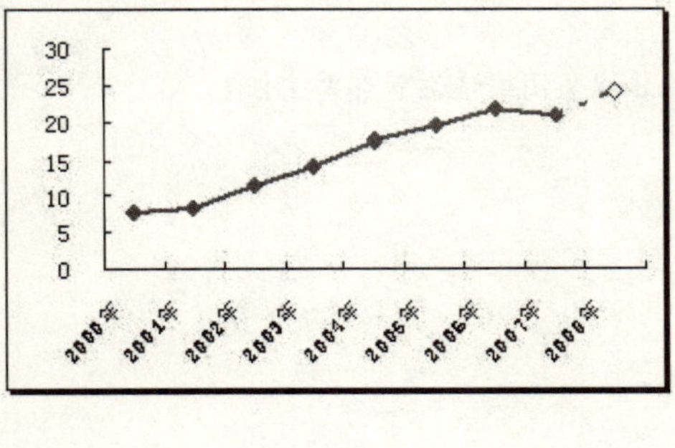

生活方式来对读者进行划分，将能够进一步促进生活资讯类专业市场以更快的速度成长。目前，在生活资讯类报刊中，具有代表性的报纸是《精品购物指南》、《周末画报》、《申江服务导报》、《假日 100 天》、《新女报》等。根据慧聪网的统计显示，2008 年上半年，从广告总额上看，20 份城市生活类周报的广告总额达到 12.05 亿元（刊例价）；从发展速度上看，生活服务类报刊 2008 年上半年广告额比 2007 年同期上涨了 43.61％。

4．法律信息专业细分市场

随着我国改革开放进入深水区，人们对法律咨询和法律信息服务的要求越来越多，质量也要求越来越高，相应地，法律信息服务专业市场将快速发育并逐步成熟。根据相关资料预测，在未来 5 年内，中国法律信息服务专业市场会达到 15 亿元以上的市场规模，在未来 10 年内，其市场规模有可能达到 50 亿元。

随着我国经济社会的进一步发展，区域市场将快速发展和逐步成熟，传媒业市场的分众化趋势也将越来越明显，而且发展成熟的区域市场也将出现更多的专业细分市场，同时专业细分市场也将反过来促进当地区域市场的进一步发展壮大。

5．渠道类媒体细分市场快速发展，并不断分化

由于我国传媒业缺乏各种规范的市场稽核机构，导致传媒业市场秩序混乱，这更给借助渠道这类读者甄别机制的渠道类媒体的快速发展提供了助推剂。

渠道类媒体的出现一方面满足了读者打发无聊时光的需求，另一方面满足了广告主所需要到达的读者群的甄别需要，取得了很好的效果。目前，渠道类媒体也在不断分化和细分，在电梯、商业等公共场所方面有分众传媒等；在机场、地铁等方面有华视传媒等；在铁路方面有旅伴等；在公交车方面有世通华纳等；在出租车方面有触动传媒等。

（作者系南方报业传媒集团战略运营部副主任）

记者讲述

记者讲述

掘出反贪局长的“精彩人生”

□李梃

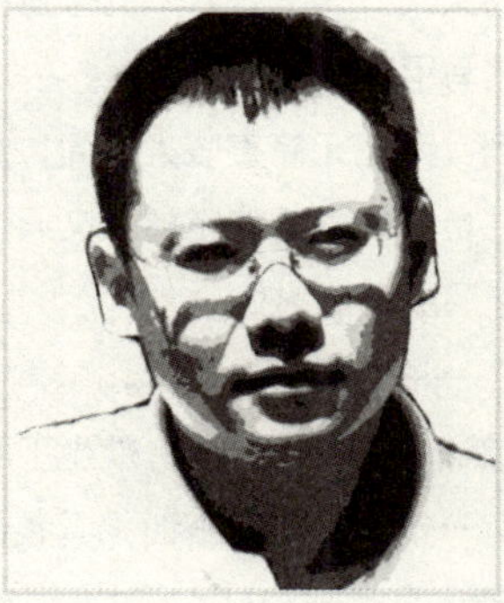

李梃

“双规”案，一直是深度记者的鸡肋。采访吧，纪检部门封锁消息，涉案部门三缄其口，往往让你无功而返；不采吧，先是不甘心，更怕和纪检关系特殊的媒体突发“猛料”，叫你后悔不迭。

《“亿万反贪局长”的双面人生》，正是脱胎于此种背景。实话实说，采访繁峙县穆新成这样的稿子，起初“只想碰碰运气”。驻进繁峙后，果如所料：四处碰壁，所获极其有限的信息都是颇难求证的“碎片”。奔波几日，所得甚少，沮丧甚多。

只得把一些鸡鸣狗盗的手段用上。记者不成，就冒充买矿者、讨债者，冒充律师，甚至冒充穆新成的朋友……事情才慢慢有了转机。为什么一说是记者，别人就拒之千里？是媒体这个信息公开者有瑕疵，还是矿区的社会生态本身就出了问题？采访中，这个问题始终困扰着我。

好在碎片逐渐拼接成型。小有斩获的同时，也陷入了深深的困顿：这个“民愤极小、官愤极大”的反贪局长，究竟该如何定性，是好人还是坏人？穆新成案的确是个“富矿”，只恨自己水平有限，无法将其精准还原。

“喝茶”

获悉繁峙反贪局长穆新成被“双规”，是在今年5月的百度贴吧上。一个正科级的芝麻贪官，实在是个不起眼的小角色。惟一的新闻价值，是穆新成的身份——反贪局长涉贪，简直在挑战反腐底线。

网上没有穆案的任何具体实例。没有案例，就没有精彩故事，当时第一感觉是该线索需要“好好养一养”。

6 月 25 日，成都商报发出穆新成被双规、家资两亿的小消息。随后短短数日，忻州、繁峙等贴吧陡掀狂风暴雨，仍无穆案的具体线索，却传出一片“乐善好施”、“行侠仗义”、“一个好人”的夸赞穆新成之声。不能排除，可能是穆的亲朋穿着“马甲”混淆视听。

当时感觉跟进的时机已到：两亿元简直骇人听闻，后面必然有大批精彩案例；但向山西三级纪检、检察机关反复了解，又通过当地朋友关系打听，始终无法获得“家资两亿”的准确出处。

成都商报的消息没有署名——很明显的谨慎。

干脆直奔专案组，理所当然地碰灰。天很热，就坐下喝茶，一杯接一杯。

先说茶的好坏，对方也有一句没一句的搭讪；看着他们辛苦查账，就聊到纪检的“得罪人”和辛苦（有点阿谀吧），对方话就多了起来。最后终于把话题引向穆新成，多多少少获得了一些信息，比如穆家的豪车。

又去繁峙检察院。检察院办公室要求记者去县委宣传部开介绍信。继续喝茶，喝杯茶不过分吧。不久，穆新成的铁兄弟、正通缉在逃的张胜富的一些情况也被“套出”。

繁峙县的铁矿资料，本是县国土资源局的政务公开内容，居然也对媒体封锁。

这种采访，有时感觉近乎乞讨。

山西繁峙县副检察长、前反贪局长穆新成

“亿万反贪局长”的双面人生

“落实的敲诈资金已经过亿”，官商同盟游走黑白两道；

“乐善好施”赢得侠义名声，坊间称其“民愤极小，官愤极大”

□撰写/摄影（除署名外）本报记者 李[illegible]

今年6月25日，四川某报一个百字左右的“豆腐块”，让山西省忻州市繁峙县“再次”声名鹊起：该县副检察长、反贪局长穆新成被双规，个人资产高达两亿；该县的铁矿老板和各级官员，多遭到这位局长“以办案为名的敲诈”，只得“进贡”消灾。

该消息未提供任何实际案例，但还是引发网络热炒，一媒体评论的标题是《中国首位亿万反贪局长出笼》。

繁峙上次的成名，缘于2002年的“6·22金矿事故瞒报”，“金元宝封口”丑闻曾轰动全国。

两个亿，让用“双规”手段敛财6800万的“中国第一贪纪委书记”曾锦春相形见绌。南都记者从可靠渠道获得的消息是，“目前，穆新成案落实的敲诈资金已经过亿”。

事情引爆后，山西省三级纪检和检察部门均保持沉默，省委和省府也未发表任何声明；而在百度“繁峙吧”上，却涌出大量称颂穆新成“一个好人”、“乐善好施”、“嫉恶如仇”等等的帖子。

穆新成大量捐资助学、救济贫民、植树造林等确有其事，抱打不平、为民请命也有口皆碑，但一个疑惑是，其助学造林等大量花费来自何方？

南都记者调查发现，穆新成的巨额财富，和当地丰富的铁矿资源有着千丝万缕的联系，粗放的矿业经济，使得违规违法普遍盛行，贫富悬殊日益加剧，终让矿区成为一片“官商福地”和“敲诈乐土”。

昔日的“造林大王”穆新成。

事发前春风得意的“繁峙二哥”。

采访主角是是反贪局长，虎倒余威在，这也是政府干部避之不及的原因。

最后形成一个惯例：只要采访繁峙政府部门，一定会被要求去宣传部开介绍信；而南都的介绍信和记者证，总是一句“我们不认，这个有规定”；面对“土围子”，只有不断喝茶、套话。

宣传部说此事“敏感”、“我们的确不知道”，高挂免战牌；我隆重告诫他们“这是个大案，大批记者很快就会来的，你们应有所准备”。对这个后果，他们大惊失色，并迅速去请示县委书记如何应对。

喝茶这个招数，绝非到处灵光，也常一无所获。

得到的“碎片”非常有限，而且多数人物、时间、地点不详，需要一点点核实。但最初的稿件框架，正是这样慢慢搭建而成。

对于主人公正“双规”的采访，我实在想不出什么高招。

记者何成“万人嫌”

最有价值的信息，是“穆新成敲诈岩头乡一个河北铁矿老板数千万”和“岩头乡甘泉村支书被双规”；巧合的是，穆的老家、张胜富的娘娘会铁矿都在岩头乡。

起初，我单纯地认为，煤铁老板是暴富群体，黑口子老板更是千夫所指；广大矿区百姓对这些人比较仇恨，一定会积极提供情况。没想到，一亮记者证，甘泉等地村民异口同声“不知道”，连甘泉有几个铁矿、老板是谁都问不出来。

当地媒体朋友道出了实情。在矿区，当地农民和矿老板们在利益上休戚相关。矿山正常生产，矿区百姓在就业、矿石运输、矿工的餐饮购物上都会获得巨大利益；矿山停产，百姓也损失惨重，“一曝光，执法部门就让停产，老百姓怎么会喜欢记者？”

“很多黑口子老板，其实就是本地农民”，这位朋友甚至说，“在山区，私挖滥采代表了最广大人民群众的利益”。

现实，居然和官方平时的说教如此不同。

在岩头村吃饭，向饭店老板打听。老板反问：“你想买矿？”立即承认，赶快递上一根烟，同时把采访本偷偷收了起来。

饭店老板介绍了一个想卖矿的当地老板陈恩恩；陈恩恩在外地，让联系一个繁峙县国税局的“高书记”。高书记在电话里承认，他和陈恩恩的铁矿在甘泉和岩头村交界处，只有探矿权，前年被河北人张明顺“通过忻州的关系切去了一块”，这让他们很有意见。

张明顺的矿山叫“滦兴铁矿”——很有河北特色。但 2007 年刚办下手续就卖掉，4380 万卖给了繁峙国税局副局长张贵德的亲家张德恩。

一个巨大的问号：2007 年国际铁矿石价格暴涨，盈利空间巨大，张明顺为何要在那时卖掉？

寻找张明顺最费周折。先跑到滦兴铁矿，冒充讨债者，说河北人张明顺欠钱不还，最后得到线索是张在附近的代县也开有铁矿；而代县国土局居然有人知道此人曾在代县金升铁矿入股；又到金升，才知道张明顺早已退股，手机号也换掉，“好像在北京开医院”。

最后打听到北京康桥医院和张明顺老家的邯郸卫生局，但得知此人已经离开，没人知道去向。

吉振红的公司也一直没有回话——河北铁矿老板的线索到此中断。

又冒充穆新成的律师朋友，给“滦兴铁矿”的现任老板张德恩打了两次电话，说要了解案情。张德恩痛快地承认，张胜富在他的铁矿下方开“黑口子”，越界开采；经过穆新成协调，“滦兴铁矿”赔了张胜富 5300 万元，张胜富才撤出该地界。

有证矿要赔偿“黑口子”5300 万？这从某种方面，也印证了张明顺的开矿困境。黑口子利润和 5300 万的分配格局，只有正在被通缉的张胜富清楚。

第三次，再以媒体身份给张德恩打电话，想当面聊一聊，结果张二话不说扣了电话。寻找当事人，最花费时间精力；即便找见当事人，还要花大量时间去沟通，最后很可能遭拒——这一切，让此种采访充满无效率。

为什么一提记者，矿区百姓就拒之千里？采访中，这个问题始终困扰着我。

最后灵机一动，干脆去文印店做了一盒律师名片。之后发现，该身份确实少遇障碍：穆新成的两位同学和初次见面的“律师”毫无隔阂，“二小变成二哥”的故事就来源于此。

“顺应民意”的丰收

穆新成老家在岩头乡大东沟村，通往那里的山路坑坑洼洼、无穷无尽。这里距离五台山的北台不过数公里，穆新成花费数十万元种下的 4000 亩树林就在那里。

找到了大东沟村的支书范文亮后，范第一句话就是“那是个好人”。

我答复说,“我也听说了。如果不是想采访这个,我只去纪检委就够了”。

范很高兴。他拿出了一大堆当地村民写的“请愿书”和“证明材料”，都按着红手印，错别字很多，但篇篇饱含深情，都是念穆新成扶贫济困的好，“要求政府宽大处理”等等。

获得范的信任后，他很痛快为我引荐了穆新成父亲的老友李宏如。穆新成父亲曾“托孤”给李宏如，这为稿件增加了一丝传奇色彩。

李宏如年逾古稀，但思维非常清晰。他把社会上的各种传言、小道消息都总结了一遍。最后分析是穆新成太张扬，得罪人太多，有人报复他。

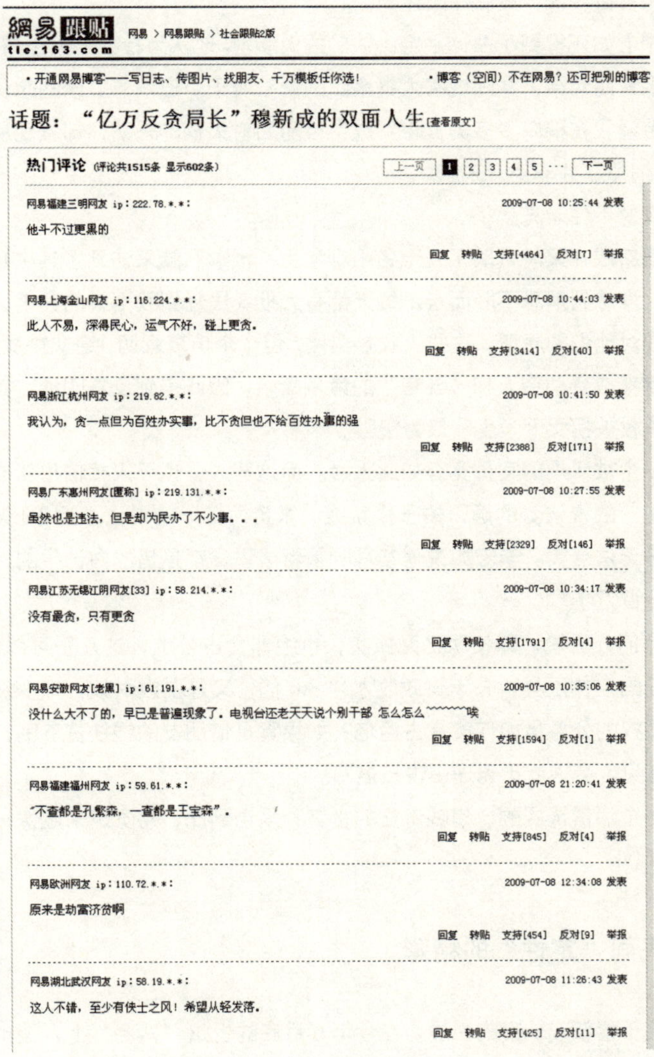

網易跟贴 tie.163.com 网易 > 网易跟贴 > 社会跟贴2版

·开通网易博客——写日志、传图片、找朋友、千万模板任你选！ ·博客（空间）不在网易？还可把别的博客

话题：“亿万反贪局长”穆新成的双面人生[查看原文]

热门评论（评论共1515条 显示602条） 上一页 1 2 3 4 5 … 下一页

网易福建三明网友 ip：222.78.*.*： 2009-07-08 10:25:44 发表
他斗不过更黑的
回复 转贴 支持[4464] 反对[7] 举报

网易上海金山网友 ip：116.224.*.*： 2009-07-08 10:44:03 发表
此人不易，深得民心，运气不好，碰上更贪.
回复 转贴 支持[3414] 反对[40] 举报

网易浙江杭州网友 ip：219.82.*.*： 2009-07-08 10:41:50 发表
我认为，贪一点但为百姓办实事，比不贪但也不给百姓办事的强
回复 转贴 支持[2388] 反对[171] 举报

网易广东惠州网友[匿称] ip：219.131.*.*： 2009-07-08 10:27:55 发表
虽然也是违法，但是却为民办了不少事...
回复 转贴 支持[2329] 反对[146] 举报

网易江苏无锡江阴网友[33] ip：58.214.*.*： 2009-07-08 10:34:17 发表
没有最贪，只有更贪
回复 转贴 支持[1791] 反对[4] 举报

网易安徽网友[老黑] ip：61.191.*.*： 2009-07-08 10:35:06 发表
没什么大不了的，早已是普遍现象了. 电视台还老天天说个别干部 怎么怎么~~~~~~唉
回复 转贴 支持[1594] 反对[1] 举报

网易福建福州网友 ip：59.61.*.*： 2009-07-08 21:20:41 发表
"不查都是孔繁森，一查都是王宝森".
回复 转贴 支持[845] 反对[4] 举报

网易欧洲网友 ip：110.72.*.*： 2009-07-08 12:34:08 发表
原来是劫富济贫啊
回复 转贴 支持[454] 反对[9] 举报

网易湖北武汉网友 ip：58.19.*.*： 2009-07-08 11:26:43 发表
这人不错，至少有侠士之风！希望从轻发落.
回复 转贴 支持[425] 反对[11] 举报

而穆新成、白计平、张胜富和甘泉村的关系，在李宏如处终于得以理顺。

原来，“繁峙首富”白计平的宝山铁矿也开在甘泉村，紧邻滦兴铁矿；张胜富的黑口子开在宝山铁矿内，是个典型无手续的“矿中矿”，但却越界开采滦兴铁矿；而穆新成和白计平是“发小”关系，张胜富在白计平铁矿里开黑矿，是穆新成搭的线。所以社会有种传言，说张胜富其实只是马仔，黑矿真正的老板是穆新成。

吃透这个“矿中矿”的关系，是采访穆案的“龙睛”，这让我欣喜若狂。

这也是外埠记者的最大困境：面对矿区那一道道面目基本相似的山梁，一个个缄默不语的官员，一群群视记者如敌人的百姓，若无内部人指点，你只能盲目冲锋，最后深陷迷局。

李宏如还提到了白计平宝山铁矿的大溃坝。他认为社会上关于穆新成、白计平官商勾结、共同坑害太钢集团的说法属于小道消息。李的想法，当然是希望我在稿中多多美言穆新成；但随后对太钢的采访，却发现所谓的“小道消息”并非空穴来风。

真对不住老先生了。

穆新成在繁峙资助了几十名困难学生，很顺利就采访到了其中几名的家长。没想到消息不胫而走，每天都有大批农民赶到我落脚的宾馆，诉说穆新成对他们的恩情。这些人衣衫褴褛，但个个情真意切，绝非矫揉造作。

穆新成资助穷人和“斗官”的诸多故事，因此得到反复印证，其中那个“勇救被拐女大学生”最为精彩。

一个被双规的官员竟有如此人缘。而这些人，也无人相信穆新成“家资两亿”的说法。的确，关于穆新成“家资两亿”的说法，近10天的采访始终无法落实。李宏如说他亲耳听穆新成说“都是借的白计平的”，“已经六七百万了”。

他们分析说，即使两亿元属实，也绝非贪占公款，这几乎可以肯定。繁峙是国定贫困县，去年财政收入才3.6亿，又是要饭财政，一个没有签字报销权的公务员如何能贪占两亿？如果真是借朋友的钱扶贫济困，朋友都没意见，旁人就更无理由说三道四。

一个活雷锋式的、借钱济贫的贪官？采访到此，感觉越来越像一场黑色幽默。

民间“定性”的精彩

关于穆新成一案的性质，在今年5月底的忻州“两会”上，该市纪委书记辛旭光曾在繁峙分组讨论会上发过言，其中包括“敲诈勒索、欺男霸女、两条人命、黑社会保护伞”等等。

对这个说法，一些被访者明显表示了反感：“穆新成打过县委常委一耳光，算是欺男吧；但霸女从何说起？他只有救女呀”。

最后，终于在忻州一位纪检干部处准确获悉“落实穆的敲诈金额已过亿元”，“滦兴铁矿给张胜富的5300万也算一笔”。但赔给“黑口子”巨款的张德恩却不认同这是敲诈，却对“律师”(就是本人)称“穆新成非常义气”云云，“我们只是找穆新成出面协调这个事，想出个最低价”。

关于穆新成的内幕，繁峙干部们应最有发言权，但他们普遍保持沉默。

最后终于通过朋友关系，联系到了两位繁峙的乡镇干部。他们之所以无顾虑见我，是因为朋友谎称我来采访别的事情。

熟稔后，话题自然而然转到了穆新成身上。“他就是繁峙民间矿业纠纷的总调解人”，“纪检委说那是敲诈，但其实他挣的是中介费”。我问：“如果他不是反贪局长、副检察长，别人会不会找他调解？”他们想了想，都说“那应该不会”，“这个角色应该有威信，说出话来人不敢不听，类似于黑白两道的老大”。

为什么会出现人人都怕反贪局长的局面，“是因为矿区没有一个人干净”——这也是人人躲记者的根本原因。

心中暗喜，这正是我梦寐以求的答案！

套用在穆新成身上，似乎也无不妥——若非穆用“反腐”拿捏众多公务人员和矿老板的软肋，谁会对其百依百顺？所以担当民间矿业纠纷总调解人的穆新成，就能不贪不占，却拥有巨额财富。

矿产争端不走“官道”，是因为股东身份、股金来源、开采手法、安全措施等无一经得起法律考量。潜规则盛行的恶果，是矿区的价值观和社会心态方方面面都发生畸变。“现代宋江”、“劫官济贫的大侠”，繁峙大量出现这些对穆新成的奇怪评价，实是不足为奇。

采访到此，我觉得穆新成的案情反倒不再重要，于是动笔写稿，于是您就看到那篇9700字、充满奇谈怪论的《双面人生》。

（作者系南方都市报深度部记者）

深圳代市长老家采访记

□杨涛

杨涛

6月的深圳政坛引人注目。6月12日下午，和摄影王子荣从深圳出发，前赴深圳新市长王荣老家滨海，他人生前二十年成长、生活的地方。两天时间采访了王荣的同学、老师和父母。之后又接任务去同在苏北的连云港采访深圳常务副市长许勤成长地。至6月22日采访结束。

10天时间里挖两市长老家，两个采访经过突破均进入到了他们父母家。此类报道对我来说是首次，对南都来说新市长报道是例牌菜，有必要回顾一下采访经历，一些经验供借鉴，一些困惑供探讨。

采访背景：

6 月12日（周五）中午近1点，接到记者站领导陈文定电话。曰：马上去王荣老家滨海，采访成长经历。当时稍觉崩溃。

6月11日晚刚去暗访卖淫女抢客一事，彻夜。早上直接来报社，正在构思该报道咋写。半上午，听到孙天明说已确定王荣来任代市长。旋即收到消息：下午到深。众措手不及。

深圳政坛更替历来受人瞩目。新市长到任的报道必不可少。王莹快刀斩乱麻，整出报道方案，俺也领了一块：苏州来的王荣，能给深圳带来什么？网上概览一下，再构思一下，对比苏深，遥想出几个专家。

到12点多，腹空，出去吃早饭带午饭。不料领导电话送来这么单活。

问王莹，定6月15日（周一）见报。老实讲，一口接下活，心里全没底。并暗自幽怨 硬骨头，不是能啃多少的问题，而是能不能找到骨头的问题。

次日周六，各单位找人难。6月14日(周日)就要交稿，实际可采访时间只一天多。心里一把急火攻心。

采访过程：

准备工作，尽力而为

之前从不知道有个叫王荣的。先花了一个小时在网上搜索所有与之相关的信息，包括简历、访谈、报道和八卦传闻，几十页纸。叫上子荣，立刻走人。临行前凝望子荣曰：这趟差很可能劳而无获，请做好心理准备。子荣不语，晃晃屁股。两人上路，前途未卜。

飞机晚点，4点半发，7点到无锡。一路翻看王荣资料，宏观了解有益，对采访基本无用。下来打的直奔滨海。幸交通畅，300多公里，一路高速。路上致电前同事姜锵，咨询采访林雄经验。给老同事国栋短信，问南京大学那边有否家乡信息。国栋提供中学。并与国栋互传愁绪——都不好搞。

10点半到宾馆。晚饭后上网继续狂搜。滨海论坛里有提到小学教师；有提到父亲是林牧渔业局干部，住林牧渔业局宿舍区。再查县政府等部门联系方式。

当时大体确定，先攻县政府；因时间太过仓促，没有政府部门配合，采访效率和质量都难保证。如实在不行再从学校入手；父母最后尝试，避免打草惊蛇。心理预期是，能采个把学校和下乡插队地就算不错。

关键环节：攻关政府部门

第二天（周六）一早，先电话联系县政府。宣传部无人接。其他搜到的政府电话一通狂打，宣传部等部门均无人接，最后一个政府值班室接了电话。对方说你打宣传部，我们不管新闻。

打了十几分钟宣传部，仍无人接。心想周六大概就没人了。盘算着如果县政府这边不配合，就先去插队地和学校自行了解。

仍再打回政府值班室，做最后努力。电话接通，郑重告知此次采访性质——细述一下这是多么宏大规模的时政报道；并告知南方都市报性质。最后正色曰：请你马上通知县宣传部，否则影响报道你要负责。

对方愣了一下，又跟本人确认了一下南方都市报名字。

曰：好，我帮你问一下。十几分钟后电话回过来，告知一宣传部科长电话——座机。

过 5 分钟，果然联系到科长。没叫她直接找家里，而是希望能提供一下学校、同学、插队地等方面信息，并提供采访便利。

不多时，科长回电：你们这个采访有没有获得相关部门和人员的同意？

回曰：我们最终报道会跟相关部门协商，不然也不可能报道；

科长：刚才问了我们领导，我们觉得你们这个事……挺奇怪的，王荣市长刚去深圳，还没做什么事，有什么好报道的呢？

曰：这是我们广东媒体的惯例，主要是体现广东省和深圳市对王市长的欢迎，让深圳人、广东人了解王市长，以及……他的家乡。这对你们滨海也是个宣传，报道内容里会有这一块，你把你们县当前发展情况的资料给我准备一下。

科长：……那你再等一下哈。

不多时来电：我们这里确实没有王市长以往的资料，同学老师这些暂时找不到。他父母倒是在滨海，我们领导说得咨询一下他父母的意见。

本人心里打鼓，七上八下。本来不想先联系王荣父母，因可能直接被拒绝，并导致后续采访的困难。但那边这么说，当时痛下决心：就从这里下手了。个人感觉：如果我们不去采父母，县里也可能会过问他父母这件事，如果父母一旦不同意，会相当被动。其他相关联系也可能因此被切断。

遂曰：那这样，我们来滨海礼节上也应该去看一下老人家，我看我们一起去他们家里，如果老人方便采访就聊一下，也不会为难你们，我们也尽到礼节。另外，这个专题报道规模很大，你们单独跟他们说恐怕也说不清楚。

科长：这样……不知道好不好。

我（正色）：从情理上，我们一起过去拜访一下，当面征求家人意见，更礼貌。这毕竟是一件好事。但如果你跟他家人没解释清楚，一旦家人拒绝，我们仍要自己过去，直接敲门采访。这样他家人反而会觉得你们工作做得不到位。

这样吧，马上中午了，我们一起见个面，吃个饭，跟你们也介绍一下我们这次报道，你把你们县发展情况的资料准备一下。

那边一听也有道理，关键是他们跟老人家也不熟，如果先单方面征求了父母意见，预后难料。中午相谈甚欢，亲切交流。一切交流有理有据即可，不必过分掩饰。

南方都市报 A II 15 深政·苏州现象

园林门常开
高官频出来
透视官场“苏州现象”

苏州现象

苏深比较

苏州经验

进家之后，一切好说

下午在县宣这位科长陪同下，一起去了王老家。进去之后万事好办，中华礼仪之邦，即便出于客套也总要聊几句。聊开了之后老人话匣子稍微打开，毕竟县宣的人一起在座，格调主流。

老人的苏北口音重，听不懂。基本靠宣传部的人翻译。老人是局长，见惯场面，也深懂为政之道。我也没有闪烁其辞，万事皆聊。只是他并不会主动说什么。

从王老这里又找到一个王荣读高中时的校领导。但打了半天打不通。遂要了电话先留着。

直接下八巨镇找王荣的小学同学。原来搜到的小学老师已退休。

同学也散居镇里难找。踏破铁鞋无觅处的时候，县宣配合下找到镇政府办公室一人，恰好当年与王荣一起在宣传队待过。通过他，找到了王荣当年的几个小学同学和那位老师，一一前去采访。

到晚上，王荣前校领导电话打过来，说白天没带手机。当晚就约他见面。恰好这人对报纸挺感兴趣，南方周末以前常看，现在稍少。从这里搜刮了一点王荣当年事。

第二天，又通过他找到几个高中同学和班主任，一一采访完。算是收官，疲惫不堪。

采访小结：

采访过程中，最关键的是攻关县宣和对王荣父母的采访。这步棋无奈又有风险。县里的意思其实是要联系朋友同学的话就要先征得家人同意。否则不予配合采访。当时来不及多想，顺势而为吧。计划不如变化快。

从学校突破。也不是没有可能，但从后来采访情况看，有了县宣协助，各层面都更买账。而且从采访效率上看，县宣介入下，各环节势如破竹。如果不是从这里打开，全靠自己在 2000 平方公里的土地上摸索，会很费时费力。两天时间，不会有太多收获。

怎么写：

周六回来之后就按采访到的情况先堆积，第二天再梳理。

次日采访完后发烧。面对屏幕脑空。原来的设想，还有另一种写法，即在主稿成长经历之后。将有特色的部分块写，以更体现其突出的一些方面。后来尝试了一下，发现实在不足以支撑。

因为亲友描述中，大部分内容是千篇一律。言辞灌输一通之后，是近乎统一的形象，谈不上高大全，但至少给人单一无趣之感，缺乏鲜明个性。有相当一部分说法言之无物。而为了出彩用过于夸张或标题党的写法也未必被当事人认同。

思来想去，还是按成长主线，一气呵成。尽量在各阶段将一些故事性的东西鲜活体现出来。修整一通，头晕乎乎。觉稍欠性灵，看时间已经 6 点多，就先传给后方。倒头睡会儿，起来再挖掘出几个性格关键词，希望能提供点鲜货。

经验：

像国栋所说，如何能短时间内在没有人脉的地方有突破？其实有很多不确定因素。能采访到父母家，不无幸运因素。此次滨海采访中对政府部门的说服比较关键。类似采访中觉得以下一些东西比较重要。

一、资料搜集

平时做调查稿我也认为前期的资料搜集很关键。网络时代给我们提供了极为便利的条件。尽管有时资料用不上，比如王荣的采访，直接用到的不多。但至少让心里有一个底，不至于虚无立足地。

二、攻关宣传部门

“搞定”宣传部门，这是跟姜锵交流后的共识。有宣传部门协助，毕竟好办事。尤其在需要走访很多单位时。

滨海县宣摇摆不定时，紧紧咬住不松口。既是被逼无奈也是完全必要。在不违法的情况下需要尽可能地多交流。毕竟大家都是一条战线上的。

三、交流方式

表达上尽量恩威并用，要有力度但也不能太暴力。政府部门对记者的尊重部分是处于礼貌，并不必要完全臣服。

不卑不亢的同时，也要晓之以理，晓之以利。对人有出诚意，忽悠过度会让别人反感。苏北来说，鄙人山东人的身份还是颇博苏北人好感。总之辅以感情因素，会让对方从心里更认可你。能交朋友就不要破坏吧。

20年·王荣·小城故事

童年奔波少年沉稳，1958-1978年王荣在江苏滨海县城生活成长

四、多手准备

同意国栋说的，战略上，打着南都旗号冲，不必太多犹豫。战术上就做多手准备。对记者而言，无非是以能采到料为目的，一条路不通的时候要想好退路。

以王荣这个为例，如果家人不愿接受采访，以某种较有诚意的表现再尝试一下。如果再不接受就赶紧该忙啥忙啥，学校，镇上，自力更生去。死磕一条路可能有意外收获，也可能磕死。

即便不能采访到家人，也可以根据外围信息一写。其他方面的描述也尽量采访全面，以使得能基本还原这个人的某些方面生活。话说回来，家人毕竟不同其他，有机会采访到的时候不要放弃。在关于王荣的采访中，最有质感的，还是他父亲的讲述。感情在内。

多手准备的意思还包括尽可能多跑一些地方，有时绝处逢生也不一定。许勤父母的地址是找到灌云县板浦镇他父亲的小学同学后得知的。然后回连云港市再杀过去。

一直不觉得有什么采访技巧是牛 B 不可测的。个人体验，就是全情投入，不辞劳苦，也是感情活，尽量不要不择手段吧。采访中的临时应变能力当然必要，有时要拿自己当流氓，但不一定等同欺骗。英国卫报驻京主任来深讲座时我问了一下他，在一些报社急需你采访到的东西，但常规突破无法获得的情况下，会不会狗急跳墙无所不用其极？他说：我会尽一切能力，但不会去欺骗，报社施压，他会去说服编辑和报社。

不足：

写作上仓促，稿件仍有可完善之处。

比如虽然了解到的家乡经历偏平淡，但仍可根据其经历巧妙糅合其他一些东西进去，关于当地教育方面的特色、地域背景，关于这二十年对其之后人生可能起到的影响，以及他在这社会背景下到底收获了什么，又可能会失去些什么？

包括记者手记等多元的表述方式，在当时发烧的大脑中都没有提取出来。人人都希望看到成长中鲜活的东西，在采到的料繁多但看起来又单一重复的情况下，更技巧和活跃的表述方式或许能部分弥补事实上的不足。

当时采访时主要咨询了姜锵，他有类似采访经验；信息上咨询了国栋，他提供了中学学校；导向上咨询了一下王莹，大体心中有数。但也忽视了一些在这方面有丰富经验的同事，比如高爽曾有过丰富的官员采访经验。

其实，在这种对报社来说比较重要的题目，自己拿捏不准的情况下，当时干脆可以把苟头、小定、老普、高爽（均为深圳站有丰富采访经历的头头脑脑）这些人先刷一遍。即便不能提供完全针对性的意见，也说不定哪一个人的看法就能帮你开个窍。

困惑一点：

对这类官员的报道，报社因主流而重视。但目前形势下，如何的尺度标准才是恰当？一些尺度上的把握自己仍有不逮之处。在报社同仁间对一些事情是否需要提及也有分歧。能否有一个相对可参考的框架让记者做到心中有数？以不至于把握失度。

（作者系南方都市报记者）

纸媒如何向网络维护作品著作权

□梁香禄

梁香禄

近年来，关于纸媒应否许可网络转载新闻作品、网络应否就此付费、按什么标准付费，以及纸媒如何追究网络非法转载行为责任等话题，在国内国外都一直备受业内关注。总体上的趋势是，纸媒面对网络越来越严峻的冲击，不得不谋求向网络转载收费、对非法转载行为采取维权行动。

这是摆在纸媒尤其是纸媒法务工作者面前的一个全新课题、重大挑战。身为纸媒法务工作者其中一员，本人当然站在纸媒的角度主张对网络采取强硬立场，但认识问题固然重要，试图解决问题却是关键所在。因此，本文尽量撇开具体争论，而结合南都报系在新闻作品维权业务上的初步实践，探讨纸媒如何针对网络转载维护新闻作品著作权利的问题。

一、纸媒向网络维护著作权利的必要性

在我看来，纸媒片面追求新闻影响力而主动许可网络免费转载的冲动、主张和做法，其实质是将自己的核心产品向竞争对手拱手相奉，从而在纸媒与网络的关系上把自己定位为或者实际沦落为网络的内容供应商。正是这种想法做法，很大程度上导致了今天这种荒唐局面：依靠纸媒免费或廉价内容供给壮大起来的新闻网络，反过来对纸媒形成既成事实的钳制；而纸媒面对广泛而海量的网络侵权行为，几乎丧失了维权的行为能力。

这种主张和做法其实是纸媒根深蒂固的采编本位主义的体现和必然

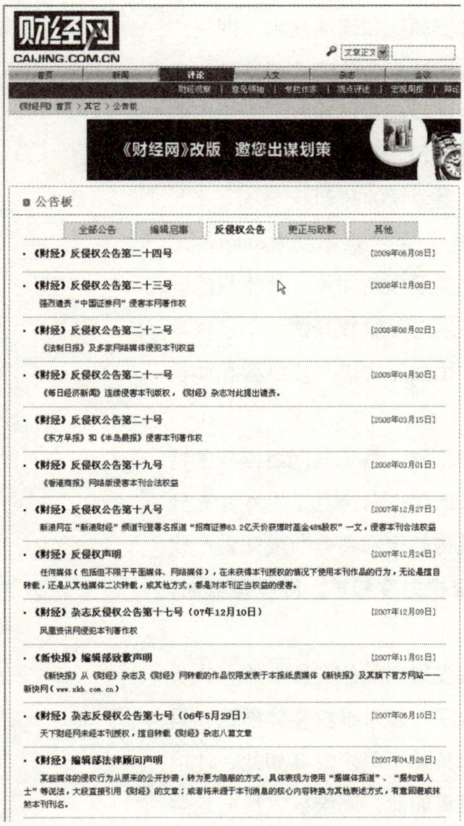

存在的思维盲点。他们总是习惯于把新闻作品看成单纯的新闻，片面地关注和追求新闻本身影响力的扩散，而没有进一步结合纸媒的盈利模式、从企业运营的角度考虑产品成本的回收、产品价值的实现。正是从这个角度，我严重质疑所谓纸媒可以借力网络转载扩大影响力的论断和逻辑。

《新京报》总编辑王跃春说得好，新闻的价值就是新闻界维权的高度；新京报社的维权行动独树一帜，走在了全国同行的前列。《财经》杂志几乎不许可其他网络使用其内容，在这个混乱格局中显得格外醒目，也昭示着其定力如磐的清醒认识。美国报业最近的诉求是，即使是支付了一定费用的门户和搜索网站，依然没有同新闻机构合理分享广告收入。凡此种种，才是我们应当努力和追求的方向；也只有在类似高度上，相关话题才值得探讨。

二、维权思路的总体认识

网络非法转载行为几近泛滥成灾，纸媒启动维权业务之初往往感觉千头万绪、无从下手；先行厘清维权的整体思路就非常必要。

这是一项长期工程。这是结合新闻作品著作权保护的历史和现状得出的结论。必须做好持之以恒艰苦奋斗的准备，而不可能寄望顷刻之间斗转星移、众神归位。真正认清这一点，具体维权进程方可从容不迫、张弛有度。

这是一项新工程和旧工程必须同时进行的工程。新工程是面对当下的侵权行为积极交涉、禁止非法转载，旧工程是面对过往延续至今的侵权行为补交维权功课，予以总体清算。该交涉的立即交涉，无需担心打草惊蛇，抓大放小可矣；该总体清算的，认准目标就动手，无需瞻前顾后，直奔主题就好。

这是一项需要纸媒内部统一认识、共同行动的工程。尤其是来自采编的鼎力支持，不可或缺。其中一点就是要有效克制“依靠网络转载扩大新闻影响力”的冲动。既然决心维权，就要忍受网络抵制维权、“不再配合纸媒宣传”的忧虑，对所有网络统一立场、一视同仁，以免自乱阵脚、投鼠忌器。

这是一项脚踏实地而志存高远的工程。维权的目的和方向，并非单一谋求定量转载稿费，而是规范所有转载行为，促使转载者真正尊重权利人的权利包括拒绝转载的权利。紧密结合自身新闻增值业务、全媒体发展战略的思路和步伐，及时调整具体目标：可以是收取合理费用而许可转载，可以是正式许可而免费转载，可以是提供相应资源比如网络技术、网络广告资源而许可转载，可以是一方出内容、一方出技术合作建立新网站，也可以是完全拒绝转载……总之，只有当一切主动权都掌握在权利人手中的时候，当权利人的权利真正得到充分尊重的时候，才是事情本来应有的面目，才是维权行动退居幕后、增值业务真正粉墨登场的时刻。

这是一项必须紧密联系新闻作品增值业务乃至全媒体发展战略的工程。鉴于目前全国范围内任何层面和角度都极度漠视新闻作品著作权的现状，纸媒倘若着力于新闻作品增值业务，则必须先从维权开始；不从根本上扭转这种局面，则新闻增值业务无从谈起，相反还会进一步纵容和助长侵权行为的蔓延。

这是一项成本巨大而短期收益可能较低的工程。基于向网络维权的特点，同时还是基于侵权行为肆虐横行的特点，纸媒在自身真正投入并充分把握整体情况之后，可以考虑委托若干专业机构如律师事务所或知识产权代理公司，共同努力推进、加快进程以增加维权力度和扩大维权覆盖面，从而在最短时间内最大范围地达成目的。

这是一项能够大幅度提升纸媒法务工作者发展空间的工程。维权人员在维权过程中，应当结合具体维权实践，持续深入思考维权整体思路和具体方法，及时总结经验教训，刷新维权模式和具体策略。惟其如此，才能不断主动发现问题并找到解决问题的方法；果真如此，则维权人员一定会成为这方面的专家型实干人才。

整体思路厘清之后，具体维权措施其实就是一个水到渠成、熟能生巧的问题；专职维权人员大可信手拈来、灵活运用。

三、维权法律基础及其结合实践的有效途径

（一）新闻作品是否享有著作权？

著作权法规定“本法不适用于时事新闻”，司法解释规定时事新闻是“单纯事实消息”，不少人因此围绕时事新闻（或者新闻、或新闻作品）是否享有著作权、是否受著作权法保护而争论不休。

我奇怪于这个问题也要争论、也值得争论。什么叫“单纯事实消息”？这样的立法表述难道还不够明确？非要在法律条文里举例说明吗？仅限于对新闻要素（时间、地点、人物、事件、原因）最为简洁的平铺直叙，不加以任何角度的观察、描述、分析、议论，也不在任何层面作深入挖掘、细节呈现，以致所有的正常的普通的人叙述该事件时，内容基本都一样，这样的新闻就是单纯事实消息。这样的新闻在实践中稀少到可以忽略不计；即使转载这样的新闻仍需注明出处，否则仍属违法。退一步说，即使在诉讼中这个问题成为争论焦点，也不应任由对方牵着鼻子走，而要牢牢把握一点，即诉争作品具有独创性、属于著作权法意义上的作品；对方要纠缠时事新闻的问题，首先得论证它为何不是一件“作品”。总之，纸媒根本无需为这个似是而非的顾虑，在维权问题上犹疑不前。

（二）纸媒内部如何理顺新闻作品权利归属？

从新闻作品的权利归属上，可将纸媒所属采编人员完成的、在自身媒体上发表的作品大体上分为三类：法人作品、职务作品和个人作品。报纸社论，多属法人作品；采编人员在本职之外、业余时间完成的作品，属个人作品。这两类作品的权利归属容易界定，也少有争议；采编人员为完成工作任务而完成的作品是职务作品，这类作品的权利归属则相对复杂。

一种经济便捷的方法是通过签署著作权合同来约定权利归属。根据著作权法第十六条第二款第二项“……合同约定著作权由法人或者其他组织享有的职务作品”属于特殊职务作品的规定，可以整体上、一次性解决这个问题。既可在劳动合同中加入相关条款，也可另行签订著作权合同，约定什么作品是职务作品，职务作品（署名权以外）的著作权利归属单位享有，由单位以自身名义对职务作品的著作权利进行维护、许可或禁止他人

使用、对侵权行为进行交涉、索赔或诉讼；该约定对员工在职期间的所有职务作品均为有效等等。

明确著作权利归属，等于明确维权主体，以单位为主体统一、集中推进维权行动，有利于提高维权效率和效果。相反，如果不从源头上解决维权主体问题，则维权行动必将毫无头绪而举步维艰。

四、维权的具体措施和策略

具体维权措施和策略应该灵活多样，非诉讼与诉讼措施同时交错进行，在纸媒内部形成一个发现侵权线索、交涉处理、结果反馈的完整的、良性互动的维权链条，从而保证维权行动有步骤、有层次、有系统地持续有效推进。

（一）版权声明

理顺著作权归属之后、采取维权行动之前的第一要务是版权声明。

根据著作权法及相关司法解释，如果没有声明禁止，那么其他媒体就可以不经同意而转载、摘编，只需署名、注明出处、支付转载稿酬即可；对于“时事新闻”，甚至连稿酬都无需支付。可见版权声明是绝大部分维权行动的前提和基础。

严格地说，版权声明应当附带在每篇作品之前或者之后，但实际上无法做到亦无此必要，不过最低限度，每份报纸、刊物至少应当附带一份声明，否则任何没有附带声明的当期报刊的所有作品，均可视为可以转载、摘编；不能因此前曾经发布过声明，就一劳永逸地认为其自动适用于

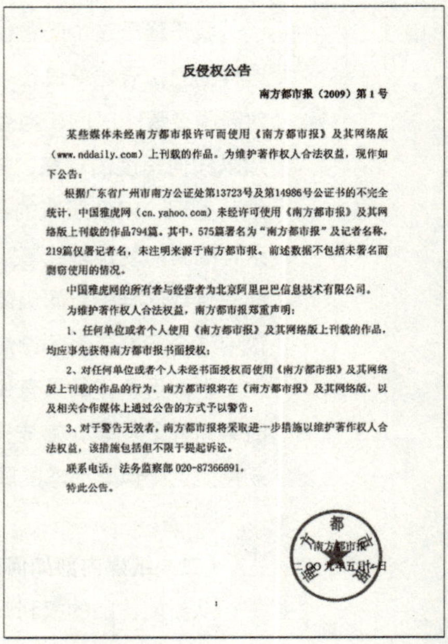

反侵权公告

南方都市报（2009）第1号

某些媒体未经南方都市报许可而使用《南方都市报》及其网络版（www.nddaily.com）上刊载的作品。为维护著作权人合法权益，现作如下公告：

根据广东省广州市南方公证处第13723号及第14986号公证书的不完全统计，中国雅虎网（cn.yahoo.com）未经许可使用《南方都市报》及其网络版上刊载的作品794篇。其中，575篇署名为“南方都市报”及记者名称，219篇仅署记者名，未注明来源于南方都市报。前述数据不包括未署名而剽窃使用的情况。

中国雅虎网的所有者与经营者为北京阿里巴巴信息技术有限公司。

为维护著作权人合法权益，南方都市报郑重声明：

1、任何单位或者个人使用《南方都市报》及其网络版上刊载的作品，均应事先获得南方都市报书面授权；

2、对任何单位或者个人未经书面授权而使用《南方都市报》及其网络版上刊载的作品的行为，南方都市报将在《南方都市报》及其网络版，以及相关合作媒体上通过公告的方式予以警告；

3、对于警告无效者，南方都市报将采取进一步措施以维护著作权人合法权益，该措施包括但不限于提起诉讼。

联系电话：法务监察部 020-87366691。

特此公告。

南方都市报

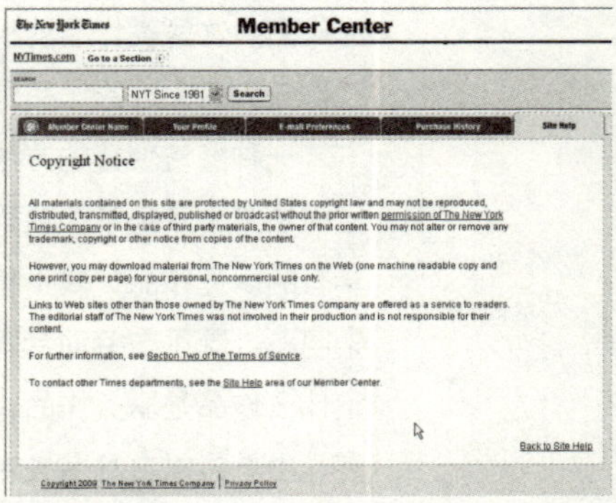

The New York Times　Member Center

NYTimes.com　Go to a Section

NYT Since 1981　Search

Site Help

Copyright Notice

All materials contained on this site are protected by United States copyright law and may not be reproduced, distributed, transmitted, displayed, published or broadcast without the prior written permission of The New York Times Company or in the case of third party materials, the owner of that content. You may not alter or remove any trademark, copyright or other notice from copies of the content.

However, you may download material from The New York Times on the Web (one machine readable copy and one print copy per page) for your personal, noncommercial use only.

Links to Web sites other than those owned by The New York Times Company are offered as a service to readers. The editorial staff of The New York Times was not involved in their production and is not responsible for their content.

For further information, see Section Two of the Terms of Service.

To contact other Times departments, see the Site Help area of our Member Center.

Back to Site Help

Copyright 2009 The New York Times Company | Privacy Policy

后来的所有作品。

（二）作品分类管理和维护

从新闻作品增值业务和维权业务的角度说，新闻作品至少可以大体上分为文字、摄影和摄像作品。作品分类管理和维护，既是增值业务的需求，也是维权业务的需求。对于维权索赔而言，一个很明显的区别是，侵权使用某一幅摄影、摄像作品与侵权使用某一篇文字作品，对两者的司法判决赔偿，前者往往高于后者。

（三）非诉讼维权措施

非诉讼维权措施可以有即时交涉和反侵权公告。针对当下最新发生的侵权行为，立即交涉，要求对方署名、注明出处、支付稿酬或者删除稿件、停止转载。对交涉无果或者屡屡侵权的，可以考虑在自身媒体上直接发布反侵权公告，将比较典型和经常的侵权行为点名披露、予以谴责。

非诉讼措施的主要目标是限制、禁止发生新的侵权行为，要点是及时、主动出击，天女散花、以面取胜，而相对看轻某次维权行动的具体效果，通过长期坚持来达到目的。以有限人力面对海量侵权行为，针对一两篇普通新闻而正式公证、索赔，成本太高，所以在非诉讼维权措施中，以反侵权公告为主，即时交涉为辅；以限制、禁止转载使用为主，索取赔偿为辅。它试图规范的是目前或者将来的转载行为。

（四）诉讼维权措施

诉讼维权措施的关键在于采集侵权证据，而采集证据的关键在于公证。诉讼维权可以分为两种类型，一种是针对某一网站历史上所有的侵权行为，来一次总体上的清算，花大力气进行公证、索赔，例如新京报诉 TOM 网站案、新京报诉浙江在线网站案、南都诉雅虎网站案等；一种是针对某一独家报道、深度报道或者价值较高的报道，公证之后向所有侵权网站索赔，例如南都诉北京银海网等案。前者解决的是某网站历史上持续至今的侵权行为，后者则与此同时兼顾非诉讼措施的不足，在非诉讼措施无效的情况下，针对某一典型侵权行为或者重要作品展开个体维权。

诉讼措施的主要目标是重拳出击、严厉打击维权对象过往发生而持续至今的大面积侵权行为，要点是从长计议、谋定后动而彻底打击。对于具体的诉讼技巧、法律理论及相关解决途径、诉讼效果，所谓熟能生巧，只要坚定信心、持续推进，一定能摸索到方便自身、迎合法院、狙击对方的一整套行之有效的方式方法。结合具体诉讼实务简析如下：

1. 侵权网页内容公证

针对某一网站大量侵权网页的公证方式可以有两种，一种是批量下载，在公证处的计算机上安装批量下载网页内容的软件，并在公证员的监督下实施操作。假设某纸媒有记者300名，则建立300个文件夹，通过高级搜索引擎输入关键词“某某报＋某某”搜索，将结果下载到相应文件夹，如此反复，直至300名记者名下的作品都搜索下载完毕，保存、刻录光盘并制作公证书。这种方法可以节约公证时间，但诉讼前仍需检查核对所下载的内容是否属于侵权作品，整体时间并不一定减少，除非公证完毕，正式交涉后双方诉前和解。另一种则完全人工操作，将符合条件的搜索结果逐页打开，鉴别属于侵权作品才下载保存。两种方式各有利弊，可针对具体情况灵活采用。

一个明显的疑问是，所搜索到的只是注明出处并且署名记者的作品，未注明出处，或者未署名记者，或者两者都没有的情况并未包括在内。是的，针对网络海量信息、海量侵权的情况，也只能如此了，用作品关键词的方式搜索，杂志、周报或许可以，对于信息量比较巨大的综合性日报而言，几乎是无法完成的任务。

不过，前面提及的针对某一作品进行的公证、索赔，可以成为上述缺陷的有效补救或者补充。将目前或者历史上一些价值较高的独家或者深度

A10

NEWS BLUE 新闻蓝页

纸媒告网站侵权索赔200万

《新京报》诉浙江在线未经授权转载文章 此举被认为是向新闻转载侵权几乎无任何风险的“潜规则”宣战

有官员指出，门户网站应以合理的价格向传统媒体购买新闻实现双赢

美国传统媒体维护知识产权不遗余力

调查报道或者图片，列一个目录，逐一以作品的关键词（句）搜索下载，一幅作品做一个公证，然后分别向所有搜索到的侵权者索赔。

2. 法院立案受理

有的法院可以一个被告、众多作品立一个案子，有的法院可以一个被告、一个记者名下众多作品立一个案子，有的法院则必须一幅作品立一个案子。批量整体立案，可以一次性解决，但准备工作更繁重、时间更长，要求也更高；个体作品单独立案，虽如蜗牛缓行，但胜在闲庭信步，逐步观察思考，随时调整方向策略。

一开始我对法院一幅作品立一个案子的做法非常不满，但后来发现其实对权利人更有好处。一个网站几百篇、几千篇、几万篇侵权作品，隔三差五起诉几篇，对方收诉状都收到手软，也不失为一种策略。

3. 法院管辖权之争

侵权行为地、被告住所地、侵权内容发现地的法院均有管辖权，但后者一般是在前两者难以确定的情况下才适用。从节省诉讼成本的角度，当然是在侵权内容发现地（比如公证所在地）诉讼最为经济，但草率操作，对方十有八九会提出管辖异议并得到支持。

当被告不止一个时，只要其中一个被告属某法院管辖范围，则该法院就可当然地获得案件的管辖权。深入仔细研究这个规则并加以利用，一定会找到节省自身诉讼成本而增加对方诉讼成本的解决方法。南都诉雅虎网站案，我们成功地做到了这一点。雅虎网的经营者是阿里巴巴公司，而该公司住所地和雅虎网所在地都不是广州，但最终该案在广州越秀区法院立案并审理。在异地诉讼、一幅作品立一个案子的情况下，仅仅是对方为应诉而支付的差旅费，就足够让其好好地反躬自问“何至于此”了。

4. 赔偿的理算

转载的国家稿酬标准是千字五十元。一定要彻底挑战这个标准！无需论证，整体的文字稿酬标准无疑是计划经济年代的产物。由国家来统一规定一个自由竞争的市场的价格，更何况时移世易，却还拿上个世纪的标准来衡量现今世纪的事情，该标准存在之本身就是何其荒谬！倘若通过具体维权行动，成功挑战乃至彻底废除这一莫须有的稿酬标准，可谓善莫大焉。

5. 合法合理增加赔偿费用

担心法院判赔太低的，也可以利用知识产权案件律师费应予支持的规定，在诉讼阶段委托执业律师出庭。

总体上说，不同类型的纸媒，可以有不同的具体维权策略。信息量巨大的纸媒如综合性日报，可以偏重于针对某一网站长期以来的侵权行为予以总体上一次性清算，信息量较少而纵深报道多的纸媒如周报、杂志，可以偏重于针对某一作品单独向众多侵权者索赔。

诉讼与非诉讼维权措施，前者是后者的后盾和保障，后者是前者的必要补充和前期准备。两者并行不悖、同时推进，才能兼顾维权的短期和长期效果。

五、结束语

无论纸媒采取何种措施维权、维权的具体目标是什么，指导维权策略和衡量维权效果的标杆，都是新闻的价值。通过适当的维护，新闻价值可以体现为新闻作品增值业务的不断拓展，也可以体现为他人发自内心的尊重，包括对拒绝转载的尊重。但是，如果继续任由目前这种新闻价值不能真正体现为权利人的利益、人人得以堂而皇之“不劳而获”的无序局面长此以往，则无论新闻价值有多高，都必将难以为继，最终受损的必将是整体传媒行业和受众的利益。

孤掌难鸣；时不我待。依靠少数先行者，不足以肩负根本性扭转困局的重担；唯有多数权利人共同呐喊行动的合力，方可无往不利。

（作者系南方都市报系法务监察部主任）

捕捉

城市的情绪

戴牟雨

每个城市都有它们原始的形态，在里头获取影像，前提是“生产符号”的确定。时间的记忆构成了我的潜意识，按照自己所需放入其中，“符号”的能量使片子产生。那些看似固定的街道场景，更像一座庞大的装饰品，随着人们的“活力”变更着。

我常常在夜晚 12 点之后走在上海的小街上，所以就有了很多关于植物和很贴近地面的片子。选择是自由的，但也是强制的，因为我总不能清楚它是什么，慢慢地就成了爱和被爱的关系。以至后来，望到远处一棵不可接近的大树，我也不管成像质量怎样，闪光之后发觉它其实很孤独。

有些用植物合成的城市“美容品”在夜色下显得非常诡异。发觉里面有多样的“情绪”，我可能会再过一段时间拍。这时可能与相机特性相悖，甚至曝光动作也是反常规的。起码这些影像不算是唯美的。掺和了旧事的终端，可多心的我又想再获取些现实的始端。上述倾向同时存在，互相诱惑，交织在一起。

我会努力抓住实际上是视线外的东西，所以有些地方工作之余我尽量反复去，多则几十趟，寻找突破的可能性，影像是心里的反映，看似简单的美丽，总有些细节让我留恋，捕捉到了是缘份。

作者系城市画报资深摄影记者

图为作者城市摄影专题：杭州

让静态民间艺术活起来

■严亮

南方日报从今年2月11日开始，对广东列入国家级的非物质文化遗产进行了一次梳理，在表现手法上，采用图文并重的方式，将这些散落在南粤大地上的民间艺术集体呈现在读者面前。

为了使报道真正落实图文并重，提升图片质量是非常重要的一环，在这方面，我们进行了积极尝试。

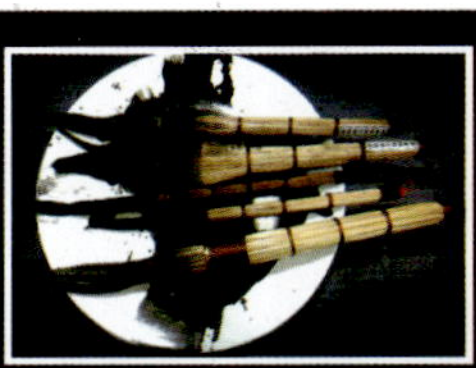

收藏于陈家祠的广绣。傍晚落日下，当工作人员在陈家祠的屋檐下徐徐展开，这幅刺绣经历几十年的春秋依然栩栩如生　王辉 摄

广东中山职业技术学院一直致力于广绣的传承、创新，被誉为“现代广绣”奠基人的陈少芳正在手把手地教自己的学生，她的手已经是伤痕累累　　王辉 摄

陈少芳的作品　　王辉 摄

现代茅龙笔，成为书法家与国画家的利器。型号不同的笔，满足书法家与国画家的需求　　王辉 摄

制造茅龙笔需进行茅草剥离，使笔达到柔软细腻的功效　　王辉 摄

颠覆刻板视觉形象

“图片一定要让人在视觉上耳目一新，改变人们对古老的民间艺术认识”，这就要求选刁钻的角度，比如广东粤剧，人们往往就想到舞台上粤剧演员的各种扮相，我们重点却放在粤剧与普通百姓，尤其是与年轻人的关系上，图片展示“画着脸谱的年轻人，笑容可掬的财神，街头练功的演员……”，充满浓浓的生活气息，一下子拉近了与读者的关系。

要想“跟别人不一样”，首先是要“吃透”非遗项目。为此，我们常常聚在一起，学习了解要拍专题方方面面知识，做足功课，这就为专题拍摄注入灵魂。同时，我们也根据大家兴趣进行任务分解，比如，有同事学过咏春拳，自然拍咏春拳就是非他莫属；拍梅州客家山歌，我们让出生于梅州，了解山歌传统的记者去完成这个专题，确实起到了事半功倍的效果。

其次，就是要深入生活。走马观花、浅尝则止，是专题新闻拍摄大忌。深入生活是出好图片的基石，像我们一位同事，为了拍摄一个行走于潮汕大地唱潮剧的“草台班子”，一直跟着他们行走，这个专题至今没有杀青。

第三，自今年2月12日推出第一期“岭南记忆——走进广东非物质文化遗产”至今，做到了每周一期，在市场部推广下，每期精彩的图文都在南方报网、天涯、新浪、搜狐等网站上专题登出，每期数万、数十万的击点，大量网友的独到见解为我们下一期拍摄开拓了思路，这样良好的互动让我们受益非浅。

忠信镇上寮村的赖伟雄自豪地拿出自家的这盏手工精制的龙凤灯，此灯参加过河源市的展览，现已成为家中珍藏 莫伟浓 摄

陆丰南塘镇环林村，陆丰著名皮影艺人卓幼儿的儿子卓木宇（左），正在舞动有着四五十年历史的皮影　王辉 摄

让静态民间艺术活起来

很多非遗项目，比如狮舞、禾楼舞、耍歌堂等项目，动感十足，拍摄起来相对比较容易，让人犯难的往往是非常静态的项目，比如广绣、潮州木雕，忠信的花灯等，这样的项目，一开始真有点“老虎吃天，无从下口”的感觉。

比如广绣，掌握这项技术的人已寥寥无几，能够看到的作品也是极少。记者在陈家祠看到一幅广绣精品，为了拍好它，真是绞尽脑汁，最后是等到傍晚，将它拿到室外，以落日及墙角为背景，补上光，展示其熠熠生辉的真实容颜。

光与影是摄影的灵魂，充分利用光影，让我们常常在非常无助时绝处逢生，让呆板的作品展现出生命的光辉。

就跟广绣创作者一样，他们利用的武器也无甚选择，只是针与线；施展的空间也常是一尺见方的距离，越是回旋余地不大，越考验创作者，我们很多摄影记者面对静态的拍摄对象，选择在细节上下足功夫。

像广绣大师的伤痕累累的手指、忠信花灯提灯者身后高挂的腊肉及地上晒的萝卜干、叼着香烟的民间皮影艺人……都能很好地彰显主人公的身份。

佛山青年粤剧团演员清晨练功　莫伟浓 摄

佛山祖庙，人们在挂满粤剧名伶图片的环境里喝茶聊天　莫伟浓 摄

一位白字戏演员化妆、穿戴好后等待上台　王亮 摄

越是曝晒的天气越有利于香云纱制作　梁宇 摄

纪录民间文化瑰宝的使命感

能列入国家级非物质文化遗产的广东民间文化，经历千百年流传至今，非常不容易，随着社会飞速发展，很多非物质文化遗产已经慢慢淡出人们的记忆，甚至已经处于濒临灭绝的边缘。这一次用影像进行系统纪录，是建国60年来第一次，或许，再过10年，很多文化遗产将不复存在。

为此，我们拍摄的时候，特别讲究"原汁原味"呈现，这有两层含意，一是真实展示其生存境遇；另一个意思就是完整展示其整个过程，将其每一个重要步骤或者程序都拍下来，比如耍歌堂、禾楼舞、西秦戏、正字戏等，即使百年之后，人们也可以从我们的图片还原它们的本来面目，为了达到真实记录目的，我们对一些重要的专题还使用视频进行记录保存。

（作者系南方日报视觉中心副主任）

雄伟威严的禾楼舞领舞者　　刘力勤 摄

7月9日，美国威斯康星州的杰斐逊县，因红灯发生三车连撞事故。摩托车手为21岁的女子，目前未发现严重伤亡。

John Hart/Watertown Daily Times

时事造英雄

严重怀疑John Hart是Watertown Daily Times的突发摄影记者，这片子看上去像极了南方都市报某段时间的社会新闻版主图。相比之下，国外摄影师的取景倒是更加讨巧，把车祸现场作为饱满的前景，透过挤压着摩托车的车轮，将画面引伸到事主凄苦的面容上。所幸未有人严重伤亡，但场面却十分触目惊心。

可以肯定的是后面那辆轿车时速绝对超过“70码”，不然怎么能把摩托车撞成这幅德性？就是不知道司机有没有自首情节，认罪态度好不好，又有没有个富翁爸爸？真有的话，会不会给摩托车手113万？辩护律师能不能以此要求轻判？最重要的是，在上学期间有没有“得到过篮球比赛、足球比赛的奖励”？

不晓得家里还留着我幼儿园时期的奖状没有，现在看来，还是要好好珍藏，保不齐什么时候有用呢。

南都周刊图片编辑　翁倩

采写编

采写编

地方媒体外事报道的可为空间

——从南方日报开设外事深度报道专栏《外眼探粤》谈起

□梅志清

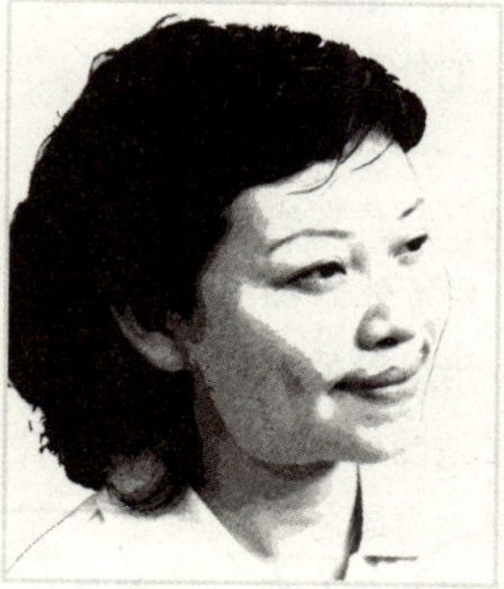

梅志清

随着中国经济实力的日益强大，在国际事务中的地位日益提升，如何扩大中国在全球的影响力，更好地表达国家利益，促进与世界的沟通已越来越引起各方高度关注。

在其中，提升国内媒体的传播影响力，已成当务之急。

西方“主流媒体”深谙此道：传播影响力拼的是先进的传播手段、优秀的新闻作品，否则，再先进的价值理念也不可能被广泛流传，更不可能有力地影响世界。

但这对于一个多年来执行“韬光养晦”外交策略的国度来说，在某些方面无疑需要思想解放，例如，一直奉行“外事无小事，一切需谨慎”的外事报道，可否有所作为?

春江水暖。从去年开始，中央就明确提出了大外宣战略，要求内地媒体“提高舆论引导能力和国际传播能力”，主要官方媒体已率先行动。

新华社在今年7月1日正式向外宣布，将依靠遍布全国和全世界的记者力量，开始试运行英语电视新闻线路，每天采集制作多种形式的电视新闻内容，及时传送给海内外电视台、网站、手机用户等，甚至会在欧洲的一些超市播放。英国《金融时报》解读，这是“中国政府为向西方观众传播北京的世界观迈出的谨慎的第一步”。

无独有偶。《人民日报》今年也在7月1日头版正式宣布，将开始新一轮的扩版，这是“努力提高国内国际传播能力的重要步骤”。

但是，对于有区域局限性的地方媒体来说，到底该怎样提升国际传播影响力，传统的外事报道领域到底有没有可为空间？

作为广东省委机关报，努力创新、积极求变一直是《南方日报》办报六十年来的新闻追求，在‘按常规走”的外事报道领域，这几年特别是今年以来，努力寻求可为空间，积极探索突围之道，与广东省外事办合作开设外事深度专栏《外眼探粤》，从广东的角度看世界，用世界的眼光影响广东，先后独家专访了法国前总理拉法兰、新加坡前总理吴作栋、泰国总理阿披实、越南总理阮晋勇等一批政要及国际知名人士，因定位的高端、内容的深度、版本的独特、视野的开阔而受到好评。

可为空间的本土背景

“大外事”战略下的“冷线”变“富矿”

多年来，广东本土的外事报道一直严格遵守相关规定，书记、省长等正省级领导接见外宾一般发不超过 800 字消息，副省级领导外事接见一般发不超过 200 字短讯，在报道中，领导们和外宾到底探讨了什么问题？为什么这个时候外宾要来访？背景是什么？将对未来广东带来什么样的影响……受众心中一系列的问号，往往很难从几百字的消息中找到详尽答案。

早在 2002 年 8 月 6 日南方日报第一次大规模改版之时，当时的南方日报领导就明确提出要在外事报道这条“冷线”上积极作为，在遵守相关纪律的同时还要大胆突破。也正是在这种推动下，跑线记者

南方日报

南方独家 “信使”拉法兰

拉法兰·声音

法前总理拉法兰接受本报独家专访，表示回国第二天就会见萨科齐开诚布公交流一切

希望萨科齐访华越快越好

让法国年轻一代了解中国

非常了解中国西藏问题的立场

法国必须尊重中国领土完整

中法都反对贸易保护

我和萨科齐总能开诚布公

积极联络寻找机会，例如，2006 年 7 月“哥德堡号”访问广州，记者就利用自己的人脉关系和语言优势，在船上见缝插针成功采访了瑞典国王。

但是，因种种条件限制，这些突破毕竟是零星的，难以形成一个系列，让受众留下持续阅读的期待。但是，我们“蠢蠢欲动”之心一直没死——作为一张严肃政经大报，“大时政”办报理念需要更具国际视野的外事报道，这也是为报业集团“走出去”战略增强新闻传播力。

广东是中国的南大门，地处改革开放前沿，对外交往频繁，各国国宾、党宾、议会外宾、友好人士以及其他重要来宾经常访问广东，外事这条“冷线”如果解放思想释放出能量，那就是新闻的富矿。特别是汪洋书记到粤后，掀起了“思想解放”的热潮，明确提出要用世界眼光谋划广东未来，他甚至率数百人的队伍“下南洋”，积极寻求与东盟各国的合作。他希望外事部门能从具体事务中解放出来，站在国际的高度为广东的未来发展提供更多决策参考。

外眼探粤
A06
新加坡国务资政吴作栋接受本报独家专访
谈新加坡转型经验助广东发展
赞《珠三角规划纲要》胆识过人
危机下，产业升级加快还是放缓？
合作进入“蜜月期”

正是在这一背景下，广东外事部门积极更新观念，致力于“大外事”新战略，这一战略自然离不开与媒体的合作，他们开始寻找一家权威、严肃、有公信力和影响力的媒体，希望借助媒体的力量为广东的发展聆听世界的声音。

正因理念相同、目标一致，双方高层一拍即合，商谈决定南方日报与省外事办强强联手，合作开办外事深度专栏《外眼探粤》，以外国政要及海内外知名人士的高端访谈为主，适时推出针对广东现实而策划的看世界的相关深度话题，打破地方媒体外事报道不可为的“坚冰”，拉阔传播的视野，积极开拓可为空间。

外眼探粤 A04

“一体化”“腾笼换鸟”日本启示录

从日本寓言到广东阵痛

“超级道州”背后的一体化逻辑

东京攻略

大阪治污寓言

关西联合得失推演

日式“腾笼换鸟”

可为空间的尺度把握

“两不碰”原则与“禁区”突破

严肃媒体与权威部门紧密合作，资源优势和新闻优势强强联手，这是《外眼探粤》栏目开办的重要前提，为此，双方还探索建立了较为完善健全的合作机制。

在合作中，南方日报负责新闻采访、编辑、制作等工作，而省外事办负责请示外交部，负责与外方沟通，负责提示我国在此方面的外交立场和原则。

无疑，不管外事报道如何开拓，严谨准确、符合国家利益的内核是不能改变的，为了让《外眼探粤》这样一个首开地方媒体外事深度报道先河的专栏能够更有生命力，不至于中途触礁夭折，我们还在合作中继续明确“外事无小事”，把好分寸掌好度，坚持"两不碰"：敏感问题一般不要碰，有争议的问题一般不要碰。

外眼探粤 A06

日本远近

倾听智者

当年和王震去珠海直升机停甘蔗田里

扑完“火”后要建和谐社会

但是，这个“不要碰”也并不是绝对。

今年2月的情人节，在中法关系继续紧张之时，法国前总理拉法兰作为总统萨科齐的特使再度访华，在一周的行程即将结束临上飞机之前，拉法兰接受了《外眼探粤》专栏的独家访谈。面对这样一个世界聚焦的新闻人物，到底可不可以碰敏感问题、有争执的问题呢？考虑到拉法兰的政治立场，几经商议，我们决定还是要“碰”，但是，是礼貌的、温和的、柔中带刚地发问。

例如在谈到无法回避的西藏问题时，我在采访中突然“轻描淡写”问他，“您到过中国很多城市，有没有去过西藏？能不能理解中国民众对于西藏的那种独特的情感？”拉法兰当时听了这个问题，用眼睛长时间地盯着我，想了想，非常严肃地回答：“我非常了解中国人民、中国领导人在这方面的立场，也知道去年发生的事情对中国人民造成了很大伤害，我本人也真诚地希望两国之间传统的友谊不会因为这些事情而受到侵害、破坏。”我面带微笑，继续在这个话题上做文章，“西藏很美，是人间天堂，真希望您能去那里走一走”，这时，拉法兰笑了，取下眼镜，轻松地说，“哦，是啊，我看过很多关于西藏的资料，里面有西藏很漂亮的风景照片，很美，但也听说那里会产生高原反应，可能不太适合我们老年人去，还是你们年轻人去会比较好。”

可以说，在拉法兰的专访中，几乎所有当下中法关系中最为敏感的话题都涉及到了，但是，这种“开放”是在尺度把握中的“开放”，甚至他还在专访中透露了两国领导人很可能在伦敦峰会前会晤的消息。谢天谢地，正因为得益于我们日益开放自信的“大外交”战略，我们一家地方媒体一整版的深度访谈在经过外事部门审稿时得以全部通过，几乎原文发出，这篇具有独特价值的访谈因而也被多家网站采用，产生了较广泛的影响。

现在，越来越多的有识之士看到，中国报业要“走出去”，媒体的国际传播影响力是其中一个非常重要的环节，怎么强化“外”字淡化“宣”，怎么既不违反外事纪律又遵循新闻规律，怎么用世界听得懂的语言和容易理解的方式来进行有效传播，《外眼探粤》栏目希望在这方面有所探索。

可为空间的创新之道

定位的“高端”与访谈的“深度”

定位的“高端意识”——

对于一张以“高度决定影响力”而定位的报纸来说，严肃的人物访谈栏目是与其风格相吻合的，首次改版之时南方日报曾开设《对话》栏目，后因种种原因而取消，但直至现在有的访谈还被人谈及，这就是栏目的影响力。

从某个角度来说，《外眼探粤》是对《对话》的一种延续，但是，它们的定位又是有所区分的，《外眼探粤》明确走高端路线，所访谈人物皆为各国党要、政要、世界知名人士，这也是为了充分利用手中资源、凸显栏目独特性而设定的。

栏目名的诞生还颇费思量，最后敲定了《外眼探粤》这四个字。这个“外”字是广义的，它既指外宾，但同时也包括中国从事外事工作的精英人物，他们既了解中国国情，又熟知世界变化，这只“外眼”也是非常重要的视角，例如，印尼大使、原外交部新闻发言人章启月谈广东与东盟的合作，这样的角度，与《外眼探粤》的定位再合适不过了。

当然，《外眼探粤》的高端意识绝不仅仅停留在人物的高端上，话题的高端也是我们经营的方向。除了在广东“守株待兔”，《外眼探粤》还积极“走出去”。

今年4月，“世界眼光看广东”、“东盟四国行”、“珠三角规划纲要”、“携手新加坡”……这一系列字眼，勾勒出广东正悄悄地将胸怀拉阔，在国际视野中描画定位，面向世界风云吞吐。立足于这个判断，细致踏实的分析学习研究，便变得迫切。例如，东盟十国各不同，从新加坡撕开突破口后，下一步该怎么做？珠三角一体化，日本东京都市圈、关西区域联合可给广东什么启示？韩国产业转型升级的阵痛，又给广东怎样的启示？……

带着这一系列针对广东当下现实的深度问题，《外眼探粤》栏目与省外办一道开始了外事国际调研印尼日韩行。在一场又一场与政界、商界、学界对话中，思路一次次豁然打开，四个整版的深度报道几乎是一挥而就：《2010年是个“黄金点”广东要抢“东盟机会”》，《“一体化”“腾笼换鸟”日本启示录》，《倾听智者》，《坚忍韩国36年产业转型不

外眼探粤 A05

韩国开发研究院产业经济研究部部长金周勋教授在首尔接受本报专访，细解“韩流”——

坚忍韩国
36年产业转型不屈路

外眼探粤 A07

东盟副秘书长吝达明与省外事办主任傅朗一席谈，点出一个战略关键点

2010年是个“黄金点”
广东要抢“东盟机会”

发现印尼

印尼是个宝，广东要“早点来”
但不能“急着来”

屈路》。这组报道，得到了省委书记汪洋的表扬，而外事部门与媒体携手进行国际调研的这种形式也让不少访谈对象觉得新鲜，喜欢与记者打交道的章启月更是高度评价，她说，广东总是走在前面，这次你们的合作更是走在其他省份前面了。

访谈的深度意识——

《外眼探粤》栏目的定位决定了其内容应该追求权威、有深度，这不是一个问问天气聊聊感受谈谈花边的人物访谈，而是希望通过与一位又一位高端人物的对话看到更多事情的背后和未来的走向。

不论是对话拉法兰、吴作栋还是阿披实，我们都有这种深度意识，这也意味着访谈前的案头准备需深入再深入，不亚于做个小课题——翻阅各种资料、学习相关政策、寻找贴近广东的切入点、提炼采访提纲，往往一张简单的提纲背后是几十个甚至上百个问题，而很多问题，也因各种各样的原因，最后都只能是”纸上谈兵”而已。

当然，这种深度意识也体现在话题选择的针对性上——贴进广东当下现实，寻找未来双方合作空间和关键点，这是《外眼探粤》栏目的落点。在每位人物的访谈中，“与广东”一直是我们设计的重要部分，而这部分往往让访谈对象有许多话想说，也许有些话是与领导会面时无法表达的，他们希望通过媒体向社会传递。

在与吴作栋对话时，这位曾经率领新加坡一次又一次走出金融危机的前总理对广东的产业升级是加快还是放缓非常直率地表达了自己的看法，这是当时广东颇有争议的话题,吴作栋的直言让人启迪。而阿披实这位“帅哥”在接受采访时谈到，希望泰国能跟广东在贸易、投资、旅游等方面设立更为具体的合作目标，建立长效的合作机制，他比较着急的是这个事情，这无疑是一个有价值的信号。

不仅如此，为了让这个深度访谈栏目有记者观察的视角，我们还开设了子栏目“兼听者清”。曾有读者来电询问，为什么取这个名字？其实，这得益于南方日报今年竞争上岗后设立的首席记者、首席编辑制度，这一举动表明南方日报开始有了打造自己的名记者、名编辑的制度设计，为了让首席记者发挥自己特有作用，最后子栏目经领导审定为“兼听者清”，为落我名字最后一字“清”字而创新了“兼听者明”，但独立观察的意味不变。

（作者系南方日报首席记者）

财富人物报道的几点心得

□张华

张华

在《南方周末》做财经人物报道整整一年了。做了大约 20 位人物报道，包括戚金兴、陈发树、徐文荣、杜双华、张锴雍、汪远思、邹锡昌、罗杰斯、兰世立、曹德旺、牟其中、柯希平等人，以及包括富二代接班（内地篇和香港篇）、首富十年变迁、年度悲情富豪盘点、民营书商掘金等话题的若干篇财富现象或人物群像报道。

今年 6 月份就想写点什么，但一直未能提笔。有些感觉是难以名状的，正如有些蜕变是潜移默化的。但最后还是写几句，若干心得吧。心得不是所谓的经验，当每一个人都打起当革命和创新的旗号时，我以前认为的那么一丁点经验也常被打落成一地鸡毛，所以也就不怕拿出来晒了。

一、和笔下人物的距离要适当。这其实是一句大白话。不过，财经人物与一般的新闻人物不同之处在于，他们真实的思维方式、行动逻辑，以及政商关系等，都比较隐蔽。就好像你发现一位衣衫褴褛的姑娘，比惊讶于她竟是一身名牌更重要的是，她为什么要如此乔装改扮——哪怕她很主动很热情地一件一件掀起自己的衣角，你也切莫太过激动，甚至憧憬未来两人可能拍拖的情景。

今年 3 月下旬一天深夜，我在武汉的一家酒店酝酿写作《牟其中狱中岁月》一文，心里因白天采访时的震动而不能平静。我担心这种情绪会带到写作当中，于是搁笔，给吴晓波写了一封邮件，他很快就回复了："面对商业人物和商业故事的复杂，以及对人构成的内心煎熬，是这个行业外的人们很少能感知的。一般人均以为，商业无非是金钱的游戏，冰冷得很，其实，它真的关乎人的堕落、成长与修炼。我与你常常有同样的心境，你不能沉溺太深，否则真的无法自拔。职业的道与术，入与出，是个纠缠得很的话题，任何人生或故事，说到头来，一定是无言。所以，有时候需退后三步，或有斡旋和创作的空间。”

二、未雨绸缪可少吃闭门羹。财经事件多数时候没有新闻现场，特别是一些在对方看来有些“负面”的事件时，你想以人物报道的形式呈现，难度是相当大的。但是，绝不可提前就降低对自己的要求，闭门羹正是给那些原本就想饿着肚子的人吃的。不到万不得已，不要放弃对鲜活人物的探寻，当然前提是，我们要尽可能深地打入对方内部，知道其算盘。

去年 11 月到郑州调查思达系崩塌事件，核心人物汪远思已一走了之。二号关键人物、导致思达系崩塌的地产业务负责人李建华仍在郑州，但已躲了起来。我通过当地的关系拿到她的手机号后打过去，始终是忙音。我便开始软硬兼施地给她发短信——我深信她一定能收到。可惜，短信发了 10 条，没有任何回音。我在第 11 条短信中写道：“李总，当初汪老板承

在这里，读懂中国

经济

ECONOMY

2009 年 4 月 2 日 星期四

16 “新星号”货轮沉没背后

17 新一轮刺激内需计划呼之欲出

金融崛起，大国新梦

上海：下一站，资本之城

宣布定上海为国际金融中心，就是宣布人民币有一天将会可自由兑换

国家金融崛起的大战略，如此描绘了上海的未来：全世界的人和公司都可以在这里做金融买卖，没有国界

但是上海能否走到那一天，取决于在一个金融高度管制的国家，行政主导力量能否减弱

在多数同监犯人的眼中，牟其中就像是个外星来客，他在起初几年间，鲜与同室的其他人交流。大多数时间，他都在反思、读书、写作，每天的写作时间超过 12 小时

为了锻炼好身体，牟其中在狱中每天的运动量惊人。他坚持每天早上绕着监狱内的小篮球场跑几十圈，午休后就来回爬楼梯——六层楼上下十几趟，高度相当于爬了一座纽约帝国大厦

一天自由活动期间，唐万新靠近牟其中，主动向其示好，表示要借手机给牟打。高出唐万新整整一个头的牟其中，侧着脸，瞄了他一眼，很不屑地“哼”了一声，不加理睬

牟其中狱中岁月

孤傲寡言

▶下转第 18 版

诺给你的 1 个亿，现在兑不了现，知道你也不高兴，我专程从广州飞到郑州，就是为见你一面，看来这个面子你是真不给了。”李建华很快就回了短信：“半个小时后丹尼斯楼上的咖啡厅见。”半小时后我见到她，她第一句话就是：“你怎么知道 1 个亿的事？”

另一门功课是相对静态的自我修炼，比如读书，比如和同行交流，参加一些有价值的人物写作研讨会，以及分门别类将国内特别是欧美杂志一些优秀的财经人物报道存下来，横向和纵向对比研究，取长补短。拿读书来说，一方面，我们应当问一下自己，现在平均每月读书时间有多长，一个月能看几本好书，一年呢？另一方面，要会挑书、会读书，并且读书要杂，不能就财经而财经。现在的年代是一个混搭致胜的年代，就像人们常说韩寒是赛车手中文章写得最好的、作家中赛车技术最好的一样一个道理。要不断多层次地充电，完善自己的知识结构并做好读书笔记，并随时随地记录自己的创意。

三、对公司财报分析的重视。看财富故事，没有人不喜欢通俗易懂的风格。在这样的一种诉求下，不少媒体的报道开始娱乐化。娱乐化本身并没有错，但要看是怎样的一种娱乐方法。你可以在写哪位企业家打造产业链时加入“向赵本山同志学习”的发挥和比较，但如果你开始谈起了他和赵本山二人的面相，则离题万里了，因为你不是在给《知音》编故事。无论任何时候，财经专业的基本工具不能丢，一个没有看过或不会看财报的记者去和一家上市公司的老总聊天是会受到轻视的。反之则是另外一种情景。

这一块我一直在努力，尽管当年读大学和研究生学的都是财经专业，但对财报的“会看”特别是“会用”则有很长的距离，不过幸好这种东西比人情世故要好学一些。有趣的是，我到《南方周末》后做的第一个人物就是去年 5 月刚上市的杭州滨江集团的董事长戚金兴。之所以选择他，一方面是因为去年逆市上市的地产公司寥寥无几，二是我发现滨江的招股书中很多地方很“怪异”，研究了几天后自认为看出了些道道，然后又请一位会计师朋友帮忙，她提出了一些看法。这些功课在后来的采访过程中至关重要，尽管一些所谓的问题和国企改制等大背景息息相关，但因为知己知彼，对方对采访者的态度很快由排斥变为了配合和尊重。

四、对人物性格的描述要放到一个立体坐标中。美国学者马尔科姆·格拉德威尔在《异类》一书开头就提到生物学家们经常讲到的环境适应学：森林里长得最高的橡树之所以长得最高，是因为种子最坚硬，没有别的树木遮蔽他的阳光，土壤肥沃，没有野兔来啃过树皮……“我们知道所有的成功人士都来自一粒坚硬的种子，但我们是否知道照耀他们的阳光，根植他们的土壤，是否知道他们能够幸运地躲避过的野兔或伐木工人的遭遇？”事实上，多数中国记者容易将笔下的人物符号化、标签化。譬如总习惯在巴菲特的名字前加上“股神”这一形容词，提到乔布斯便会说他是苹果公司的“灵魂人物”。而在艾丽斯 · 施罗德（巴菲特传记作者）和杰弗里 · 扬（乔布斯传记作者）笔下呢，前者是一个有七情六欲的普通投资者，后者则是一个不断纠正自身专断、傲慢等性格缺陷的普通人。

今年 3 月份我到福建做曹德旺的报道（《曹德旺：桀骜、狷狂与幸运》）。之前他因为有意捐出自己所持旗下公司股份的 6 成（近 40 亿元）而广受关注。当多数人冠之以各种各样的中国式称谓时，我发现真正使之做出捐股决定的因素其实是家族企业传承遭遇尴尬；当人们开始对他的佛学理念萌生兴趣时，我好奇于，一个一直以来性格狂躁的人，真的像他自己所言的一样，对什么都看淡看空了吗——这不是质疑，而是一种客观的解剖，再说《南方周末》也从没有不明不白拍人马屁或以一种高姿态示人的传统。但曹德旺后来大发雷霆，甚至亲自打电话对我痛骂一通，骂得很难听。对于一个当惯了老大听惯了赞扬的人来讲，这一结果似乎是意料之中的。

A6 财富

这位虔诚的佛教徒，望着一本偌大的经书，惘然若失地对本报记者说：“我悟到了，一切都是空的。”

“1999 年有人强烈建议我进入互联网行业，2005 年有人让我斥资做房地产，都被我骂了一通。”

他从不在公众场合发表任何演讲，认为那是“浪费时间”。甚至曾因不满被安排在自己赞助的龙舟赛上仅颁发“纪念奖”而当着官员和媒体的面直接将奖杯扔进了河中；1990 年代，他曾因股票上市事宜与时任中国人民银行福建省分行行长大闹；去年，身为北方某省经济顾问的他参加该省的相关会议，因气愤对方态度怠慢而甩手就走……

“我捐股份，同时也希望给改革开放培养出来的中国富豪和既得利益者带个头，大家都来做慈善。”

曹德旺：桀骜、狷狂与幸运

——“中国最牛慈善家”的性格与命运

□本报记者 张华 发自福州

生不带来，死不带走

一位企业家没有一个立体的坐标容易受到多方面的掣肘，而一名记者不将笔下的人物置于一个立体坐标中则容易一叶障目。

五、文章应围绕一种冲突，最好能一气呵成。一百个人眼中就有一百个哈姆雷特。财经人物是很难写的，特别是能写到实处或进入他的内心世界。但是不能就此而顾虑重重，也不要想着面面俱到，那样只能让你的顾虑更重。一篇人物报道也就三五千字，最好围绕一种冲突为宜。而当采访充分，框架列好，导语写好了，最好一气呵成，其实写作也是讲气场的，如果写写停停，琢磨半天再写，最后写出来效果一定不会好到那里去。而如果很多时候会觉得不知道从何说起。这是写作技巧的范畴了，得另行补课。最笨的办法是，先写所列框架中的各部分，最后来写导语。

譬如去年 9 月我在日照采写杜双华的报道（《二号富豪杜双华的三张脸谱》），后来虽然洋洋洒洒写了 5000 多字，但其实结构和冲突非常简单，那就是，一个神秘的富豪，在不同人的面前分别是什么样子，我逐个突破，分别找到了答案：企业家、江湖老大、捐款大户。然后在三张脸谱下分别找更小的冲突，譬如，什么样的商业模式使得他执掌的日照钢铁的效率高于普通钢企，"江湖老大"的性格发端在哪里，一下子捐出 1 个亿的背后博弈是怎样的？等等。同样，在写陈发树、邹锡昌等人物报道时，均是抓住一点，触及别处为宜，譬如去年 9 月写陈发树，从新华都的团队入手，

在這裡，讀懂中國
南方周末
经济
首富变迁 十年悲喜 14
能源首富彭小峰："太阳"升起 20
ECONOMY
2008 年 10 月 9 日 星期四
C13
融资融券解决不了根本问题，投资人信心的挽回需要宏观经济政策做出实质性动作
期待更根本的"利好"
企业家 老大 捐款大户
二号富豪杜双华的三张脸谱
笼罩着神秘面纱的中国二号富豪杜双华一直小心翼翼地与公众保持距离，个中缘由究竟为何呢？当我们走进日照钢铁这个独立王国时，答案自然揭晓
超级黑马的生产方式

从唐骏到新华都百货、旅游、矿业等负责人来反向还原真实的陈发树，这样更接地气，却也更省力。

六、群像写作的空间非常大。在写这篇心得的时候，我正在给南方周末写一篇人物群像的报道，郭广昌、丁磊、刘永好等人集体养猪。三人传出养猪消息的时间是不同的，郭是今年 6 月，丁是今年 2 月，刘永好本来就是这个养殖行当的。在三个不同时点，多数媒体大都分别做过三人养猪的新闻甚至人物报道，丁磊养猪甚至成了娱乐新闻。但在我看来这些报道都没真正写出一种味道——不是猪圈里的味道，而是宏大图景的味道。我们更应当从人物的细节故事中，咀嚼出中国现代农业和消费产业的投资热来，这种热潮下，既有郭、丁、刘三人及高盛，分别以财务投资、实验式、百亿手笔、曲线收编等形式的乐此不疲，又有譬如一些中小企业争当“中国养猪第一股”的荒诞故事，这样来写，我认为是一篇有厚度有立体感的人物报道。

这一年我陆续写过一些人物群像。譬如金融危机延缓富二代接班、民营书商的新财富游戏等。但我觉得写得很一般，离我当初设想的还有一定距离。实际上财经人物群像的写作在中国还没有成气候，这也是我认为有潜力可挖的原因。我今年也有意加大这一块的采访和尝试。人物群像对于写作本身的一个好处在于，避免了当你面对只有一位大牌财经人物时的无从下笔——现在则容易得多了——一处共同点，一个大背景，一群苦乐者;另一个好处是，你可以打破单纯从财经界取材的桎梏，尝到混搭的乐趣，譬如我一直想写一篇文章，通过细节和故事比较一下赵本山、周星驰和吴宗驰的商业模式，我想到这一选题的原因是，赵本山的本山传媒帝国现在如日中天，周星驰于今年五月成为香港一家公司的大股东，吴宗宪更是不久前成为台湾一家老牌上市公司的董事长。

七、观点的揉合和特稿的尝试。新闻专业主义说，要力求平衡，写作时不应有个人倾向。我认为在做财经人物报道时，如果坚持这种想法，效果反而会打折扣。从读者这一角度可略见一斑。关注普通社会人物报道的读者，你把核心人物的喜怒哀乐和命运变迁呈现出来，就基本上成功了，而关注财经人物报道的读者，他们往往是一只手拿着报纸，一只手握着自己钱袋子的。尽管我们不是一份投资建议报，但没有观点就等于没了灵魂，问题便是你怎么样合情合理地通过细节把观点揉合进去。如果还有心有余悸，那么可以抛砖引玉，比如做柯希平的报道，4 月 27 日解禁成为他投资风格转变的分水岭——以前的慢条斯里变成了如今的气势凌厉，那么，他的一掷千金会不会最后成为几幢烂尾楼呢，他的团队足以支撑一种稳健投资风格的可持续性吗？诸如此类，尽管不能明讲，但可以围绕这一个方向去采访调查，最后用一些冲突的细节或疑问来表明自己的观点和担忧。

上文我提到财经人物群像创作的空间很大。其实财经人物特稿的写作同时非常有趣，当然要求更高一些。而财经人物群像的特稿创作，难度则更大了。今年5月份我再一次到福建——上杭县即紫金矿业所在地。本想着就到金矿山看看的，没想到在那里发现了一个非常有意思的财富现象。10多年前因为建电站一座村庄的林地被冲毁，在获得的补偿中，部分费用以紫金矿业原始股的形式呈现，而没有人想到，这部分原始股十年后翻了700倍，140万变成了近10个亿。一夜抱得数百万甚至千万元财富的家庭出现了一大片，然而巨额财富并没有带来太多的兴奋，反而更多的是嫉妒、埋怨、诉讼，甚至与紫金矿业之间大规模的对抗……这样的选题若用人物群像特稿呈现出来，比单独写紫金矿业董事长陈景河的人物报道有更精致、更引人入胜——有的时候，以一些小角色的财经人物来带大人物的报道形式同样可取，冲突性会更强一些。可惜，我习惯了以平常的商业逻辑来写群像，虽然一幅图景也描绘出来了，可是养分少，太干了。如果不想糟蹋好的题材的话，多尝试做一些特稿类型的财经人物报道和财富群像报道吧。

八、内心格局要大，同时应有敬畏心。每一篇报道的最终呈现形式是文字，但采访过程中应当忘记这一点。不要为了采访而采访，为了调查而

在這裡，讀懂中國

经济

14 分众：面朝新浪，何日花开？
17 汽车下乡忧与思
20 加盟商状告“一茶一坐”

ECONOMY

2009年3月19日 星期四

兰世立 CFP/图

“民营航空狂人”兰世立折翅

□本报记者 张 华 发自湖北武汉

东星旅游、航空、地产这“三驾马车”的崩塌，以及兰世立一直以来性格的偏执与张狂，使得他的政商关系也走向低潮，以至于当GE商业航空服务公司等巨头动起杀时，兰世立立即被打回原形

五天里的江湖

省领导的忠告

兰世立的宿命

□张小平

调查。应当把自己视为商业世界中的一个冷静的观察者，他应具备专业知识丰富、沟通和变通能力强、大格局的特征，这三方面是相辅相成的。而内心格局的大小是能否能驾驭每一次采访的决定性因素，尽管这需要时间的积累，但至少能逼着自己思考问题时思路和视野开阔一些，看问题时离本质更近一些。

我比较遗憾的一次经历是去年在厦门采访紫金矿业董事长陈景河。彼时所做功课不足，对中国黄金产业的了解均系网络搜索和道听途说，所以在采访过程中头重脚轻。离开时，陈景河打量了我一番说："你很年轻啊。"这句话让我无地自容，刺激我回来恶补。如今对"边界品位"等计算矿业储量的主要指标倒甚为了解，对多数黄金生产企业喜欢包装概念的荒诞现象如数家珍，更重要是使自己对黄金产业的未来趋势有了一个轮廓——基于自己实地调研和分析而非别人灌输的判断。

有趣的是，最近我关注"企业家集体养猪"话题，在跟一些业内人士谈到养猪产业时，谈了一下自己关于未来"炒猪团"，以及养猪企业混淆概念做大市值的路径选择等方面的一些看法，这使得他们以为我边做记者边养猪。其实，我真想告诉对方，有些东西是触类旁通的，譬如养猪和采金是相通——猪肉越贵或是金价越高，都说明通胀离我们越近啊。

写作本身也需要大格局。如果就事论事，显然干瘪。视野的大开大阖则是另外一种效果。凌志军和吴晓波在这一块是榜样。前者在《联想风云》中写到 1984 年的联想起点时，大笔墨地描述此时美国硅谷的景象；后者在写牟其中因《中国向何处去》的文章入狱时，同时提到另一位看似不相干实则共同反映时代背景的人物——杨小凯因同一标题的文章同时入狱。管中窥豹，可见一斑。

和财经人物接触时能不愠不火地驾驭交流过程，写作过程中又能做到细节和恢弘的并行不悖，自然是再好不过了。不过，不要因此而盛气凌人，要始终对笔下的财经人物保持一份敬畏心。哪怕有时觉得有点"土"的企业家，我也会努力去发现他身上的闪光点，再"土"也能创业成功并将企业规模做了上去，身上一定有可贵之处。这样做不一定是为了采访和写作本身，更是为了我们对商业世界的真实感知和思考——在中国没有人相信财经记者会将太长的时间贡献给新闻这一行当。武装文章同时，更应当武装自己谦卑而不愚钝的品质，和细致而不失大格局的洞察力。《古兰经》中写道："你们中最尊贵者是你们中最敬畏者。"

（作者系南方周末财经记者）

浅谈周刊的垂直化运作

□段晓燕

段晓燕

21世纪经济报道的《投资 · 创业》周刊是一个从创业开始起步的周刊。就报道领域而言，主要采用垂直化运作关注快速成长的行业、公司、创新的商业模式，以及推动商业进步背后的新兴资本力量，与创业者和投资家一起成长。同时，通过全国性的“21世纪成长企业峰会”提供具有互动性的增值服务，增强《21世纪经济报道》以及《投资 · 创业》周刊在各个细分城市读者群中的粘性。

一、创意和定位

《投资 · 创业》最早的策划始于2006年，策划的主要原动力是来自对核心读者群、采访对象群的观察和沟通。当与一些核心读者人群交流、采访、沟通时，大家谈论“VC（风险投资：Venture Capital）”、“PE（私募股权投资：Private Equity）”、“创业”、“上市”、“IPO”字眼的频率明显在增多，明显能感觉到这种蓬勃的需求。

报社决策层当时预判，中国会有一批产业和公司可能借着大势而起，一批新的行业、新的商业模式会出现，一些行业的商业模式和产业秩序可能会出现“创造性破坏”（Creative Destruction），创新和快速成长的空气和土壤已经基本具备，虽然其中必然优胜劣汰，要经历数个经济和行业周期的磨砺。

商业史中新的爆发点和新的内容，也是商业类媒体的机会。从欧美发展的历史来看，欧美一批现在位列500强的大公司，也是从小公司一步一步“滚雪球”而来，在这些公司发展的同时，《华尔街日报》、《商业周刊》、《金融时报》等也伴随着一起长大，同时奠定了各自在商业媒体中的领导者地位。

从出版周期来讲，《投资·创业》定位于周刊，这就要求我们要在杂志（月刊/半月刊）和报纸（日报）之间找到自己的中轴，在每期的封面找对“卖点”，但这些“卖点”背后的连贯性和延续性是清晰的，是可以用一串关键词或共同概念（穿珠子的线），将不同时间段相关报道（珠子）链接起来的，从这个意义上来讲，是一种更为垂直化、更偏向杂志化的报纸操作思维。

除了版面上的“链”之外，在整体设计的时候，与版面报道相呼应的是，网上互动、报下互动、非正式的互动（投资圈和创业圈）也都考虑在内。我们更倾向于借鉴专业杂志的操作手法，将产业链尽可能做到更完善。我一直认为，做媒体，就像在种一棵树，新闻是随着风吹而掉下的片片落叶，但是树的根、茎、树干是有不断生长出树叶的生命力的，一个媒体，一个的记者最终价值，就在于其这种能够向上生长的生命力。

二、垂直化运作路径

以下来详细拆解一下《投资·创业》在具体报道和分工中的四大路径（或可以称之为四大象限）资本路径、公司路径、产业路径和人物路径。

1. 资本路径：以资本方（包括：VC、PE、产业公司直投部、投行直投部、天使投资人等）为主要切入点，这条路径主要有两个考虑点：一是将他们作为报道对象，报道的关键词是资本的投资和价值判断逻辑、路径、失败、博弈，了解这个Money产业的动态、趋势、热点和问题预判；另一方面，这些也是我们挖掘其他选题资源的路径。

对于这些投资机构所操作的一系列交易案例，我们更看重的是，其投资逻辑和决策依据，以及对风险的预判。比如《英联“火上浇油”的商业逻辑》中，英联控股呷哺呷哺火锅，这在风投界是比较少见的，大部分基金都希望投资10%-20%乃至30%不等的股权，让创业者控股。《京东商城二轮融资解密：多收了8美元》中，在当时整个投资环境已经比较糟糕的大环境下，大多机构都在收缩，京东商城逆市“多收了8美元”的融资成功，是颇为罕见的例子。

《香榭丽“融资门”调查》则是对投融资事件中可能存在的风险和问题的深入调查。软银赛富 3000 万美金投资香榭丽之后，许多消息源显示，投资人与公司对公司的实际估值，出现了较大分歧，在获取了大量的资料后，记者郝凤苓对该融资中值得质疑的地方进行了多方调查。

在这个象限中，对机构、GP（General Partner：基金的管理方）和 LP（Limited Partner，基金的出资方）的关注也是一个主要内容。LP 在中国是一个很新的词，LP 是 VC、PE 的出资方，主要为一些政府养老基金、大公司、财团、保险基金等，也可以是个人或家族资金。

风险投资在中国变得越来越热的时候，本土的一些机构和个人，开始尝试做 LP，但由于中国风险投资的治理解构体系和模式以及外部信用环境和欧美相比尚不完备，这给本土 LP 带来了很大的制度和管控上的困惑。我们做了“LP 系列报道”，包括：《民营 LP 徐冠巨：我们是特殊的中国 LP》、《LP 投资人要注意 GP 利益分配机制》、《三个哈佛商学院女同学的 FOF 生活》。

2008 年下半年开始，风险投资进入明显的收缩期，一些风投本身也出现问题，我们通过《江浙民间 PE 生态调查》做了比较集中的反映。

中国本土 PE、VC 一直是我们

29 新资本 New Capital

英联“火上浇油”的商业逻辑

拟 5000 万美元控股呷哺火锅

32 投资家

Asia Alternatives 合伙创办人兼董事总经理徐红江：

三个哈佛商学院女同学的 FOF 生活

关注也是关爱的重点，这不是说我们有爱国主义倾向，而是因为一个国家自己的 PE、VC 行业如果能够健康发展的话，是可以在大大地刺激和促进实体经济的发展、造就社会就业、成就个人财富和梦想的同时为社会创造价值。但中国的 PE、VC 业，却一路走得不容易，从 1998 年创业板号召下开始陆续兴起，几经股权投资周期的折磨，08年开始的宏观、中观下行趋势，一些 07 年大作投资、尤其是投资 Pro-IPO 和与周期性相关度高行业的 PE、VC，开始出现困境，部分裁员，已投项目难以短期上市、LP 切断资金持续供应、基金的管理者们自己缺乏信心等。记者翁海华凭着已有的积累，结合进一步的调查，在 2 周之内就完成了这篇 10000 多字的报道。

2. 企业／公司路径：这个象限的关键词为商业模式、成长、创新、风险、问题和瓶颈。

做一个有质量的快公司报道很不容易。一方面，要求记者有足够的资源网络，可以找到那些具有创新性的故事和公司，同时，要能从多个维度，对公司的商业模式进行有见地的解读，并能发现其中的问题和风险，这就要求记者各方面的能力都比较强。

这其中最大的风险在于：公司的创业者往往不愿意谈问题，或者，对自己事业的高度热爱而忽略了很多现实问题；有些创业者习惯了对媒体“忽悠”，记者必须事先做足功课，在对公司进行采访之后，再从竞争对手、行业、主要投资者方面，进行补充和平衡。

比如，《上海挪宝：节能管家的技术法宝》、《合同能源管理：看上去很美》，这两篇文章都是对一个公司的报道，记者前后采访了不下 20 人，阅读了大量的资料和信息。

在这个象限中，对于问题公司、风险和陷阱的调查，是最有难度的。以《ITAT 进入静默期：奇迹还是骗局》为例。

ITAT 是一个曾受到许多风投热捧的一个项目，其商业模式一度被认为是高度创新，在我们报道的时候，当时 ITAT 已经宣布进入静默期，投行早已进场，招股书已经在印发的路上，但我们通过各种比较确凿的渠道了解到一些“异向”，其一些股份多次被转手交易；ITAT 的原始股在一级半市场也出现了一些交易问题，一些投资机构和个人陆续发现了公司存在的许多“没法看懂”的问题，在对 ITAT 的实体店、经销商、地产合作伙伴等进行了调查之后，我们做了相关报道，虽然考虑到一部分数据和说法取证的难度，我们在“度”上还略显得保守。

该报道出来后，ITAT 的投资人和公司都高度反弹，大呼“冤枉”，几个月之后，事实得以明证，其他媒体开始纷纷介入对其的报道。

3. 产业路径：圈定一些主要产业，比如清洁能源、教育、消费、新媒体、连锁等。主要关注产业中的新兴机会、产业风险、周期、循环。

如专题《教育业掘金路线图》，三个版六篇文章的选题，则是由于教育业被认为是受经济周期影响最小的首选行业。

许多投资人总结在中国投资的经验称：踩准行业爆发前的进入点，是除了财务、团队等常规投资判断依据之外的另一个重要因素。那么，在细分的领域，早教、课辅、学历、就业、职教哪些可能是率先下金蛋的鸡，这些细分领域的走向将会如何，投资的热点将会如何转移？连锁主导还是直营主导？线上教育主导还是线下教育主导？并购后如何整合？

这组报道因为采访量极大，记者杨杨前后花了 2 个多月的时间，进行了数十个小时的采访，并对大量资料和数据进行再消化和梳理。《现状与出路：户外 LED 大屏调查》、《光伏产业寒冬洗牌》等都是其中的一些代表文章。

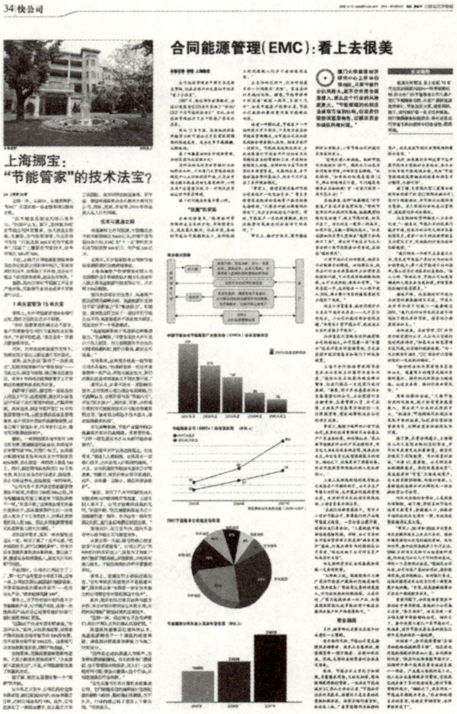

34 快公司

合同能源管理(EMC)：看上去很美

上海挪宝：
“节能管家”的技术法宝？

4. 人物路径：企业的成功很大程度上来自于创业者与其核心管理层的成功，投资的成功很大程度上取决于某个或一群投资者。

关注人，是为了关注人所做的事

情。这条路径解读的关键词包括：商业嗅觉、做事的逻辑和方法、如何发现和解决问题、如何做决策、如何整合资源、团队管理、如何创新。

对投资人报道，着重在于其人及行事的可借鉴性。《陈灏康：本土 PE 新法则》、《VC 新兵阚治东》都是从券商系转入做投资，也是成功较快者，其行事风格和“海龟系”的投资者有很多不同，一些本土特色的做法，可以借鉴，也可以批判。而《华裕达口述：中国第一个地方风险投资公司秘史》、《朱立南：VC 界要提前准备过冬棉袄》，更着眼于 VC 行业的发展、风险的把控和需要规范的地方。

在创业者报道领域，抓住“特点”，解答“How（怎样做的）”是关键词。比如《乙太光电张绍琪》一文，重点报道了从风险投资变成创业者，其是如何发现商业机会，又如何完成自身转型的。《李利民解密华视传媒“三大运气”》中，华视传媒创始人李利民之前从事过多个行业，进入户外新媒体领域仅 2 年多，公司就在纳斯达克上市，其最重要的一点，就是在关键的时候，选对创业团队。

33

新资本 PE & VC

教育业掘金路线图

29

新资本 PE & VC

“裸泳者”调查：PE/VC 狂欢的终结？

案例之一：“亚洲传媒”四宗罪

三、垂直化运作策划

以上四个象限中出现的“异

动”，都有可能进一步成为重大选题和策划。

《PE乱象：泡沫下的蛋》、《“裸泳者”调查：PE、VC狂欢的终结》等一组策划文章，是对风投行业曝露出的一系列问题的反思。策划标题是来自巴菲特的那句名言，“当潮水褪去时，才能看到究竟谁在裸泳”。这组策划其实是“早有蓄谋”，我们在2007年10月开始，对风险投资行业中出现的过高市盈率大为惊讶。许多传统行业的私募估值中，出现了20、25、30倍的市盈率，这个数字有的已经高出二级市场公开上市股票的市盈率，风投的泡沫十分明显，在惊呼“市梦率”的同时，我们预感，一些过于狂热的投资可能会出现问题的。

相关案例陆续收集。ITAT、亚洲传媒、香榭丽、高特佳，莱思达只是其中的代表，大量其他的案例，因有“听说”的成分，对于数据和采访求证相对受限，抱着更为负责任的态度，我们其实还是放弃了一些案例的报道。

做这一系列策划，我们的出发点绝对不是在于“揭黑”，更着重建设性。在这组策划中，专门从《如何投对人》、《调查公司之惑》、《从击鼓传花的游戏说开去》等主题文章进行几个方面的反思。

又如《“快陷阱”专题》，就从“快公司陷阱”、“快行业反思”、“快并购困局”三个方面，对过去几年牛市中过于追求速度而产生的一系列问题，做解读和反思。

四、垂直链上的其他产品

《投资·创业》周刊的另一个重点，除了报纸的报道之外，更看重这个领域的价值链营建，保持与读者群的互动和价值增值服务。

2008年一年，我们在上海、无锡、苏州、南京、成都、北京进行了6场层次较高的成长企业投融资峰会，为成长型企业、投资方等搭建一个信息互通的平台。同时，我们对企业和资方关心的问题、渴望获得的信息诉求进行互动和了解，并积累了上千个成长企业数据库。在2009年，我们将在更大范围内继续“成长企业峰会”，并通过其他协同方式，力争在价值链上有进一步的垂直延展，将这个领域的这棵“树”不断种下去。

（作者系21世纪经济报道编辑）

浅析报纸网站的报道视频

□钟文雅

钟文雅

在生存压力之下，纸媒的摄影部门在新闻产品上不断创新。报道视频正是报纸记者和编辑跨媒介的创新尝试。

报道视频的风潮从英美国家的报业刮起。近两三年，美国报纸视频的发展呈大幅增长之势。根据美国 Bivings 集团的调查，到 2007 年，美国发行量前 200 位的报纸中，有 92% 的报纸网站提供视频内容，比 2006 年增长 31%。①虽然起步较晚，但事实证明报纸制作的视频报道并不逊于电视，有的还获得了影视专业评奖的肯定。

报道视频的名称

这类新闻产品的名称尚未统一。英美传媒业内人士称之为 Videojournalism 或 Video Journalism，国内有人称之为“流媒体”或“多媒体”。笔者倾向用“报道视频”一名。

流媒体指“通过流式（即多媒体数据以动态逐步解压缩的方式下载）的网络媒体格式”。如果用“流媒体”，只能突出它的技术特点，忽略在报道方面的创新。它应该在多媒体的外延之内，但仍有欠准确。

美国密苏里大学新闻摄影教授克里夫·艾邓（Cliff Eden）创造出新词 photojournalism 来概括报刊上“图片与文字相结合的报道形式”，将服务对象不同但内涵相互重叠的称呼都归结为报道摄影。②

类似地，将 Videojournalism 翻译为报道视频。根据维基百科，videojournlism 最早指“一种由记者包办拍摄、编辑并常呈现自己所采素材的电视报道形式”，而从事其中的记者则被称为 Videojournlist（视频记者）或 One-man-band VJ(一人组视频记者）。在报纸向网络化转型过程中，报道视频更多地出现在报纸摄影部。③

远观之，报道视频给人“四不像”的感觉：像电视新闻，像迷你纪录片，像带有旁白的图片幻灯，又像业余的家庭录像。它几乎包容了各种大众媒体形态。

综上所述，笔者给此新闻产品下一个描述性的定义：报道视频，融合了文字、照片、音频、视频、动画、图表等一切元素中的三个或以上，以立体的视角来叙述故事或传达某种信息。

报道动起来

有声图片幻灯 VS 动态视频

图片幻灯是最常见的网络照片展示模式。在网站上，编辑可以把同一主题的照片收集起来，编成图片幻灯加图片说明。很多时候，编排欠缺条理性和故事性，造成图片增多而信息获取效率下降。

为了适应读者的视听习惯,记者和编辑着手给无声的图片幻灯“配音”。最初，用音乐伴奏。后来，声音参与叙述，实现真正声画合成。配音的方式最早以记者旁白为主。现在同期声、现场环境音和采访录音等更多使用。

添加听觉元素后，衍生出两种多媒体产品——有声图片幻灯和动态视频。最大的不同在于有声图片幻灯的素材以静态照片为主，而动态视频的素材几乎都由摄像机拍摄。

动中取静——截屏

使用高清数字摄像机拍摄，从视频中抓图，每秒可以获得 30 张照片。图片的质量非常高，可作为一张 4 ~ 5 栏宽的报纸图片发表。采用动态视频模式的人士声称高清摄像机将淘汰照相机，不时有人宣告静态摄影在新闻中的死亡。

Mediastorm 的创始人 Brian Storm 则持不同意见。他认为静态图片直观，凝固瞬间，仍然不可替代，通过有声幻灯这样能让静态照片在网络中延续生命。实际上，多数情况下，图片幻灯、有声幻灯和动态视频并存在一个报纸网站中，尚没有一种模式能够占垄断地位。

国外例子：纽约时报网站的报道视频

纽约时报网站 NYTimes.com 将普通的图片幻灯和有声图片幻灯都放在“图片与多媒体”（Photo and Multimedia）频道，将动态视频放在“视频”(Video) 频道。其中，再按报道内容分为国内、国际、体育等。

据统计，一周时间（2009 年 4 月 13 日至 19 日）内，NYTimes.com 发布图片幻灯 26 个，有声幻灯 11 个和视频报道 9 个。

纽约时报网站上的视频频道

视频报道并不拘泥于传递视觉信息，也看重个人观点的传递，常采用街头采访，请专家做财经分析等方式。部分手法借鉴电视节目的制作，除了在镜头后旁白外，有的还安排记者出镜主持。制作耗时一天到数周不等。一个记者得同时兼顾多个故事的拍摄。时长从 2 分到 8 分多钟不等。个别长达 20 分钟，但大多数在 5 分钟以内。

从有声幻灯到视频报道，各类产品力求推陈出新。边借鉴边刷新电视新闻报道的套路和制作模式，探索符合网民口味的独特风格。

国内例子：南方都市报的流媒体

相关数据显示，电视、报纸仍然是受众接触最多的媒体，然而互联网正以有力的步伐追赶，缩小与两大传统媒体之间的差距。媒介融合已经深入到报社内部，对生产流程和组织结构等方面提出挑战。记者编辑需要整合优势内容，将版面的静态图文转化为动态产品，实现产品多样化。

在国内报纸里面，南方都市报可算是制作报道视频的先行者。2007 年，南方都市报摄影部设置视频记者岗位，诞生了国内第一批视频记者。该报

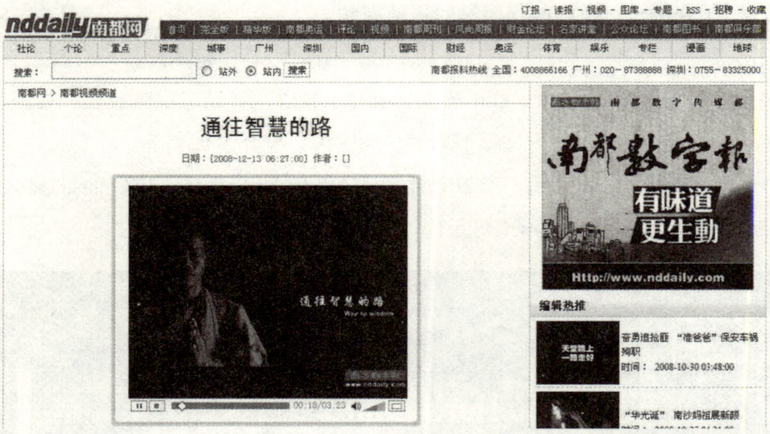

南都网上的报道视频《通往智慧的路》页面截屏

网站“南都网”上的视频以原创为主，偶尔转载一些网络热门视频。作品《哭泣的玩偶》和《通往智慧之路》获得了中国新锐视觉联盟 2008 年首次设立的流媒体大奖。

他们并没有十分严格地区分动态视频和有声幻灯，编辑记者习惯称其为流媒体。整体而言，动态视频更多地用于突发新闻、社区新闻的拍摄，有声幻灯则多见于特稿专题。

凭借南都视觉中心出色的摄影记者团队，以静态照片为主的有声幻灯制作效果稍佳。他们十分重视视频报道中的音频元素。南都图片编辑梁音在文章《纪实的 MV》(见《南方传媒研究》第 15 辑)里有专门叙述。

从现有的作品来看，动态视频的制作技巧有待提高。动态视频的质量与视频记者所用器材有很大关系。过去，视频记者用的非专业级 DV 拍摄，画面清晰度和稳定性都不够高，大大影响了视频的效果。最近，他们购进了 Cannon 5D Mark Ⅱ，既能拍照片又能拍高清视频，有望借助器材的辅助提高画面质量，同时促进摄影记者的转型。

摄影记者转型

读者的需求催生新型的新闻产品，这就意味着原有的生产者职业转型的问题。如何从摄影记者转型为视频记者成为谋生大事。

从国内外的现有经验看来，转型的方式主要有两种，机构培训和自学，而以自学为最主要。2008 年，南方都市报曾邀请美国视频网站 mediastorm.com 的创办人来介绍经验，也有与 USA Today 的同行交流活动。在职业转型的问题上，该报视觉总监王景春强调需要摄影记者“8 小时以外的付出”。

视觉中心的视频记者张骏是从摄影记者转型过来的。他认为技术方面的障碍较容易克服。最大的转型应该属于思维方式的转型。视频需要更全面的素材，摄影记者必须兼顾摄像和采访，对摄影记者提出了更高的要求。

后期制作，视频记者要承担图片挑选整理的工作，有时候还要担当视频特效技术人员。摄影记者转型为视频记者后工作量明显增加，同时，对视频记者各类新闻制作技巧提出更高的综合要求。

产品的互动

南都网上的视频有三种常规的呈现方式：一种是首页内嵌滚动视频。点击视频列表，页面中弹出播放窗口，下方有简介。第二种是视频和文字报道显示在一个普通网页中。从上而下一般依次为主标题、视频、照片、文字报道。第三种是"精华版"flash中内嵌视频，旁边配以文字和图片。

如果遇上"热点话题"，南都网上视频的呈现方式会有所调整。视频报道被安排在页面显要位置。设有点击投票和评论跟贴来实现互动，但这种互动仅停留在一般的网络专题上。

如何改进视频的互动涉及视频记者和文字记者的合作、编辑组稿思路等多方面调整。事实上，国外编辑记者手上也没有能保证百分百美味的菜谱。尽管如此，有的经验可以一起来看看。

策划时适当考虑报道的互动性。国外一些报纸网站经常利用"采集

StarTribune.com大桥垮塌报道截屏

样本”的做法来组织专题。同一个话题下，剪辑 1-3 分钟左右的音视频，展示不同的观点，与新闻写作中的直接引语相仿。选题时可考虑一些大众化选题，引起普通人的共鸣。

为实现互动效果，经常使用 Flash 等互动图表，以帮助受众更好地了解事件发生的过程。例如，在美国一大桥倒塌事故的报道中，网站 Star Trine 运用 Flash 制作了一份“生命档案”。页面左边是大桥俯拍照片，当事人所在位置标上数字作为超链接，页面右方加载生还者或死者家属采访视频和文字信息。类似的操作手法报纸的编辑记者习以为常。但在网络上，过往报纸对版式的讲究还没有很好地迁移至网络页面上来。

尽管互动图表 flash 新颖，能吸引读者，但是制作 flash 花时间，难以满足新闻发布效率需求，而且这方面的专业人才缺口也较大。还会延长页面加载时间。使用 Flash 时需要平衡其中优缺点。

发布渠道和宣传

国内报纸制作的视频报道主要放在自己的网站上。在国内网络新闻这一领域内，门户网站聚集大量的人气。同一个视频报道放在门户和报纸网站上，受众关注度大相径庭。

有鉴于此，报纸网站不仅要努力提高报道视频产品的质量，而且要与报社的广告部联手提高平台的知名度。一方面，通过独家新闻等手段来让读者记住自己的网站。另一方面，借助网络社区，维持与读者的关系。例如网站上增设记者和编辑部门的博客，利用豆瓣、twitter、饭否等与读者互动。

虽然媒介融合是媒介发展的必然之路，但这条路上竞争对手林立，报纸想靠着做视频来争夺网络受众注意力还需克服重重困难。

国内的尝试

在国内，报社制作视频新闻的实践是从 2007 年才开始的。都市类报纸对视频新闻表现出了极大的兴趣。除了南方都市报之外，北京的京华时报和上海的东方早报也在积极探索，推进视频记者岗位的专业化进程。

上海的东方早报在2008年四川地震的采访时引入了视频。2009年2月，上海东方早报为记录外百渡桥复位，出动了 13 名摄影记者，连续 48 小时，拍摄 5000 多张照片，制作逐帧动画，其视频频道内，还发布有报社活动录影、电话采访的录音等。绝大多数视频为报社原创。一年之内，报道视频制作尚未进入常态，但从已发布的作品可见记者和编辑正在不断探索中。

京华时报在京华网也开设了“视频”频道。与前两个报纸不同，京华网的视频仅有少数为原创，大多数视频转载网络热门视频和电视台片段。

对新闻视频感兴趣的不光是报纸，还有通讯社。国内最大通讯社新华社开辟出新华视频专线，每天 24 小时滚动播发，2009 年 3 月 1 日正式播出。新华网视频专线显著特点是“多而全”。除了新闻外，设有电影、历史、旅游等非新闻内容，另设有演播室和主持人。视频的量上占明显优势，但单个作品的制作质量仍有待提高。

展望

一、视觉需求

在人类传播史上，视觉传播是人类历史上最古老、最普遍的信息传递方法。在当今媒介技术飞速进步的时代，视觉传播已成为信息社会最重要的传播方式。对于视觉表达的画面，不管是动态视频还是静态照片，都可以说比文字描述传递得更多一些，更复杂一些，有时更自我一些。因而，只要有条件，人们总是希望借助画面来欣赏画面。互联网时代把人们心中潜伏着的视觉化表达欲望激发出来。

视频能满足人们近乎本能的视觉化需求，但也有人认为不应该高估了视频的作用。虽然视频中包含视听多种元素，但始终只是整个融合报道的一部分，核心仍然是文本内容。④

二、视频的质量：搬电视模式不是最理想的

步电视的后尘显然不是报纸的目标。制作与电视视频有差异的视频新闻，这是报纸网站的唯一选择。国内外报道视频，与传统电视制作相比仍然属于相对业余范畴。“业余”并不一定代表质量不高，它还意味着不受电视套路的束缚。

国内报业发展视频有其后发优势。外国报业提供不少探索成果可供参考，例如有声幻灯的简易编辑软件，获得市场认可的新闻产品和积累了项目策划经验等。近几年虽有读者流失，但国内报业的境况还是较国外报业要好，经济市场压力小一点。另外，这两年数码摄影、摄像器材价格明显下降，也能有助降低改革的成本。

尽管如此，报纸不应该低估制作高质量视频的难度。对于受众来说，

网络视频尚属新鲜事物。近年来受众还乐意消费一些低质量的视频。从个人影视娱乐产业发展趋势来看，受众对影视作品质量要求其实越来越高。精益求精势必增加报社的制作成本，而日常新闻乃易碎品。受众对新闻产品的反应，难以像对流行音乐那样可以反复收听。在满足受众要求和生产成本之间，制作者需要不断寻找平衡点。

三、网络广告收入有这么多吗？

网络广告收入和视频广告收入是两回事。全球金融危机下，2008 年美国网络视频广告收入增长明显。据美国 IAB（Interactive Advertising Bureau）报告显示，2008 年美国视频广告花销较前一年翻了一番，达到 7.34 亿美元。但这却仅占美国网络广告花销的 3% 左右，尚不足以弥补印刷媒体的广告损失。⑤

市场上尚未出现绝对有效的盈利模式。英美媒介内的视频盈利模式主要为视频内嵌广告和视频播放权的售卖等。业界看好视频内嵌广告的潜力，认为能吸引电视广告商。视频前播放广告较中间插播更为多见。一般电视广告时长为 30 秒，但视频广告约 10 秒左右。最优视频广告时长仍有待实践试验。

相关统计数据显示，目前国内的广告主对于非门户网站的认可度还很低，在互联网上的广告投放还是以新闻和资讯类网站为主。大家看好网络视频的潜力，但几乎没有人有绝对信心哪一条是最佳的盈利路径。

（作者系人大新闻学院学生，现在南方都市报实习）

注释：

①邓建国．《美国报纸网络视频——融合新闻的实质一步》．中国报业 .2008.68

②曾璜、任悦．《图片编辑手册》．中国摄影出版社 .2006. 1

③ Video journalism. http://en.wikipedia.org/wiki/Video_journalism 2009 年 5 月 1 日访问

④ Neil Thurman and Ben Lupton.(2008).Convergence Calls: Multimedia Storytelling at British News Websites.

⑤ Internet Advertising Revenues Surpass $23 Billion in ’08,Reaching Record High.

http://www.iab.net/about_the_iab/recent_press_releases/press_release_archive/press_release/pr-033009.2009 年 5 月 1 日访问

记者的职责是“不断地追问”

——南方日报调查“中国品牌研究院”手记

□戴远程　蔡伟

戴远程

对常年奔波于商业经济领域的跑线记者而言，虚虚实实，或真或假的信息，随时随地都可能从纷繁芜杂的各个渠道扑过来。很多时候我们习惯了被告知，习惯了埋头记录，而忘却了记者的本分是提问，只有对信息的不断追问，质疑，核实，才可能辨别出真正有价值的新闻。“质疑是记者的本分”，对社会新闻记者如此，从事商业新闻记者同样如此。结合对所谓“中国品牌研究院”的调查来看，我们更坚定地相信，虽然网络无孔不入，但是好的独家新闻随处都有，只要记者始终坚守不断追问、不断质疑的“记者心”。

一块钱查证的收获

6月10日，央视新闻30分栏目根据南方日报提供的新闻线索，集中曝光了藏身于广州海珠区某小区里的所谓“中国品牌研究院”。这家打着“国字号”大旗的机构，2年时间通过发布数十篇博取眼球的另类品牌研究报告，向各地政府、企业单位兜售颁发各种名目的品牌奖杯。但其实际上却是一家在香港注册私人公司广州办事处机构，且早已被内地工商部门注销，完全不具备任何的经营资格。

作为国内最早质疑“中国品牌研究院”非法经营敛财的平面媒体，南方日报早在今年4月17日就独家推出了《“中国品牌研究院”身份存疑》

重磅调查稿，率先质疑“中国品牌研究院”借所谓“品牌评定报告”非法收敛企业钱财的合理性，直指其扰乱市场秩序，误导消费者。

6月11日，广州市海珠区工商部门对“中国品牌研究院”采取整顿措施，强制拆除其挂在民间门口的牌匾，勒令其负责人不得再从事经营活动。

这家打着国字号的所谓“中国品牌研究院”，动辄发布耸人听闻的报告，颁布不同的奖项。其中最典型的莫过于，今年4月2日，“中国品牌研究院”发布《联想品牌竞争力研究报告》，宣称联想品牌竞争力在经历2008北京奥运营销之后不升反跌，降幅达到36.5%。无独有偶，此前一则关于《刘翔商业价值缩水87%》的爆炸性新闻更是同样出于“中国品牌研究院”发布的《刘翔商业价值评估报告》，该报告同时预言刘翔的商业价值将可能回落至2003年的水平，即代言价格降至几十万元。

接连而至的“研究报告”吸引眼球的同时，也引来专家学者以及读者网民的质疑，这个中字头的机构系何方神圣，调查结论从何而来，其“掏钱就能买名牌称号”的运作敛财方式，似乎与几年前风光一时的“全国牙防组”如出一辙。即使是行业内“品牌评选”的潜规则，我们也希望努力戳穿它。

3年来接连推出近50份重磅“研究报告”

“中国品牌研究院”身份遭质疑

■南方调查

今年4月2日，“中国品牌研究院”发布《联想品牌竞争力研究报告》，宣称联想品牌竞争力在经历2008北京奥运营销之后不升反跌，降幅达到36.5%，成为近期IT行业关注的焦点之一。无独有偶，此前一则关于《刘翔商业价值缩水87%》的爆炸性新闻更是同样出于“中国品牌研究院”发布的《刘翔商业价值评估报告》，该报告同时预言刘翔的商业价值将可能回落至2003年的水平，即代言价格降至几十万元。

接连而至的“研究报告”吸引眼球的同时，也引来专家学者以及读者网民的质疑。近日，来自广东中山的一名读者许鹏(化名)向本报爆料称，“中国品牌研究院”实际上是一个非法机构，并非真正意义上的研究院，与“全国牙防组”如出一辙。

根据线索，本报记者近日对“中国品牌研究院”展开了调查。

⊙记者调查

系私人机构，已注销

许鹏是中山市一家合资企业的员工，在进入这家企业之前，曾在广东知识产权保护协会有过一段工作经历，因此，对于企业品牌的真伪颇有研究。

“第一眼看到这个名称，我就对它(中国品牌研究院)产生了怀疑。”许鹏称，目前国内并没有诸如“中国品牌研究院”之类的研究机构，所谓“中国品牌研究院”只可能是企业或个人通过在香港或境外注册，然后打着研究院的旗号在国内进行非正规经营活动的企业单位。

顺着这一线索，记者在百度上输入“中国品牌研究院”进行搜索，找到的相关网页竟然接近20万篇。通过登录“中国品牌研究院”的主页，赫然发现“中国品牌研究院”的地址居然在广州海珠区新港中路。为了进一步探寻“中国品牌研究院”的背景，记者前往位于天河路112号的广州市工商局进行查询。

广州市工商局出示的企业注册基本资料显示，所谓“中国品牌研究院”实际上是“香港中国品牌研究院有限公司广州代表处”的缩写，该企业自2007年5月15日注册后便没有年检信息，并于2009年2月16日正式注销。市工商局资料还显示，“香港中国品牌研究院有限公司广州代表处”的首席代表为郑学勤，此人正是“中国品牌研究院”《联想品牌竞争力研究报告》和《刘翔商业价值评估报告》的发布者。

⊙受访企业

“不知为何上榜”

“在香港注册带‘中国’名称公司的手续远比在内地方便，如果要在广州注册带‘中国’字头的机构根本不可能。”根据许鹏的介绍，记者登陆了香港特别行政区政府公司注册处的查询网站(www.icris.cr.gov.hk)，果然“中国品牌研究院有限公司”位列其中，公司所属类别为私人公司。

对于“中国品牌研究院”网站上公布的组织架构图(分支机构多达数十个)，许鹏则表示，繁杂的组织架构图只是一个幌子，实际上真正负责操作的也就两三个人。“很多企业都被它(中国品牌研究院)自称的分支机构给唬住了。”

为此，记者尝试探访了广州市工商局提供的业户地址(广州市海珠区新港中路艺苑南路13号-27号自编30号102房)，果然，“中国品牌研究院”仅是一间只有3个桌位的办公室，根本无法想象里面可以容纳数十个分支机构，而其网站上提供的地址也只是海珠区某住宅小区的普通居民房，唯一不同的是，该民居的门口挂着一个“中国品牌研究院”的塑料牌匾。

许鹏表示，通过评选诸如“中国行业标志性品牌”、“中国最有价值商标500强”等，此类“研究机构”便可以借此向企业索取领奖费用。“仅在2006年至2008年3年期间，‘中国品牌研究院’就通过网站发布了接近50份的‘研究报告’，数量相当惊人。”

广东佛山某制造企业市场部负责人在接受记者采访时透露，他们收到过“中国品牌研究院”的领奖通知，可一旦要求领奖，或者希望在调查报告中将企业的排名靠前排列，则需交纳一定的费用，在“中国品牌研究院”的网站上，一则关于《关于领取全国重点保护品牌证书的通知》也被放在了明显的位置，并通知“尚未领取证书和铜匾的企业，速与本院联系，领取‘全国重点保护品牌’证书和铜匾”。

记者近日也采访了多家上榜“中国品牌研究院”“研究报告”的企业，这些企业负责品牌宣传的负责人均表示，根本不知道有这样一个机构，也从来没有向这家机构提供过数据，不知为何上榜，而即便上榜也不会理睬。国内某知名互联网公司品牌部经理张小姐则直接回应称，“我们根本不会考虑给这些杂牌的研究报告任何可乘之机。”

值得注意的是，早在去年8月，就有媒体报道了山东青岛多家企业在被“中国品牌研究院”选入“中国最有价值商标500强”后，部分企业在咨询领奖时被告知需要交纳1万-6万元人民币的领奖费用。

⊙“院方”回应

使用评选结果要收费

4月14日下午，记者联系到“香港中国品牌研究院有限公司广州代表处”的首席代表郑学勤，他在接受本报记者采访时强调，“中国品牌研究院”所做的“研究报告”都有相应的依据，其中一个重要的依旧就是“中国品牌研究院”自己制定的品牌商标价值计算公式，“从一开始我们就建立了这个模型来进行品牌商标方面的研究”。

而对于研究报告，郑学勤向记者回应称，“中国品牌研究院”所做出的研究报告一直都没有进行收费，至于评定结果则属于“中国品牌研究院”的知识产权，企业如果使用就要得到授权，而授权的方式就是交纳一定的费用，然后企业就可以在宣传推广中使用相应的牌匾和证书。

郑学勤还表示，目前“中国品牌研究院”聘请了300多名研究人员，大多是兼职的工作人员，占比在90%以上，其中部分“研究报告”会外包给这些兼职人员进行负责，并支付相应的经费，不过对于所支付的“研究经费”到底出自何方，他并未透露。

郑学勤也承认，公司确实是在香港注册，并强调以“中国品牌研究院”的名义在国内进行企业活动并不违法。

⊙监管部门说法

“有钻法律空子之嫌”

就“中国品牌研究院”的运作是否违规的问题，记者采访了广东省民间组织管理局执法处副处长徐志军。他说，作为一个香港注册企业在广州的代表机构，“中国品牌研究院”如通过以非企业单位的名义来从事经营活动，就有钻法律空子的嫌疑。

徐志军指出，根据有关规定，未经登记擅自以社会团体或者民办非企业单位名义进行活动的民间组织，将会被没收非法财产；若负责人构成犯罪，将被追究刑事责任。“目前‘中国品牌研究院’实际上曾在工商部门以‘香港中国品牌研究院有限公司广州代表处’的形式进行登记，但却并未按规定形式进行经营活动，工商部门可进行责任追究。”

4月14日上午，记者前往广州市工商局外商投资企业注册管理处进行咨询，该管理处一位不愿具名的相关负责人告诉记者，如果该驻广州代表处以“中国品牌研究院”的形式来进行品牌策划推广、企业形象策划推广等业务联络，这已明显超出其经营范围。“至于如何处置，我们还需要看具体的调查结果。”该负责人表示。

广东法制盛邦律师事务所郭秋韶律师在接受记者采访时则表示，根据最高人民法院《关于贯彻执行〈中华人民共和国民法通则〉若干问题的意见(试行)》第68条规定，“一方当事人，故意告知对方虚假情况，或者故意隐瞒真实情况，诱使对方当事人作出错误意思表示的，可以认定为欺诈行为”。

本报记者 蔡伟 统筹 戴远程

有了质疑的题目，调查起来其实很简单。我们首先登陆其网站主页发现，“中国品牌研究院”向外界展示了一个分工明细的金字塔型组织架构，上至院长下至研究室总共不下30个分支机构。

按理说，如此庞大的机构的办公场所应该也会有相应的规模，可令人难以置信的是，据其网站提供的“中国品牌研究院”地址，竟然只是广州市海珠区新港中路的一个小区住宅楼自编门牌号码，“这里面一定有问题”。

线索追踪的常识告诉我，这个时候应该到当地工商局去查个究竟，于是，记者花了1块钱在广州市工商局查到了一个重要的信息，所谓“中国品牌研究院”并非国家科研单位，实际上是“香港中国品牌研究院有限公司广州代表处”的缩写，注册地址跟中国品牌研究院的地址几乎一样。它的业务允许范围是“有关本公司市场信息咨询、品牌策划推广、企业形象策划推广的业务联络”，并且特别注明“不得从事经营活动”。

在广州市工商局花1块钱查询的收获远不止这些。我们还特别了解到，该机构自2007年5月15日注册后便没有年检信息，并于2009年2月16日正式注销。

中字头的调查机构在国内很难注册，但是在香港或者境外，私人机构获得注册却似乎不难。“难道是打着香港公司代表处的旗号”？依据记者从广州市工商局拿回的企业注册基本资料，我们继续查询这家公司在香港的身份，果然，在香港特别行政区政府公司注册处网上查册中心查询到“中国品牌研究院”只是一家私人公司，资料显示在香港并无办公和营业场所。

品牌评估交易中暗藏的猫腻

显然，拿到企业注册资料只是第一步，而且是最基本的一步，好戏才刚刚开始。顺着“中国品牌研究院”企业注册基本资料以及网站上所提供的两个地址，我们开始进行实地调查。

依据在广州市工商局查询到的该公司原注册地址，记者探访发现，该地址并不存在，但在“中国品牌研究院”的网页上留下的办公地址，就找到了“中国品牌研究院”——两、三个办公的卡位和一台吱吱作响的打印机。实在难以想象，两年之内诸如《刘翔商业价值评估报告》、《联想品牌竞争力研究报告》等50多份具有轰动性的“研究报告”，皆炮制于此。

与此同时，我们找到一位来自广东中山的线人许鹏（化名），许曾在广东知识产权保护协会工作过，他对“中国品牌研究院”的运作手法了如指掌。

得益于许鹏提供的专业且极具价值的沟通，我们的调查思路更为明确：1."中国品牌研究院"只是一个只需1～2个人运作的私人机构；2."中国品牌研究院"主要借着评估报告向企业敛财，如果企业不从，只有两种结果，即排名靠后和负面传播；3."中国品牌研究院"并没有相关的经营资质，特别是扯上"中字头"、"国"字号，更加不靠谱。

之后，调查的一项重要内容就是找到曾经被"勒索"过的企业，这项工作看似不难，但也费了不少周折，毕竟大多数企业都不太愿意把陈年的糗事拿出来当新鲜事说。何况，在这个广告横行的时代，谁肯砸自己花钱买来的品牌称号荣誉呢。幸好，广东一家家电制造企业的市场部负责人还是站出来说话，向我们讲述其与"中国品牌研究院"打交道砍价还价的经历，这家企业为在评估报告中取得好的名次，向该企业支付了1万元的费用。

至此，是时候直接对话"中国品牌研究院"负责人了。面对记者切入主题的采访，该负责人一如意料中的矢口否认"借品牌证书敛财"的质疑指责，他的回应是，中国品牌研究院所做的研究报告一直都没有收费，但是评定结果则属于知识产权。在他看来，企业如果使用就要得到授权，而得到授权的方式就是交纳一定的费用，然后企业就可以在宣传推广中使用相应的牌匾和证书。

而这正好也间接证实了企业人士所抱怨的，这些研究报告中暗藏的"竞价排名"的空间。不仅如此，企业不认账不配合，类似"刘翔价值"、"联想下滑"的负面传播随时可以出现。

GUANGZHOU NEWS

C04 广州新闻·民生

本报调查披露"掏钱就能买名牌"潜规则

央视曝光："中国品牌研究院"确有猫腻

本报独家曝光"中国品牌研究院"猫腻

"怎么可能没收费"

工商局介入调查

"民间评比报告大多不可靠"

记者观察

唯恐又来一个"全国牙防组"

一石击起千重浪

两周时间的调查采访，使得稿件的写作顺风顺水。4月17日，《“中国品牌研究院”身份遭质疑》一稿见报于南方日报A07中国版。当天，央视《朝闻天下》直接引用本篇报道进行引用评述。

稿子出街，心里的一块石头似乎落地了。然而，事情还没有完。先说个小插曲，稿子见报当天，估计“中国品牌研究院”的负责人也看到了自己的不光彩形象，恼羞成怒，一纸“严正声明”送到了广东南日律师事务所，要“讨公道”。南日事务所彭春文律师在了解过我们的采访过程后，明确回复称，“我们的报道没有任何问题。”

此后，虽然“中国品牌研究院”在其官方网站上不断高调转载全国各地媒体（包括南方报业旗下各媒体）对其研究报告的相关报道链接，在南方日报率先质疑《“中国品牌研究院”身份》后，中央级媒体迅速跟进，《北京科技报》对“中国品牌研究院”进行全景式调查报道，中央电视台也派出记者组到广东进行深入暗访调查。

6月10日，央视《新闻30分》以“掏钱就能买名牌，已经成为品牌评选的潜规则”为内容，集中曝光了“中国品牌研究院”等机构进行品牌评估交易中所暗藏的猫腻。

接下来工商部门介入调查也是顺理成章。6月11日，记者证实，广州市海珠区赤岗工商所已经对所谓的“中国品牌研究院”进行查处整顿，强制拆除其位于民宅的机构铭牌，同时勒令其不得从事任何经营行为。

6月12日，同城媒体《羊城晚报》在A08版以《“中国品牌研究院”扯“国”字旗 贩“国”字号敛财》进行了大篇幅的报道，再度给予“中国品牌研究院”

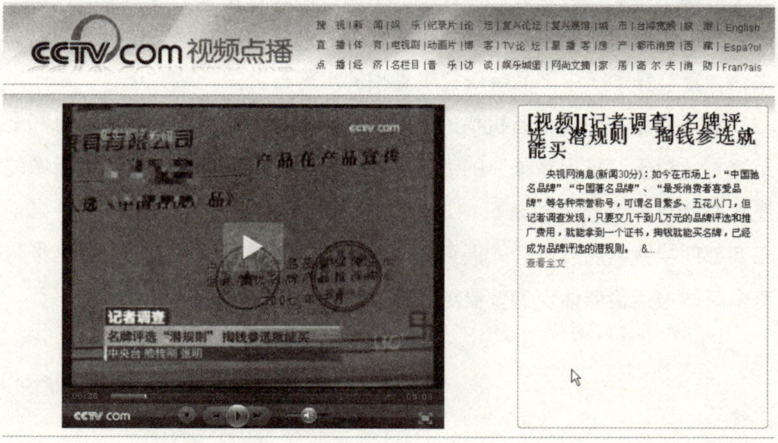

沉重一击。

几点思考

回想起前后近三个月对“中国品牌研究院”的调查历程，我们深感扎实采访的重要性，有几点浅见，与同行分享。

一、保持一颗“不断追问、敢于质疑”的记者心。虽然网络普及，记者获取新闻线索新闻资料的渠道呈现多元化，但是始终不应忘记记者首先是“提问者”的基本功。在铺天盖地的新闻信息中，记者除了要善于倾听、记录，同时也更需要学会迅速地判断择取，何为真信息何为假消息。即使是面对所谓的中字头权威机构提供的通稿，也不能完全盲信，要勇于挑战权威，发现问题并且努力去核实、求证。“不耻多问”是合格记者的标准职业动作。

二、保持舆论监督的独立性。商业新闻采编领域，绝大多数企业报喜不报忧，也多半婉拒记者深入到企业运营内部去探知其决策的商业秘密。而面对同样运作渐呈商业化的媒体，企业品牌公关往往也深谙媒体的运作流程。在这种渐次透明的媒企博奕中，媒体人应当保持独立的舆论监督。我们可以摒弃“惟恐天下不乱”专事“揭黑”的新闻观，但是绝不能放弃批评报道的新闻立场。我们可以宽容企业正常的商业新闻包装，但不能放任企业机构基于不公平竞争而采取的扰乱市场秩序的欺骗行为。在这领域，商业新闻媒体人尤其需要站得高，看得远，保持清醒的头脑和新闻立场的独立性。

三、整合媒体资源，相信团队的力量。在互联网时代，独家新闻的采写空间越来越小，而整合媒体资源的价值得到充分体现。虽然南方日报率先调查中国品牌研究院，但是包括央视，包括北京、广州同行媒体的追踪采访，直接推动了中国品牌研究院真相的水落石出。

四、尊重和引导监管机构的介入。媒体肩负的职责还是舆论监督和记录真相，对于“猫捉老鼠”的活，媒体没有权利也没有责任。我们能做的还包括尽可能地配合执法机构调查。“中国品牌研究院”调查以来，当地工商部门接线索后几度介入调查，为后来的查处整顿设下铺垫，而这也是整个新闻报道价值体现的重要组成部分。

（作者单位：南方日报专刊中心）

传媒经营

传媒经营

浅谈南都的榕树战略

□陈雨

陈雨

新会小鸟天堂，一棵榕树历经380余年的繁衍，成为覆盖面积达一公顷的“独木林”。

榕者，容也，相容，包容，宽容，兼容并蓄，有容乃大；榕者，融也，融入，融合，融洽，其怡乐融融。

南都是十多年前一棵种子落在广州的榕树，历经风雨，主根逐渐深入到广州的土地，并且长得越来越茂盛，新闻、经济、娱乐、消费、专刊……这些专叠就是榕树不断生发的枝叶。

几年以后，这株积聚了旺盛生命力的榕树把气根伸到了深圳的土地上，伸到了东莞、佛山、珠海、中山、惠州，伸到了北京、云南昆明，扎根进了南中国乃至整个中国最具活力与生机的土地中。未来的几年，在大江南北更为广袤的沃土上，都可能会有南都巨榕的根系，根深叶密，遥相呼应，成为中国报业的“小鸟天堂”。

南都与榕树最相似的不单是这种外在意象，而是榕树所象征的内在生态哲学：榕树和它所处的土壤以及所处的环境及它周围的整个生态是和谐相融的，它吸纳废气，突出氧气，涵养一方水土，这与2004年以来提倡“成熟源自责任”、“理性、建设性”地与所在城市互动、营造良性社会生态的南都神脉相通。南都的珠三角战略不是做资源掠夺，不是急功近利捞一把就跑，我们要树立百年基业，我们知道，这是我们根脉所在。立足广州，根系珠三角，涵盖广东，胸怀全国，放眼国际，这就是南都作为一张主流大报的战略胸襟。这当然也不能误解为我们放弃舆论监督，而是我们想通过建设性的舆论监督像榕树吸纳废气制造氧气一样净化环境。①

跨区域办城市日报的意义所在

如何把都市报在区域内沉淀下来的资源优势转化为一种彻底的区域、全国优势，转化为一种竞争、经济优势？如何把强大的品牌价值转化为媒体竞争优势、都市报业竞争优势？

单单靠一种内涵式的模式去增长还是有限的，要靠规模和外力去增长。各区域内强势都市报作为一张报纸的利润到顶了，通过对外扩张办城市日报扩张规模可使利润在绝对数上有所增长。

通过在办城市日报中慢慢去扩张，我们比以往更加看重城市类日报连锁发展模式的前景：

第一，中国报纸发展市场化起点很低，时间很短，市场条块分割，而且由于政府管制的原因发展不是很充分。

第二，读者数量、老百姓对舆论的关注、经济发展，为媒体发展提供裂变的空间，我们能随着水涨船高的态势争得很大市场份额。

第三，广东、北京、上海、浙江、江苏和山东6省市中国城市群，是中国媒介发展的领头羊、中国经济发达地区。2+5的珠三角模式，比如对浙江很适合，杭州是一个中心城市，地级市温州、宁波等城市群发达，每个地级市都可独立做起来。

第四，城市日报群扩张模式容易吸引第三方资本进入，实现强势品牌+强势资本。在跨区域合作中最需要社会资本，和其他行业相比，对于强调符号和意义生产的报业来说，做大比做强更重要，虽然在现有体制下，做大也不是一种最优的选择。

南都跨区域扩张战略实施

第一步，珠三角“2+5”战略，省版+珠三角地方版，深耕珠三角市场

1997年崛起于广州的南都，开启向珠三角市场的区域扩张步伐，2000年进驻深圳，实施广州与深圳双城战略。同时，逐步推进珠三角城市：2002年东莞，2003年佛山、珠海、中山，2004年惠州，2008年实施东莞第

三城战略、推动覆盖珠三角城市群奥一网城市门户网站搭建和奥一网无线城市门户建设。

第二步，南都+珠三角地方版模式升级：跨地域合作办报，实施“全国性大报”目标，闯出一条“快速复制、低成本高效益、股权式合作”路子

2003年，与光明日报共同创建的《新京报》是首家得到中宣部同意和国家新闻出版总署批准的、具有合法地位和受法律保护的、真正意义上的媒体集团跨地区合作经营管理的报纸。

2007年10月，南都成功改版云南信息报。2008年经营收入接近1亿，昆明地区发行零售量稳居第二，完成两家集团下达的经营指标。

快速复制、低成本高效益、股权式合作路子

1. 速度快、快速复制，报纸完全以成熟形态出现

南都先进经营模式核心的完整复制、先进采编理念核心的完整移植，即管理、思想、骨干输出，即“打好南都牌和本地牌”，“以品牌为核心，以内容品质为基础，采编、广告、发行联动，全面提升报纸作为产业的市场化运营水平，打造云南信息报在这个城市的综合影响力，坚决打价值战而不是价格战以赢得市场竞争”。②

打南方牌：坚持南都先进的新闻理念，宣扬秉持南都价值观；充分整合南方报业资源，做好重大新闻报道与大型策划活动，报纸版面设置向南都看齐，时评、国内、国际、娱乐、体育、副刊版面70—80%的内容基本整合南都内容，经济新闻、城市杂志在整合南都相关内容的基础上进行本地化操作，保证报纸整体内容和质量高人一等。

打本地牌：坚决快速地本土化。注意对比当地政治气候与广东地区的异同，注意本地新闻内容及本地热点问题评论的舆论导向把握，防止出现重大政治差错问题，防止出现政治生存环境恶化，甚至出现因导向问题、政治问题而导致合作最终终止的最坏局面；改变原报纸新闻报道气质、提升新闻品质；适应当地办报环境和读者阅读口味的同时引导、改变这些外部因素。

2. 低成本高效益：以报业为中心转向以资源整合为中心的操作方式

投入方式由人力、资金、资源密集型的“重资产”投入，转变为品牌、内容创意、思想、文化等“轻资产”投资。具体而言，业务模式、团队、整体客户关系都是现成的。版面内容投入：70%—80%内容基本整合南都内容。人员投入：除关键岗位人员南都委派外，其他管理岗位、团队本土化而非大规模的南都人员入驻。客户营销成本：南都直接服务客户50000多家，几乎涵盖中国所有优质客户。一是客户对南都的认同感惠及扩张到其它区域的南都子报；二是目前大客户对全国市场有需求，这种需求也会平移。

3. 股权式合作：资本式连结而非脆弱的行政式连结

体制创新：管理团队持股。资源联合：合作方出刊号和资金，南都出思想和骨干。主导权：南都控股，体现南都战略投资的决心和意图；关键岗位由南都人担任。资本的杠杆作用：希望有第三方加入进来，与资本接轨，以收购、股权合作、兼并等方式实现南方报业传媒集团跨区域扩张。

合作报纸的选择

一是区域经济有很大发展空间；二是市场报业竞争不太充分，报业成长空间大，媒体内容上没有任何一家能确立绝对的品质领先地位；三是合作报纸之前是都市报，这样的话合作方有一支队伍存在；四是合作报纸在当地有政治背景，所谓的“名正言顺”。

第三步，全方位升级：以办都市报核心能力为中心进行跨区域、跨媒体、跨行业的链式扩张，打造全国性布局、全媒体运营、以区域性生活服务网站为中心的城市日报媒体群

模式创新之处

以客户价值为中心，而非产品或经验为中心；从重点依赖产品和成功经验的地域扩张模式，向基于区域客户细分的、以客户价值为中心的地域扩张模式转变；以报业为中心转向以资源整合为中心的操作方式，做所有资源嫁接：品牌、内容、资本资源，新媒体与传统媒体，资本方，嫁接资源越多越好，成长速度就越快。

南都核心能力就是在都市报市场的竞争能力

都市报业核心业务是南都跨区域扩张战略的基石，跨区域是以报业为中心的城市媒体扩张为起点。坚持借助南都的核心竞争能力提升而非机会获得增长。

1．对其他媒体而言，南都内容品质的不可复制性不可替代性。“我们的报纸里头有着极高的自主意识形态的生产，包含着高度的智力和独特报格”。

2．拥有跨越地域的独一无二的南都品牌影响力，包括：行业、社会、文化、经济层面。

3．拥有相对中国都市报业现状而言较为成熟的都市报运营管理思路。

4．拥有逐渐完整的都市报产业链，在内容上拥有绝对优势。

链式扩张

向外整合，本质在于在每一个市场、每一个区域的扩张都是链式的而不是孤立的，牵一发而动全身，以内容合作为基础，同时进行网站、物流（发行）、印务四方面合作。

跨区域——基于南都及其都市报核心业务的城市地域扩张，做大做强。区域性城市日报成为一个区域内具有延展性、扩张性的平台，成为构建相应区域性媒体群、开展电子商务等业务的基点。区域内深耕细作，凸显信息的本地化、社区化、信息化、服务化。打造城市日报群及其区域化产业链发行、印刷、广告各业务公司化、社会化、资本化，内容（评论、娱乐等80—90个通用版面）、发行、印刷、广告（品牌广告主资源、直销广告经营团队）四线并行，内部市场整合。

跨媒体、跨行业——以报业为中心的城市媒体扩张为起点，做深做活。具体包括：

1. **以城市日报群为基点构建区域化新媒体城市群：区域性生活服务网站、分类广告网站等，内容、读者、客户资源均以网络为整合平台，聚集无数的平台在网站上面，实现再增值。**

网媒优先：报纸产品均以网络为整合平台。即：城市日报群整合平台为生活服务综合类的网站，所有内容、读者、客户资源在网站上实现再增值。网络媒体可实现报纸、电视、广播的所有功能，随时反应，交互性非常强。区域性网站完全有可能超过区域性强势报纸。传统媒体盈利模式局限性太大，一个网站做起了以后，网络平台可伸缩性非常大，延展空间非常大，可聚集无数平台在上面，在平台上搭无数的东西。南都内容平台非常厚实，当我们对外扩张、有了网络这一个平台，就会形成一个类似通讯社的感觉。

2. **建立区域全覆盖、区域行业全覆盖的平面媒体产品体系：社区报（或版）、专业杂志、消费型DM、行业型DM等关联业务辐射渗透扩张。**

社会人群的阶层属性深化，各阶层开始寻找能够表达本阶层价值观的媒体代言者。价值观分层将成为媒介市场细分与裂变的主要依据和特征。

该体系依托南都以及跨区域扩张中经营的城市日报的市场份额，向细分报纸、杂志、广播电视、DM等关联业务辐射渗透扩张，提高媒体区域覆盖范围和能力，提升媒体商业价值。

区域全覆盖：全面覆盖城市角度和满足各种对媒体的诉求，占领城市各个神经末梢，最终目的达到区域内受众人群和媒体市场的全面覆盖，稳固和扩大核心报纸竞争优势和市场份额。区域全覆盖含义：一是做强南都这个根本、前提，提高南都全国辐射力；二是做强城市性日报这个核心，提高其覆盖范围和能力；三是强化细分媒体的整合营销传播平台地位，核心是运营全覆盖。

区域行业全覆盖：结合核心广告资源，从行业角度纵深开发各行业广告市场，从单一的挖掘行业广告客户的硬广告投放、活动营销需求，到打通行业产业链，提供一站式的服务，进而升级具体行业经营平台为全行业经营平台。

区域行业全覆盖基础上的精准渗透：以数据库营销作为在平面媒体产品信息接受终端状况基础上的精准营销智力平台。首先将数据企业化、归拢到一个统一的平台上面，其次分析、挖掘、处理数据库内信息；最后利用分析处理过的信息指导销售。但数据库营销这种精确营销方式应与适量的广告等推广方式结合，因为消费者不信任没有任何品牌的东西。

3. 发行、广告、网站、印刷公司，进行报纸产业链关联业务新区域的合作、整合、扩张，整合外部市场，走专业多元化运营道路。

华商传媒在区域拓展方面，走“西北＋东北＋华北”二线城市路线，坚持4条线并行的发展脉络：发行，陕西黄马甲物流配送股份有限公司；广告，收购控股广告代理公司（分类广告除外）；印刷，华商数码股份有限公司；网站：2007年7月，成立华商网络传媒有限公司，搭建华商传媒集团内部新媒体整合的平台：华商网（主平台）＋辽一网、新文化网等（子平台）。这一方面，规避区域扩张中的风险，报纸部分利润都转给印刷、发行、网络、广告，当报纸衰落的时候，另四块不受影响。另一方面，深深扎根传媒产业链，分享产业链中产生的每一环利润。

4. 构建全媒体传播渠道：网络媒体（网络电视、垂直型网站）、无线媒体、户外媒体等，实现从报纸产业向内容产业转型，将内容资源转化为商业价值。

所谓全媒体，一就是现有形态媒体内部的全媒体流程改造，打造一个总编辑部，让信息的流向呈放射线状即从纵向变成横向，相关子媒体、部门与总编辑部之间结成“信息联合体”；二就是更多形态媒体的拥有及其融合。2006年，成都日报报业集团和成都广电集团合并成成都传媒集团，给了成都商报一个电视台频道和电台频率，因成都商报与电台、电视台没有资本的关系而是行政划拨的结果，做起融合来比较困难。

5. 依托构建的区域媒体价值链和资源优势，积极探索、开展增值业务。

依赖传媒产业、经济的发展，通过文化领域各项文化创意产业、各类文化产品，各种文化活动，打造增值业务的文化品牌。随着跨媒体、跨行业竞争趋势日益明显，媒体以及带有媒体属性的公司的核心竞争力必然体现为文化影响力。文化产业是真正的朝阳产业，在整个文化产业中，传媒业处在核心地位上。

（作者系南方都市报传播研究院高级研究员）

注释：

①见于南都执行总编辑庄慎之相关文字、讲话

②见于云南信息报2008年终总结稿

跨地区、跨行业合作办报的尝试及对策

——关于云南信息报

□龙雪飞

龙雪飞

编者按

南方报业传媒集团与云南出版集团公司联合投资，于2007年9月19日对云南信息报进行改版。这是南方报业继《新京报》之后的又一跨区域的尝试。

新云信较好地整合了两家的优势资源，从报纸形态、采编理念、管理模式、经营运作等方面进行全方位改造。改版以来，云南信息报焕然一新，赢得各界一致好评，给云南报业树立了新的标杆，并对当地报业格局产生深远影响。

6月26日，人民日报刊发了《联合重组：推动新闻出版业科学发展的有效途径》一文，该文作者龙雪飞对新云信的合作模式进行了深入研究，本刊现节选其原作的部分内容刊登，供各位参考。

跨地区、跨行业办报，对中国当下报业传媒发展具有重要价值和意义。

首先，中国报业已经基本完成“一城数报”鼎立的区域性产业布局。区域性产业布局的特色，使得中国的报业发展在同一地区，同一城市，很难实现大规模扩张。如何在更大的区域，组建更大的报业集团，实现资金、人力的市场化重组，并最终实现利润增加，就成为了众多报业集团当下的战略考量，而跨地区、跨行业办报是其中最为重要的一种扩张方式。

其次，跨地区办报仍然是中国报业的新生事物，虽然已经有数家报社在尝试，但跨地区办报面临政治经济发展限制、资源整合、管理架构、人才团队、经营模式、文化冲突等众多困难。已有的模式、方式都不尽相同，效果也参差不齐，目前还没有实践出大家共同认可的“最优模式”。

再次，报纸不仅是盈利性机构，也是重要的传媒手段，跨地区办报不仅对中国的报纸产业具有重要的经济潜在价值，对正在转型中的中国，也具有开启民智，促进文化交流，整合价值观的重要文化和政治意义。

《云南信息报》由云南出版集团公司和南方报业传媒集团两家大型公司联合主办，经过一年多的谈判，于 2007 年 9 月 19 日实现跨地区合作，改版一年多来，较好地解决了以上问题。本文结合《云南信息报》跨地区办报的经验，试图对上述问题作出说明，并对中国目前的跨地区合作办报提出建议。

一、两家集团合作的基础

中国跨地区、跨行业办报受“事业——企业”二元结构制约，对办报主体提出了较高的资质要求，南方报业传媒集团与云南出版集团公司恰恰符合主体资格的要求，从而为双方的合作奠定了基础。

在这个基础之上，双方的合作必须按照市场经济原则，计算资本的投入与产出，评估风险。在合作前，南方报业传媒集团派出考察小组，对云南的报业市场做出了分析，经多次沟通和讨论，形成以下初步判断：

1．大环境较好。云南不仅拥有五大自然资源优势（气候、生物、旅游、水能、矿产），还是中国面向东南亚的桥头堡，具有沟通两大洋（太平洋、印度洋）、三大市场（中国、东南亚、南亚）的独特区位优势。在西部大开发的战略背景下，云南保持较高的经济增长速度是可以预见的。

2．昆明报业市场整体水平不高。因为经济发展相对滞后，直到 2005 年昆明才出现广告额过亿元的报纸。办报理念相对落后，以致出现 2006 年发行恶性竞争的局面。《春城晚报》以 2 亿收入即获得 6000 万利润也侧面说明竞争不够充分。

3．云南信息报有一定基础，与竞争对手差距不大，追赶相对容易。2005 年，《云南信息报》仍排在第三名，与第二名相差不大。即使在 2006 年，《云南信息报》与排名第一的《春城晚报》发行量相差也只有 8 万份。不过，近几年其他三家报纸均在增长，只有《云南信息报》在下滑。

4．允许南方报业传媒集团联合主办、绝对控股经营公司的机会比较难得。因为云南出版集团公司的主业是出版，公司主要领导的思想较为开放，同意联合主办和出让经营公司控股权，这样的机遇应抓住。

5．如集团能组织一个较为坚实的经营团队、在云南信息报原有基础上做一些整合，打造出信息报的新闻拳头产品，估计合作能达到财务预测的水平，将成为集团良好的经济增长点、投资回报率非常之高。

新的《云南信息报》的基本构架为股份制报业公司，对中国的报纸传媒业还是比较新的管理体制，更符合市场经济规律，有利于项目的长远发展，并且也为《云南信息报》今后向其他领域融资，进一步的资本运营奠定了制度基础。

在两家集团谈判一年多后，终于达成协议，由双方共同主办《云南信息报》，并共同出资 2000 万元人民币设立“云南云信报业传媒有限责任公司”，公司出资及股权结构为：南方日报社出资 920 万元，持股比例 46%；云南出版集团公司出资 880 万元，持股比例 44%；高层管理团队出资 200 万元，持股比例 10%。

根据双方集团所达成协议，新《云南信息报》由南方报业传媒集团委派社长、总编辑、总经理、行政总监、财务副总监；云南出版集团公司委派副社长、副总编辑、副总经理、行政副总监、财务总监。2007 年 9 月 19 日，改版后的《云南信息报》正式出街。

二、如何整合两家集团的资源实现重组

针对原《云南信息报》存在的诸多问题，新报社管理团队实施了一系列改革，总体思路是按照《南方都市报》的管理模式和经营模式，重新“洗牌”。报纸的定位明确为：办云南市场化运营程度最高的政经主流大报，之后，与这个定位相应的口号也提出：都市报的升级版。

为此，进行了以下改组：

1. 内容上提出打“两张牌”

改版后的《云南信息报》根据云南读者和市场需要，结合《南方都市报》经验，对报纸内容做了细化，采编团队强调“报道最有价值新闻”。在这个理念的指导下，自改版以来，报纸各叠报道了一系列本地、国内的重大新闻。

改版后的《云南信息报》，每天将近 30% 的版面搬用《南方都市报》，这些内容是云南本地媒体没有或是更好的报道，为此，该报一名管理者比喻：《云南信息报》的读者和珠三角的读者每天共同阅读了“半份”报纸。云南本地其他三家都市报的竞争对手也不仅仅是《云南信息报》，一定程度上也是在和《南方都市报》竞争。

报纸的内容，充分体现了两家集团合作带来的资源整合优势。

2. 提出打价值战不打价格战的策略

昆明报业发行市场从1999年起，几乎没有一刻平静。2006年《生活新报》、《都市时报》先后将2007年订价降至20元全年。随后《春城晚报》和《云南信息报》也被迫卷入，推出20元订阅全年的价格。当年一年的报纸当废纸可以卖60元左右。订户花20元看一年报纸，最后还可以倒赚40多元。

2007年，南方报业传媒集团进入云南市场时，各家报纸的全年定价基本在80元左右。新云信管理团队认为，价格战的成因是没有形成一个具有稳定性的市场格局，即前一位报纸的市场实力还没有达到让竞争对手失去信心、安于目前的市场跟随地位，或进入差异化的小众化市场空间，满足于一定的市场收益的地步。

为此，新云信管理团队决定把报纸全年定价提高到180元，相应的，广告定价也大幅提升，以A叠为例，周一至周五，内版广告正版定价为6万元，几乎是之前的4倍。如此“高”的发行、广告定价受到了读者和广告投放商的质疑，但新云信管理团队认为，“滥价”竞争不能提升报社的实力和形象，必须重新建立市场标准。为此，还决定不刊登低俗医疗广告和虚假征婚广告，仅此一项，估计年收入就要损失近3000万元。

云南信息报
声色周刊 B
动力火车鸣笛
中国娃娃要嗲
明星签名连连看
B02-05

云南信息报
理财周刊 C2
超级大盘股中国建设今日发行，资金提前闻风而逃
大块头来，震荡少不了
6月贸易顺差大降

C07
C10
C12

经过一年多的运行，新云信的“打价值战不打价格战”策略获得初步成功，读者认为新云信是一份“干净”的报纸，有人打趣说：“以前的报纸不敢带回家，怕孩子看，现在的云南信息报可以带回家了。”而广告结构也得到了调整，份额最大的依次为房地产、汽车、电信等。2008年，全年广告收入达到8000万元，发行收入1500万元，总收入9500万元，比2007年的3600万元增加了5900万元。更重要的是，新云信在读者和管理部门树立了良好的口碑，奠定了长远发展的基础。

3. 树立新的企业文化

改版前的《云南信息报》管理较混乱，这也是云南都市报存在的通病。南方报业传媒集团管理团队入驻后，把原报社所有高管、中层干部职务取消，重新组建，要求大家主动申报，结合工作表现重新任命，并对整个过程进行公示。

一名新任命的中层干部对新云信的企业文化有所感触，写道：“新云信以人为本的管理制度并不是指传统意义上的有非常高的待遇，有非常高的福利，有非常高的荣誉和地位，对于我们来讲这当然也很重要，但目前这些都不是最重要的。我对‘以人为本’的理解，最重要的就是报社能提供一个最好的平台，以把每个人最大的潜力给挖掘出来。”

同时，《南方都市报》还带来一股正气，不拉帮结派，不搞迂腐的行政等级。普通员工通常能第一时间将第一线的问题直接反映给总编辑，这加快了决策的速度，而不再如以往那样任何事都得层层上报，决策缓慢。

正如南都执行总编、云信总编辑庄慎之在今年的述职报告中所言：“我特别不认同在南都内部营造‘谁是谁的人，谁不是谁的人’甚至是‘谁是谁的嫡系’这样的带人身依附关系的理念，我反对讲排场，讲等级，包括反对‘老大’、‘老板’之类的称谓。”

新云信彰显了一个后来者却又是新锐者张扬凌厉的进取姿态。其实，在云信满眼都是个性迥异的人，但新云信管理层有容乃大，在求同存异的基础上，将员工的知识互为补充，充分发扬其个性去做最适合自己的事。

经过全面重建，改版后的《云南信息报》提升了产品的市场竞争力，采用了新的竞争策略，组建了新的团队，这些工作有的在一个月内就完成，有的还将经历数年的摸索。这些改变，使新云信成为一份当地“与众不同”的报纸，这也是摆脱都市报同质化竞争的一种总体方案，从而使报社摆脱滥价竞争，获得更好的经济利益，树立正面的影响力。

三、新报纸如何融入本地文化政治环境

跨地区办报一个重要课题是如何处理与当地政府的关系，当某些重大政治意义事件以及突发事件发生时，跨地区报纸的存在使得宣传统筹、舆论控制的可操作性出现了不确定性。当地政府对于跨地区办报的态度，被认为是一个合作成功与否的很关键的因素。

原《成都商报》总编辑陈舒平作为中国跨地区办报的先行者，在“2003报业经营国际峰会”上谈到跨地区办报的困难时说：“当地的一些人，某种意义上来说是一种地方保护，当地的人出事没问题，我们合作的媒体稍微出一点事，就往高处提，这样的话，让人家觉得事很难办，很麻烦。”

在南方报业传媒集团派驻管理团队到昆明前，集团社长杨兴锋特意强调，新《云南信息报》要处理好与当地政府，当地竞争对手的关系。在管理团队入驻昆明后，也立即感受到了广东与云南不同的政治环境及读者阅读喜好，为此，管理团队特意进行了研究。

《南方都市报》和原《云南信息报》是两份不同的报纸，这种不同不仅体现在报纸的版式等外在形式上，更是内容上的不同。《南方都市报》编辑大纲强调三条原则：政治上赞成民主化，经济上赞成市场化，文化上赞成多元化。可以说，《南方都市报》有自己明确的价值追求，它的读者主要是珠三角地区的白领、公务员、私营企业主，自由职业者、学者等在中国相对富裕和相对有知识的阶层，他们也比较认同《南方都市报》的价值理念。

《南方都市报》的新闻理念能否被云南的读者接受？《云南信息报》如何扎根本地文化和读者阅读习惯，从而被当地政府和读者接受？改版后的《云南信息报》做了一系列尝试，取得了较好的效果。

1. 在不违背基本原则的前提下争取支持

新云信管理团队的一名高层回忆：“2007年8月，我随第一个进驻云信的南都团队来到昆明。在进入南都之前，我在云南的两家报社先后工作过3年，熟悉云南和广东的情况，深知两地报业的外部环境和内部环境很不相同。在不少厅局举办的新闻发布会上，我不时听见有记者公开给在座的官员保证：‘这件事我们绝不添乱’，‘你们做得好的告诉我，我告诉全国，你们做得不好的告诉我，等你们解决改善了，我再告诉全国’，这些发言无不博得与会官员的掌声。报纸究竟是公器还是私器，报纸应该为谁代言，报纸如何赢得公信力，这些在南都早已不是问题的问题，在云南，

A12 东盟

印尼被称欲借中印迅猛崛起

研究称印尼将与中国印度组成亚洲"增长三角体" 总统宣布明年增20%军费

经济规模六年后翻番

逐年系统化增加军费

游击60载

缅克伦军难挡"终局"

大选临近速战速决

难民还是叛军？

泰禁示威力保东盟会议

军方获授权，可实施宵禁、封锁道路、审查媒体等

今年峰会期间，这样的对峙将不复存在。

新安全措施临时获推翻

和平示威也不允许出现

向父母透露胎儿性别

越南医生执照或被吊销

■一周快评

面对东盟，云信人不忘责任和担当

很多媒体的领导和记者还没找到答案。当然，我对时政记者的跑线苦衷深有体会，但广州和昆明的情况显然不同，说明各地的媒体虽然都在一定程度上依赖权力部门提供大量新闻，但依附的程度是不同的。有没有可能既坚持南都的原则，又能改善和权力部门的关系呢？"（王雷：《融入与提升》，见《南方传媒研究》第12辑）

为此改版后的《云南信息报》主要做了以下三项工作：

一是和权力部门的宣传官员们多沟通，了解他们敏感的范畴是那些，关心的题材是什么，同时输出南都、云信的观念，找机会说服他们接受报社的意见。

二是重大事件一定要报道好，不仅要高于同城，还要能让当地主管宣传的官员们眼前一亮，例如2008年的十七大报道、全国两会报道，在云信转载了南都对全国高级官员、学者访谈的几天后，昆明市政府的官员主动找到报社，索要报纸，以提供给市政府的高层领导阅读。本地的时政报道也不断努力，典型的是在昆明市两会结束当天，推出了《新昆明》特刊，这份特刊大获成功，在会场派发出500多份，当天与会代表几乎人手一份，第二天昆明市新闻官员又要了几份报纸保存。还有昆明城中村改造系列报道，抓住热点，借鉴国内四城经验，受到昆明市政府的肯定。正是靠高

端、优质的时政报道，新云信一点一点赢得权力部门的尊重。

三是重大的“负面”报道要把握好，在坚持舆论监督立场的同时保证准确，在清楚敏感范畴的同时掌握好度。虽然在和权力机关打交道的过程中，总结了以上几点经验，但由于“新闻纪律”极大的模糊性和复杂的官场生态，新云信也强调首先要“安全生产”。

2. 融入本地并提升报纸质量

在适应云南媒体外部环境的同时，新云信还积极适应本地读者的口味。

正如报社管理层调查分析的那样，昆明的市民社会发育程度远不如深圳、广州成熟，公共领域相对狭小，故此相关新闻得不到热烈追捧，同时云南生活节奏慢，读者更喜欢看故事，为此决定投入重兵开设“昆明往事”栏目。这个栏目效仿南方都市报的“广州旧闻”、“广州地理”栏目，在云信的A叠新闻版刊发，而且每期固定在为数不多的两个彩版上，由于包装到位，稿件质量相对较高，角度新颖，契合读者兴趣，一推出就受到好评，对报纸发行拉动明显。

在迎合读者的同时，新云信也努力改造本地文化，宣扬舆论监督、报道的深度与广度等较新的办报理念。

在新云信改版2个月之际，推出了16个彩版的航拍新昆明特刊。这是昆明平面媒体第一次航拍，不仅在读者中加强了云信“高端、新锐”的形象，而且在业内也引起了极大震动。随后又推出多个高质量特刊、系列报道，包括：丽江十年、昆曼大道、全国两会报道、省市两会、新昆明特刊、城中村改造、昆明往事之老房子系列、贫困家庭新年愿望、云南省长秦光荣专访等。

在日常新闻的报道上，从导语写作，到深度调查新闻的写作；从如何起标题，到如何美化版面；从怎样采访社会新闻，到如何突破让采访对象开口，新云信不断对记者编辑进行培训。现在，新云信的重大报道，无论时政还是社会突发事件，只要投入重兵，都能在同城中做到最好，但日常新闻往往粗陋、低劣、不专业，为此管理层还在不断安排业务培训。

在报道内容上，新云信积极开拓新闻资源，开设社区新闻部，创办讣闻、社区等版面，昆明的读者以前很少看到这类报道，记者对这类题材也很感兴趣，讣闻版就出了不少精品稿件。

新云信对云南纸媒的震撼是巨大的，其他三家报社专门针对云信评报，一些报社还规定中层干部必须订云信，每天研究。

例如同城一家报社总编辑在内部业务讨论上写道：“实事求是地说，

昆明的四家都市类报纸，目前在内容上仍然互有优势，并没有哪一家在一段时间内全面和持续地胜出。但云南信息报在内容方面的优势越来越明显，却是不容否认和忽视的事实。今天，当我们回头审视云南信息报改版10个月以来，这张报纸成长的路径，以及由此而带来的昆滇报业市场竞争形势的新情况时，我们应该下这样一个结论了：从现在开始，我们真正的竞争对手是云南信息报！”

相比以前昆明报业的价格战，这次竞争，几家都市报都努力提升自身产品品质，这种竞争是良性的，也是新云信欢迎的，这种竞争逼迫着新云信拿出更好的产品，对新云信的提升是不可或缺的外部力量。

现在来看，《云南信息报》改版后的一系列策略是成功的，2008年全面完成了改版前制定的全部目标。包括：在读者中树立了良好口碑，在不违背基本新闻原则的前提下，得到了主管部门的高度认可。

昆明市委宣传部两次嘉奖云南信息报，云南省委宣传部多次嘉奖并两次到报社调研，省委常委、省委宣传部部长张田欣在《云南信息报》改版一周年会见南方报业传媒集团社长杨兴锋时说：“两家集团的合作是解放思想的成果。办报纸是意识形态很强的产业，以前说能否跨省合作办报，有不同看法，是值得探讨的。但是我们通过这一年来的实践，感觉这条路子是成功的，我们双方的合作是有成效的，今后的发展前景也是广阔的。应该说，合作取得了初步的成果，可以继续积极探索。南方报业传媒集团进来后，给云南的媒体带来了一种新的办报理念，新云信成立是先创品牌，提高办报品质，这就为其他报纸树立了榜样。”

改版一年，广告收入达到8000万元，发行收入1500万元，总收入9500万元，在2008年全球金融危机宏观经济不景气和纸张价格上涨的背景下，亏损控制在了预期目标的1500万元之内。经过一年磨合，新的企业文化得到伸张和认同，锻炼出了一支较强的新闻采编团队和经营、行政团队。

新云信2009年的目标是在昆明市场的零售发行量达到第一，征订发行量达到第二；广告收入增加15%，达到9200万元，亏损与收入持平；采编质量进一步提升，明显优于同城竞争对手。

结束语

在中国跨地区办报是一件非常困难的事，首先要得到当地政府的允许，其次要能建立符合市场经济的体制——即股份制公司制。合作的双方要明确自身有哪些优势，资源整合应该注意什么，并且要论证合作能给自己带来哪些改变，这

云南信息报

阅读周刊 B2叠

拉关系的中国人

些改变是否真的有利于项目的发展。在这些准备工作结束后，要依靠强有力的执行把规划的目标落实到具体的工作中。

《云南信息报》目前的成功来自于两家合作集团拥有较强的实力——包括影响力、经济实力、人才团队、管理经验、原报社较好的基础等，两家集团较好地整合了优势资源，建立了符合市场经济的股份制公司，管理团队制定了准确和符合实际情况的战略。但是跨地区、跨行业办报受政治政策影响巨大，这是报社本身无法控制的风险因素，只能在“安全”办报的前提下，尽量规避风险。在这些基础上，还要解决传统纸媒面临的共同挑战，必须在互联网普及的今天，找到报纸的核心竞争力和新的盈利模式，必须在符合中国国情的情况下尽快找到发展的新道路。

（作者系云南出版集团公司副总经理）

南都呼叫中心发展及运营思路

□谢斌

谢斌

内容提要

呼叫中心的运营与管理涉及到数据、客服、销售、渠道、技术、人力等多个环节，在一个企业里，几乎每个业务部门都可以找到与呼叫中心的结合点，因为呼叫中心在一个企业中是最接近运营核心的环节。正是由于呼叫中心作为业务运营平台、服务承载工具、数据处理核心、产品销售渠道的功能日益显著，因此，呼叫中心行业近年来发展迅速，呈现第三产业中增长速度最快的行业。

媒体行业出于征集新闻线索、增强新闻互动的需要，从上个世纪九十年代起纷纷设立新闻热线，经过多年的发展，不少传统媒体已经在新闻热线基础上发展起具有一定规模的规范的呼叫中心，这些媒体的呼叫中心在承接新闻报料的同时，开始对内对外承接外包服务、电话销售等呼叫业务，有些甚至开始承接电子商务业务，呼叫中心在媒体中的功能与作用也在迅速发生变化，由原来单一的新闻报料平台，逐步转变为媒介的业务运营平台、服务承载工具、数据处理核心、信息交换中枢，其作为成本中心的形象正在向价值中心、利润中心转变。

呼叫中心是通过非面对面直接接触的方式处理正式交互联系及交易的地方，包括信息、服务、支持、销售、员工协助以及突发紧急事件，其运行方式包括人工服务以及自助服务。

随着现代通讯技术及网络技术的发展，呼叫中心也在随着技术革命的发展而不断发展。现代的呼叫中心，已经普遍应用计算机电话集成（CTI）技术和信息网络技术，服务功能也已大大增强，用户通过接入呼叫中心，不但可以获得所需的信息服务，并且可以进行存储、转发、查询、交换等处理，还可以通过呼叫中心完成交易。呼叫中心系统已经由普通电话交互系统走向了信息网络系统，其通信手段已经由传统电话转变为数字集成电话、IP 电话、网络站点和电子邮件乃至 3G 通讯的集合。

中国的呼叫中心行业，起始于电讯运营商的客户服务中心，早期仅仅是为一些运营商的服务提供解决问题的渠道。 如今，呼叫中心行业已经被打造成客户关怀和服务中的核心产业，传统呼叫中心的功能也随着客户管理理念的发展而上升到新的范畴。

近几年来，以三大电讯运营商、阿里巴巴、携程等企业引领的呼叫中心运营及管理风潮席卷整个中国，无论是企业、企业用户、经销商或呼叫中心设备提供商等，都认识到呼叫中心为中国第三产业带来的价值，呼叫中心遍地开花，除各个行业企业自己的客服型呼叫中心外，国内外的外包型（承接企业客服业务整体打包的为主）呼叫中心、电销型（电话销售为主）呼叫中心纷纷落户中国经济发达地区，中国“声谷”开始兴起，在扬州、上海、北京、成都、洛阳、大连等地，相继形成以呼叫中心业务为主的呼叫中心科技产业园区，其中以扬州最为集中。

呼叫中心在媒介运营中的作用

由于呼叫中心的运营与管理涉及到数据、客服、销售、渠道、技术、人力等多个环节，在一个企业里，几乎每个业务部门都可以找到与呼叫中心的结合点，因为呼叫中心在一个企业中是最接近运营核心的环节。因此，呼叫中心也就成为了一个业务运营平台，一个服务承载工具，一个数据处理核心，一个产品销售渠道。正是由于这样的功能属性，呼叫中心在电讯、金融、政府公共服务、商务贸易及电子商务等行业中，越来越受到重视，成为第三产业中发展最为迅速的行业之一。

传统媒体目前普遍开设有新闻热线电话，用于受理新闻报料，让读者参与新闻互动，受理读者投诉等等。随着媒体行业的迅速发展，单一的新闻热线电话已经无法适应媒体业务运营的需要，2000 年之后，全国各地的不少报社、电视台相继开始在新闻热线基础上建立自己的呼叫中心，呼叫中心在承担新闻报料与新闻互动热线功能的同时，开始承担媒体自身的客服业务，角色逐渐由新闻报料热线转化为媒体的客服中心，功能也由单一的新闻报料发展到综合的媒介服务。

其在媒介运营中的功能主要体现在以下几个方面：

业务运营平台。作为媒体的呼叫中心，这个平台不仅可以受理新闻报料、参与新闻互动，是新闻生产的原料采集和处理系统，也是整个新闻业务的一个环节。同时，这个平台可以处理包括发行证订和投诉、广告业务受理在内的销售与售后服务，可以处理新闻产品及其衍生业务、经营活动等增值业务等，还可以处理媒介自身的总机转接、信息采集等部分行政事务，媒体的采编业务、经营业务、行政业务，在这样一个平台上都可以运营。

服务承载工具。呼叫中心也是客服中心，它的一个重要功能便是为客户提供关怀服务，媒体的呼叫中心，同样具备这样的功能，那就是为读者、订户、广告客户乃至社会公众提供包括新闻资讯服务、媒体售后服务、公共服务乃至商务导航服务等等，因此，呼叫中心在一个媒体中可以承载媒体自身乃至社会的众多服务职能。

数据处理核心。目前普遍运用的计算机电话集成技术、互联网技术，给呼叫中心的运营带来极大的便利，使呼叫中心成为一个庞大的信息采集与处理系统，不管是长期的新闻报料人，还是普通的读者或订户，只要拨打一次呼叫中心的电话，呼叫中心都会自动生成记录。纷繁复杂的新闻线索或者售后投诉，这里都可以进行相关监测和汇总分析，并作为媒体自身的业务参考或者决策参考，因此，媒体的呼叫中心也可以成为数据处理中心，监测新闻质量和发行投递质量等等。

产品销售渠道。柜台销售是一种销售渠道，电话销售也是一种销售渠道，在低成本高产出的服务行业，尤其是金融保险行业、电子商务行业，电话销售正在成为其主要渠道。作为传统媒体，报纸自身的销售、广告的销售，目前虽然仍在依赖传统的销售方式，但电话征订报纸、电话受理广告也已经在普遍应用。相对于分散的方式，媒体的呼叫中心集中处理电话订报、广告受理，并进行报纸、广告、商品、活动外呼销售的方式，目前虽然还没有被广泛运用，但随着电话营销、电子商务等运营模式的引入，呼叫中心将成为媒体的新闻产品、广告业务、商业活动等产品形态在传统渠道之外的又一个巨大的销售渠道。

文新报业呼叫中心运营模式及启示

文汇新民联合报业集团的客服中心，是目前国内新闻媒体业内首个具备独立法人资质的独立运作的呼叫中心，旗下运营有知名度很高的"962288呼叫中心平台"、Shanghai Call Center（全部为多种外语服务的）平台，和962288票务平台，是国内规范化运作的外包式公众客服平台，曾荣获信息产业部"2005中国最佳呼叫中心"奖，具有一定的国际声誉，被国内多家媒体誉为"上海的声音"、"Shanghai Helper"。

与国内各家传统媒体的呼叫中心一样，文新报业集团客服中心，同样起源于传统的新闻报料热线，是文新报业集团2003年5月为《东方早报》创刊做新闻报料配套而建的呼叫中心，当时虽然提出办最先进的呼叫中心，实质上仅仅8个座席，17名座席员，每天不过70多个电话。在运营半年之后，文新报业集团针对呼叫中心运营中出现的问题，调整了呼叫中心的定位，投资120万元进行升级扩容，通过公开招标形式，由全球顶级呼叫中心开发商承建起了拥有30个座席位的现代化呼叫中心。

升级扩容之后的文新报业集团呼叫中心，在2004年11月正式开通运营，为文新报业集团旗下所有报纸服务，承担集团所有呼叫业务，并开始利用系统平台开展增值延伸服务，承接了2005年的上海大师杯网球公开赛的客服项目并取得了成功。此后，文新集团呼叫中心瞄准上海庞大的票务市场，开始介入票务代理业务，并通过公开竞标方式，承包了东方票务的总票房，从事票务代理销售。

目前文新集团呼叫中心的主要业务主要有：整个报业集团包括新闻报料在内的所有客服业务；政府公共服务的外包服务业务；票务代理业务等。

在承接整个报业集团呼叫业务方面，采用付费购买服务方式，由集团统一向呼叫中心买单购买服务，呼叫中心向集团旗下各个部门提供有偿客服业务。

承接的政府公共服务内容包括：上海基本信息及生活服务、文化娱乐、教育、医疗、经贸、外事、试播、涉港澳台服务、涉外服务、旅游、居留、就业、交通等等信息。2005年起，由于大师杯网球公开赛的需要，文新集团呼叫中心招聘了2名外语座席员，开始提供外语咨询服务，之后逐步增加到10种外语服务，已经发展成为全球第8个多语种的外语热线，24小时提供多语种咨询引导服务，语言水平达到专业翻译水平，上海所有政府热线的外语服务目前基本依靠这个呼叫中心。作为传统媒体的呼叫中心，现在的文新报业集团呼叫中心，已经与大部分政府部门实现无缝对接，无障碍转接，并实行收费服务。

在承接票务代理方面，文新报业集团充分利用媒体的资源优势和品牌影响力，经过几年的滚动发展，目前已经成为上海最大的票务代理商。

据文新报业集团客服中心主任乐迪介绍，文新集团呼叫中心目前兼具报业集团客服中心、上海对外信息服务热线、具有独立法人资格的信息公司的三重身份，在呼叫中心行业竞争激烈的上海，已经是处在行业第一梯队。目前发展良好，拥有120条线路，60个席位，60个座席员，正在注册第二家上海信息服务热线有限公司，再建30个席位。2007年营业额5000多万元，2008年营业额3000多万元。

乐迪将文新报业集团呼叫中心的经验成功归结为：政府购买服务，这是一个巨大的市场；商业外包服务利润产出率高，媒体行业优势明显，传统媒体有文化新闻单位的文化与资源优势，有社会公信力和品牌影响力等独特优势，拓展和抢占外包服务市场，是实现增值服务的一个不错的选择；作为传统媒体的呼叫中心，适应市场化发展需要，必须改变运营思路和运营模式。

南都呼叫中心发展及运营思路

2001年8月，南方都市报在新闻热线基础上组建呼叫中心，启用87388888热线号码，开通中继线路20条，设置座席10个，热线座席员11名，集中受理新闻报料及相关新闻热线的同时，逐步开始承担包括读者建议处理及电话投诉、报刊发行、广告征订、总机接转等基本业务。

经过几年的发展，目前南都报系呼叫中心运营有全国统一报料（客服）热线4008866166、广州报料（客服）热线87388888、深圳报料（客服）热线83325000系统平台，在广州设有座席18个，座席员24人，开通中继线路32条，24小时全天候受理新闻报料及相关新闻热线、发行投诉及报刊征订服务等业务，并逐步开始承担南方都市报系客服的功能和南方报业集团的部分客服功能，以及报系内部的其他外呼服务、电话营销等呼出业务。

近年来，南都呼叫中心在报社各项业务发展中的作用日渐显现，已经成为新闻业务、经营业务、品牌增值业务的重要平台和窗口，随着报社的发展壮大和各项业务的急剧增加，呼叫中心作为采编、经营、行政三大系统服务承载工具的功能也在不断增强。

目前，南都呼叫中心正在规范运营与管理的基础上，着手制定《南都呼叫中心发展规划》，根据发展规划的思路，南都呼叫中心的定位将确定为以下四个方面：

1. 新闻报料热线及新闻互动平台。

这是南都呼叫中心的起源，也是南都新闻的生命线，是南都呼叫中心立足的基本业务。南都呼叫中心将在现有的运营系统基础上，充分利用现有的热线平台、网络系统，与奥一网、南都网、珠三角各个记者站对接，进一步拓展报料平台，整合报料资源，为南方都市报系，乃至南方报业传媒集团提供强大的新闻线索源。同时，南都呼叫中心还将根据业务需要不断扩容升级，在现有的嘉宾热线座席读者可以多方参与旁听的基础上，为更多的新闻活动热线提供支持，让读者能够随时随地通过南都呼叫中心这一平台参与新闻互动。

2. 媒介业务运营平台、服务承载工具、数据处理核心、信息交换中枢。

呼叫中心在企业中作为业务运营平台、服务承载工具、数据处理核心、信息交换中枢的作用已经成为行业共识，其在这些方面的功能也在日益显现。南都呼叫中心作为传统媒体的呼叫中心，其更多的职能在于媒体自身的运营方面，因此，它仍然是作为媒介的运营组成部分，为南方都市报系乃至集团媒介运营提供平台，使其成为媒介运营的价值中心。

3. 舆情信息监测中心与市场调查中心。

作为媒体的呼叫中心，最原始和最基本的功能是受理新闻报料，来自社会各个行业、各个阶层新闻报料、民生投诉线索等等，是反映社会舆情、监测社会异动的重要信息。依托南方都市报系和南方报业的社会公信力和媒体影响力，南都呼叫中心大量吸纳的这些新闻报料、民生投诉，可以让呼叫中心同时成为舆情信息的监测中心，分析监测社会舆情，提供相关舆情信息。同时，作为媒体呼叫中心还可依托自身的社会公信力和媒体影响力承接市场调查，进行公益或者商业的电话访问调查，收集相关信息数据。

4. 依托媒介品牌的电子商务平台。

随着现代通讯技术及网络技术的发展，呼叫中心也在随着技术革命的发展而不断发展。现代的呼叫中心，已经普遍应用计算机电话集成（CTI）技术，并与互联网相互衔接，虽然呼叫中心普遍承担的是企业客服的功能，但事实上呼叫中心已经具备电子商务平台的所有功能。

基于上述发展思路，南都呼叫中心提出在现有规模基础上、在条件成熟之后将进一步扩容升级，按照一个成规模的小型呼叫中心规划建设。

在运营模式方面，南都呼叫中心发展规划的基本思路是：

1．承接南都报系所有客服热线、活动热线、电话营销等业务；

2．逐步承接南方报业各项客服热线、活动热线、电话营销等业务；

3．逐步承接政府公共服务、社会公益服务机构客服热线、活动热线、电话营销等业务；

4．逐步承接商业企业服务客服热线、活动热线、电话营销、电子商务等业务；

5．承接政府部门、科研部门、调查机构的舆情监控与信息收集业务，以及电话访问调查等业务。

明确定位与运营思路，进行必要的升级扩容，南都呼叫中心应该可以在服务南方都市报系乃至整个报业集团的基础上，充分利用媒体的品牌效应，通过承接政府公共部门和商业企业的外包服务、电话营销业务等，实现赢利和增值，逐步成为南都报系主营业务之外的一个利润增长点，最终让呼叫中心从成本中心转变为利润中心 。

（作者系南方都市报呼叫中心主任）

传媒茶座

传媒茶座

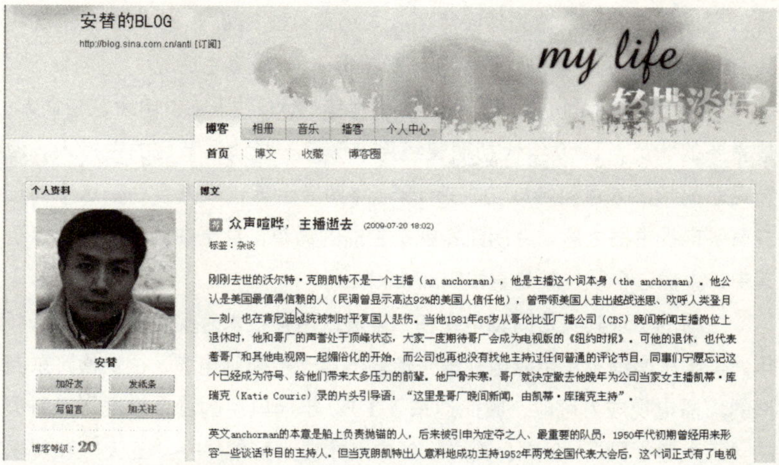

http://blog.sina.com.cn/anti

众声喧哗，主播逝去

□安替

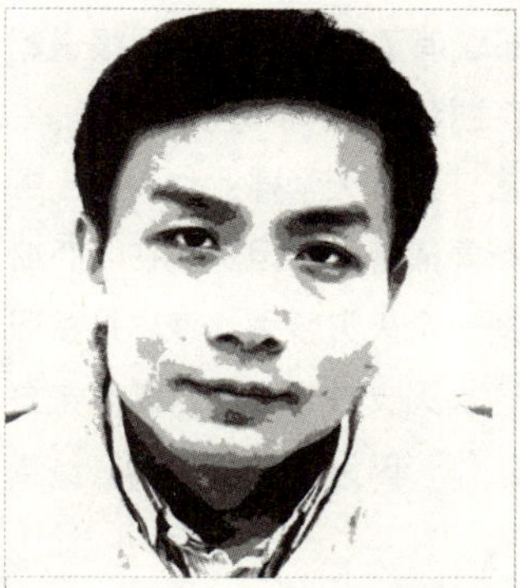

安替

刚刚去世的沃尔特 · 克朗凯特不是一个主播（an anchorman），他是主播这个词本身（the anchorman）。他被公认是美国最值得信赖的人（民调曾显示高达 92% 的美国人信任他），曾带领美国人走出越战迷思、欢呼人类登月一刻，也在肯尼迪总统被刺时平复国人悲伤。

1981 年 65 岁的他从哥伦比亚广播公司（CBS）晚间新闻主播岗位上退休时，他和哥广的声誉正处于顶峰状态，大家一度期待哥广会成为电视版的《纽约时报》。可他的退休，也代表着哥广和其他电视网一起媚俗化的开始，而公司也再没有找他主持过任何普通的评论节目，同事们宁愿忘记这个已经成为符号、给他们带来太多压力的前辈。他尸骨未寒，哥广就决定撤去他晚年为公司当家女主播凯蒂·库瑞克录的片头引导语："这里是哥广晚间新闻，由凯蒂·库瑞克主持"。

英文 anchorman 的本意是船上负责抛锚的人，后来被引申为定夺之人、最重要的队员，1950 年代初期曾经用来形容一些谈话节目的主持人。但当克朗凯特出人意料地成功主持 1952 年两党全国代表大会后，这个词正式有了电视主播之意，克朗凯特就是主播的词源，甚至在瑞典、丹麦等语言中，主播这个职位就是直接叫 cronkiter。

主播的出现其实是同轴电缆和卫星通讯两种技术时间差的产物。1946 年，美国东岸铺设了用以电视信号传输的第一批同轴电缆，很快横跨东西岸的广播电视成为可能，因此迎来了 1950 年代电视的黄金发展，而所谓的"三大电视网"（全广、美广、哥广）才成为可能——"三大"和美国各地的地方电视台达成协议，利用新技术播放同样的新闻。

播放模式的革命，却让制作方式捉襟见肘，因为卫星传输技术没发明，新闻的视频素材无法快速生产，当 1950 年克朗凯特加入哥广新设的华盛顿分站的时候，发现根本找不到足够的新闻片段来填满播放时长，只好采用主持人个人解说、配合背景图板说明的方式。他早年合众社记者的经验让他应对自如，本能地发现了电视网时代主持人的必杀之技："新闻播报越随意越好。"他做得如鱼得水，以至于总部取消了曾派他去韩国报道朝鲜战争的计划，从此他就开始了在哥广 31 年主持新闻的精彩职业生涯。

克朗凯特从小就是纸质媒体新闻的爱好者，甚至大学肄业加入休士顿一家报社。克朗凯特后来也一度成为了广播新闻播音员，但那次在堪萨斯市电台的经历却不算成功：电台经理让他去播一个火灾新闻，意思是按照稿子念就好了，但报纸记者的出身让他质疑这次火灾是夸大的，因此亲自去检查新闻源。他的判断无误，但却失去了工作，因为那个时代播音员真的就是念稿子的人。

他一生坚持着这种对稿子事实的检查，甚至后来在哥广的时候，每天要提前几个小时去改后台写好的稿子、甚至很多是亲自写就。1952 年他在两党全国代表大会主持的成功，就在于他能以一个专业新闻人的敏感和素质，来平衡报道各路记者发来的短消息，给观众以一个立体和完整的政治新闻，成了电视观众当时最依赖的新闻源。

更为重要的是他和同时代主播们理念的不同，他始终以通信社的"平衡"新闻伦理来要求新闻播报。他是哥广新闻巨擘默罗招聘进来的，而哥广其他的主播，都是默罗的门下子弟。但默罗老师的新闻理念是"传播良心"，按照我们熟悉的说法是"为弱势民众代言"，是一种有自由派政治倾向的新闻操作方式。通讯社（美联社、合众社）则需要卖新闻给不同政治理念的客户，必须平衡政治观点，不偏不倚。当美国的主播们都很亲自由派的时候，克朗凯特却努力以“平衡”的专业主义要求自我，自然得到了全国人民的喜爱——无论政治思想偏自由、还是偏保守。这个公认无党派思想的主播，一旦决定要对政治事件发言，就会产生一言九鼎的政治效果——当曾经是约翰逊总统朋友的克朗凯特，对着观众宣布越战失利的时候，总统对自己助手叹息道：“一切都完了。”

1981 年克朗凯特退休后，秉持默罗主义的丹 · 拉瑟接替了他，从“平衡”的主持方法，转向了“良心播报”，从此，三大电视网一路自由派下去，一直到 1996 年，保守派的 FOXNEWS 电视台才占领保守派的观众市场。美国电视媒体呈现出自由 / 保守对立，美国两个政治派愈发分裂起来，什么是“客观”的电视新闻也愈发没有共识。而克朗凯特的继承人丹 · 拉瑟的过度反战、自由派立场也让他自己的职业晚年蒙羞——因为不加辨析地播报布什总统逃避兵役的假新闻，他黯然告别主播岗位。

今天，在克朗凯特老东家“合众社”已经差不多死亡、年轻观众宁愿看搞笑政治节目读推特（Twitter）也不看三大的电视新闻的时候，众声喧哗，再有没有对新闻理解共识的可能。克朗凯特离我们而去，而那振奋国民、安慰国民的主播时代也随之结束了。

（作者系资深新闻人、哈佛尼曼学者）

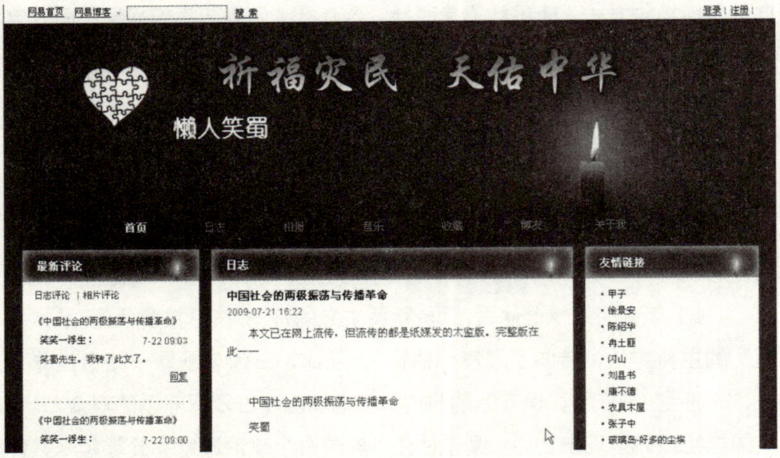

http://blog.163.com/xiaoshugaojian

市场化媒体的形象关系到国家利益

□笑蜀

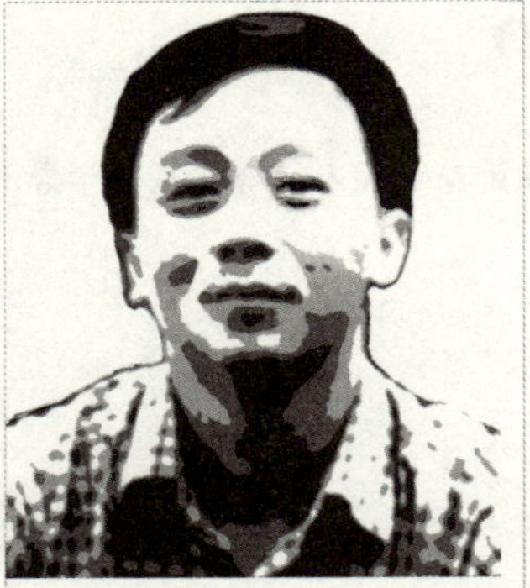

笑蜀

把媒体分成市场化媒体和官方媒体，这也是明显的中国特色。市场化媒体因为有读者的压力，有市场需求的导向，所以在新闻上更专业，在社会上更有信用。官方媒体则由于众所周知的种种束缚，不可能尊重传播规律，所以受众不广，这差不多已经是常识。以至于一些新派官员想借助媒体为自己做政治营销，也往往不找官方媒体，而是通过私人关系请市场化媒体出马。

国内的话语市场上如此，国际的话语市场上，官方媒体更是边缘，对这种边缘状况有一个很主流的评价，叫做西强东弱。西强东弱的现实终于被承认，这固然是思想解放的重大成果，但更关键的问题是，怎么改变？

在怎么改变这点上，下了很大的功

夫。功夫之一是财政投入，投入之巨大，官方主流媒体一时盆满钵满，人人喜上眉梢。

这是谁都知道的。但另一个比钱更重要的投入，知道的人就不多了，那就是政策的投入。细心的读者不难发现，近来官方主流媒体一反过去的低眉顺眼，突然间变得异常生猛。人民日报评论部在几起“跨省追捕”案中仗义执言，向着地方官员猛烈开火；瞭望杂志对瓮安、孟连以来的群体性事件的深度报道和评论，也表现出很高水准；中央电视台也前所未有地强化了新闻评论的力度。

官方媒体突然之间集体转身，而且转身的方向，都是更大胆，更专业，更尊重受众心理，更重视传播规律。这跟人们记忆中官方媒体的形象，完全大相径庭。这当然不可能是他们自己突然之间觉悟和能力齐齐提升了的结果，而是计划体制的作用，说白了，是政策上对他们特别敞开了口子，他们得到了某些特许权。

这种形势，跟经济上做强做大国企尤其是央企，具有同样的意义。做强做大国企尤其是央企，把产业高端优先向国企尤其是央企开放，把包括金融在内的优势资源优先向国企尤其是央企集中，这是一个行之已久且大见成效的公开的政策。必须这么做，国企尤其央企才可能在市场上立足，执政的经济基础才有充分保障。官方媒体近来在话语市场上的异军突起，跟经济上的国进民退其实出于同样的考虑，有着同样的意义。

这是不是进步呢？进步当然是有的，官方媒体汇入舆论监督的洪流，成了舆论监督一支新的生力军，对某些部门、某些地方政府来说，毕竟是多了一些制约的力量。比如几起“跨省追捕”案后来能有比较好的结局，就得益于人民日报评论员的出场；比如石首事件中地方政府能相对收敛，也得益于人民日报及其他官方主流媒体的说三道四。

不过，跟官方主流媒体的这种蒸蒸日上相比，原来总是在舆论监督中尤其在突发性公共事件中大出风头的市场化媒体，其传统优势越来越难于发挥了，在关键节点上失语的现象现在越来越普遍。比如最近的乌鲁木齐事件，市场化媒体的表现就乏善可陈，很多主流报章都只是简单地转引或汇总官方主流媒体的消息，没有自己的独家新闻，评论更是空白。

这正是当下中国媒体状况的一喜一忧。官方媒体并非无能，而是一直藏龙卧虎，只是体制障碍束缚了他们的手脚。现在对他们网开一面，让他们猛虎下山，无疑可以给中国新闻界增添很大活力。但市场化媒体的窘境则令人失望。在任何国家，真正有信用、真正能够代表国家到国际社会争夺话语权的从来都是独立的即民间的媒体。就此而言，独立的即民间的媒体的形象，肯定关系到国家形象；独立的即民间的媒体能否正常发展，肯定关系到国家利益。所以，在放开官方媒体的同时，怎么让市场化媒体能够充分发挥传统优势，平等竞争，这不是小事，这是真正的大局，需要认真对待。

（作者系南方周末评论员）

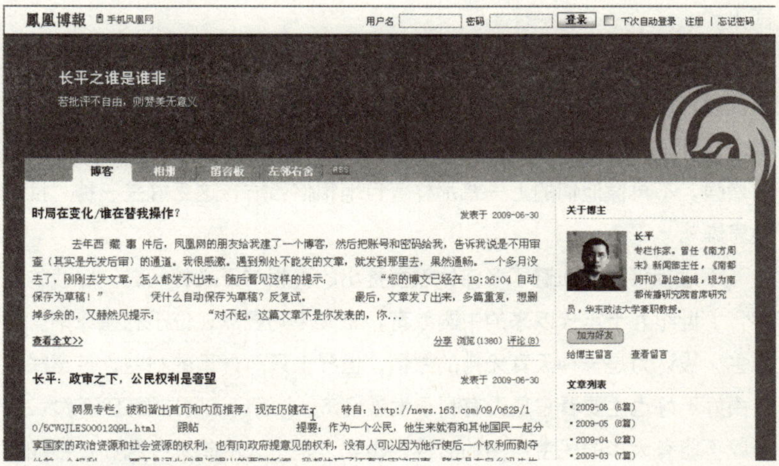

http:// zcping.blog.tianya.cn

也被耽误的二代

□长平

长平

波士顿大学新闻学教授安妮·多诺休在《基督教科学箴言报》发表了一篇文章，直言不讳地表达了她在人民大学执教半年之后的沮丧情绪。她说中国新一代学生不关心历史真相，也不关心民主自由，缺乏批判性思维，只知道物质利益。“你可以有你的古琦包，但是别过问正义”。

我当面听见一位美国汉学家说，中国新一代让他深感失望。这位汉学家挚爱中华文化，视中国为第二故乡，为推动中国的进步鞍马劳顿，这话让听的人都有些伤感。

这些美国教授接触到的中国青年，其实多是知识上的“富二代”。他们也怀着“三代出贵族”的期待，其失望乃至愤怒的心情，堪比目睹杭州飙车案的国人。

《联合早报》评论员杜平先生对多诺休教授的沮丧不以为然。他撰文反驳说，这是一种典型的美国人居高临下的傲慢语气。中国年轻一代没有革命、斗争和动乱的成长记忆，他们眼看着国力大幅提升，民族自信心空前增强，不再像他们的上一辈那样盲目地相信西方，这正好是一种“批判性思维”。

不过杜平先生回避了多诺休教授提出的真相与正义的问题。以我的观察，上世纪九十年代以来的中国教育，正义原则显然让位于利益原则。理想主义被认为是一种天真无用的激情，世界上只有永远的利益，甚至民主自由好不好也主要看它是否有利于发展经济。当他们认同中国还不够发达，所以不能有太多的民主自由的时候，事实上是把人的基本权利和金钱捆绑在一起。

其次，多诺休教授所感叹的批判性思维缺失，主要指的是听她课的新闻系学生，在对待有明显信息屏蔽的历史和现实问题上，也没有丝毫的怀疑精神。杜平先生置换为中国学生和美国教授的关系，显然是转移了话题。这让我想起一个笑话：一个美国记者对一个苏联记者说，我们有跑到白宫去骂里根总统的自由。苏联记者回应说，我们也有跑到克里姆林宫去骂里根总统的自由啊。

这并不意味着，我完全赞同多诺休教授的看法。上一代人从小所受的教育，是强调理想主义和正义原则的，但是其中充满了谎言。物质主义盛行也可以视为对这种教育的反叛。但是，这种矫枉过正行为的对象，应该是有“枉”的事实存在的这一代，而不是清白无辜的新一代。

在影响青年思想的因素中，教育是一回事，资讯又是另外一回事。八十年代的大学生，在上大学之前，其实要比现在的青年听话多了。他们之所以突然叛逆起来，就是因为西方文学、哲学和政治读物汹涌而来。现在的青年，尽管在求学阶段时间都被高考占用了，但是资讯的大门并没有像以前那样关闭，因此他们不会甚至不屑于震惊和顿悟。

不过我相信，只要假以时日，他们也会清除掉杂草，生长出思想来。从这个意义上说，他们跟父辈一样，也是被耽误的一代。

（作者系南方都市报传媒研究院首席研究员）

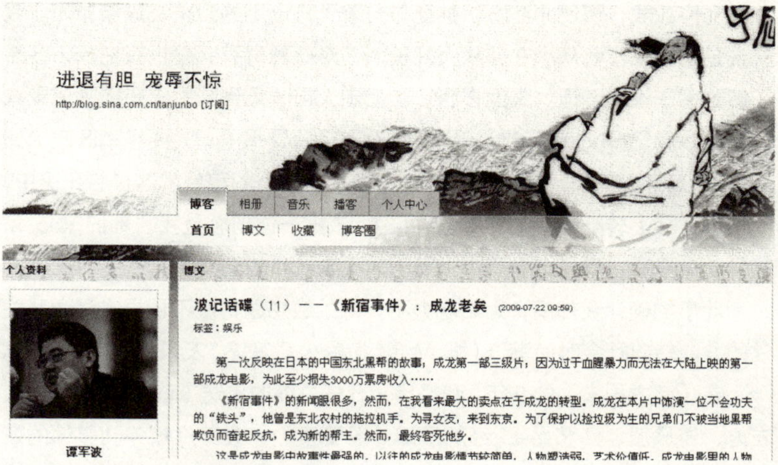

http://blog.sina.com.cn/tanjunbo

新闻理想与报业梦想

□谭军波

谭军波

我曾经是个“愤青”。

我曾经豪情万丈，认定可以通过自己的笔匡扶正文，伸张正义，针砭时弊，拯救社稷。所谓“铁肩担道义，妙手著文章”。我也曾天真地以为媒体是“第四种权利”，是“社会公器”。

《南方周末》是满怀新闻理想的青年记者热血贲张，跃跃欲试的地方。

我曾经与朱德付、陈朝华深入广州火车站广场调查，曝光了这里偷抢成风无人理、黑车黑旅馆乱拉客，高价电话欺客等等乱象黑幕。文章名为《阳光下的阴影》，发表于九十年代初的《南方周末》“人与法”版。可惜，文章作用有限，车站“涛声依旧”，阴影仍在。

我曾经写过《红绿灯下，谁是老大》一文。调查在广州的军车不遵守交通规则，乱停乱放，随便冲红灯，甚至与交警大打出手的现象及深层原因。我父亲是老军人，我从小在部队大院长大，对此题材有兴趣也有把握，容易了解到军车横冲直撞的来龙去脉，加上满大街收集到的军车违规的记录铁证如山，我觉得文章应该没问题。然而到了领导那里，说要经军区政治处审稿，命运可想而知：枪毙。费了九牛二虎之力采写的稿件就这样胎死腹中，气不平。马上转给南京的《服务导报》，该报一位副总是我"哥们"。文章在异地见报后，据说也受到南京军区的不满，我的朋友因此还受到批评。

此事的确让我郁闷，之后吃力不讨好的敏感题材我不敢再碰了。我关注的方向转向社会时尚潮流（如 AA 制、搬家公司等等）及风花雪月的内容。

在《南方周末》的 9 年，我经历了 5 任总编的更迭（赖海晏、李孟昱、左方、游雁凌、江艺平）；经历了因《袭警察》一文差点被停刊整顿的茫然与困顿；经历了屡次被上级批评写检讨的事件。一位领导曾对我说，什么样的检讨都写过了，如果出一本书会很厚很有价值。

1995 年 10 月我调任《南方都市报》副主编。作为一张追求新闻理想的报纸，同样遇到不少挫折。第一任总编关健由于一张猪的照片，引发宗教纠纷，郁郁离开总编岗位，直至患癌症早逝。《南方都市报》报道的轰动一时的"孙志刚事件"虽然促使中国收容制度的改变，但同时也带来了我的一批老领导老同事的噩运。

经历的事儿越多我越发明白，一个想彻底追求所谓新闻理想的记者是痛苦的。无法彻底实现新闻理想，还是可以践行报业梦想的。

我理解的报业梦想，即通过规避触碰"高压线"新闻题材，走民生、服务、贴近之路制作产品，找到读者的认可与市场的卖点，从而使报纸安全生长，继而做大做强，养活一批兄弟姐妹的理想。

于是，我提出衡量报纸好坏的标准是发行的观点。因为报纸不是用来自我欣赏的，不是办给专家、领导看，指望他们叫好的，而是用来销售给读者的。发行量大则广告多，广告多才能支撑报纸办下去。所以，市场是检验报纸好坏的唯一标准。朱德付很认同我的观点，他说得更绝：今天的报纸多卖一份，说明今天的报纸比昨天好。反之，今天报纸比昨天少一份，说明今天的报纸比昨天办得差。

《京华时报》实现了我们的报业梦想。它从一株小苗迅速成长为一棵大树，养活了二千人。当初和我一起北上京城办报的小兄弟都从中受益。

如今，我在《东莞时报》又在重复《京华时报》的旧梦。

（作者系东莞日报社副社长、东莞时报总编辑）

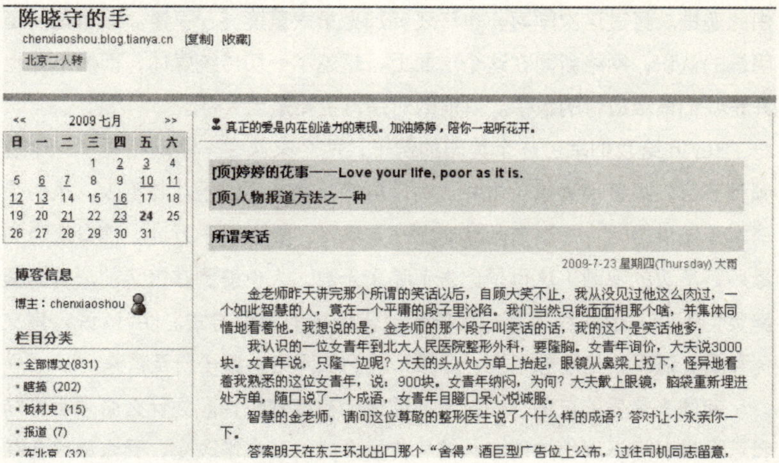

陈晓守的手

chenxiaoshou.blog.tianya.cn [复制] [收藏]

北京二人转

<< 2009 七月 >>

日	一	二	三	四	五	六
			1	2	3	4
5	6	7	8	9	10	11
12	13	14	15	16	17	18
19	20	21	22	23	24	25
26	27	28	29	30	31	

博客信息

博主：chenxiaoshou

栏目分类

- 全部博文(831)
- 瞎搞 (202)
- 板材史 (15)
- 报道 (7)
- 在北京 (32)

真正的爱是内在创造力的表现。加油婷婷，陪你一起听花开。

[顶]婷婷的花事——Love your life, poor as it is.

[顶]人物报道方法之一种

所谓笑话

2009-7-23 星期四(Thursday) 大雨

金老师昨天讲完那个所谓的笑话以后，自顾大笑不止，我从没见过他这么肉过，一个如此智慧的人，竟在一个平庸的段子里沦陷。我们当然只能面面相那个啥，并集体同情地看着他。我想说的是，金老师的那个段子叫笑话的话，我的这个是笑话他爹：

我认识的一位女青年到北大人民医院整形外科，要隆胸。女青年询价，大夫说3000块。女青年说，只隆一边呢？大夫的头从处方单上抬起，眼镜从鼻梁上拉下，怪异地看着我熟悉的这位女青年，说：900块。女青年纳闷，为何？大夫戴上眼镜，脑袋重新埋进处方单，随口说了一个成语，女青年目瞪口呆心悦诚服。

智慧的金老师，请问这位尊敬的整形医生说了个什么样的成语？答对让小永亲你一下。

答案明天在东三环北出口那个“舍得”酒巨型广告位上公布，过往司机同志留意，

http://chenxiaoshou.blog.tianya.cn/

网络歹毒

□陈晓守

陈晓守

在汕头大学研修“融合媒体”7天，孙大牌和李怪雨的心，拨凉拨凉的。他们服务的媒体，或许马上会成为产业链上的最末端，流水线上的工人，注定是被资本压榨的对象。

今天JLP还问我，认识的朋友去了网络的，感受好不？唉哟，好得不行，我说，个个跟打了鸡血似的，见了我爱理不理，几乎众口一辞：触了网，再也不想回到传统媒体。我还告诉她，给我们上课的Kevin，从前也在纽约州一家电视台，我们问他，还愿意回到电视台吗？回去干嘛？Kevin的回复引起笑声一片。

上次黄妃红问我关于新闻的事，我的答案里对新闻五个境界的表述为：真实，客观，有价值，有趣味，有情怀，

由此递进。经过这次学习，也许还要加上第六重境界：歹毒。这也是同窗明磊的认识，网络新闻在这个层面上，超越了一切传统媒体，而庸俗化也许是我们最难应付的敌手。以前的对手，主要是老大哥。

Kevin给我们举过一个美国的例子，两个家伙在一家网站弄了一个视频类节目，喝着啤酒纵论市井江湖，自然政治街区娱乐八卦不少，风格是一本正经讲怪话，却诙谐幽默而富一定深意，受众以千万计。信口胡诌到最后，桌边的啤酒（这也是广告）喝了无数，人也醉倒在镜头前。真醉假醉我们不知，形式和内容却都符合现代传播的接受方式。Kevin说，窦文涛和梁文道现在还迷恋电视，如果丫俩拥抱网络，银子纷至沓来。

新闻人最后的自信，在技术面前或会被彻底打掉。凭什么必须听你向我汇报难以辨识真伪的消息，信息传播方式的革命性改变，受众最终会在第一时间与核心信息源取得一对一的联系。比如Twitter啊饭否啊，还要你干嘛，灌输世界观啊？我前进的动力是想让自己幸福感更强烈一些，迅速愉快地多知道一些事儿，底线是不被蒙蔽——这也应该是我的自由吧！

http://www.mappedup.com/，老师让我们看看这个网站。http://labs.digg.com/swarm是另一种方式，每一条消息出现的时候会有空间上的联系，现场发生的新闻，并且表明新闻和新闻之间的关系，相互粘合。它对新闻的组合方式进行了革新，以流量和回贴率重新排列新闻，且时时都在更新，可以看到读者的反馈和即时发生的新闻之间的联系。比如，http://labs.digg.com/swarm/stack/，你还可以随时看到顶帖的速度和它的回馈量。这些网上工具因为有了互动，能量剧增。

回到中国，传统媒体的数字化尝试，还鲜见成功者。大洋网？财经网？看来还需要时间。事实上纽约时报的数字化转型也同样艰难，前一段我还在饭否上感慨：就内容制作而言，给我的感觉是，比做纸媒更辛苦更琐屑更花里胡哨更80后，可这是大势所趋啊，比如他们对于视频短片的制作、精美图表的投入都大得令人咂嘴。去年的获奖作品，“美国大选”那一期，他们如此全方位报道，够精细琐屑吧：http://www.nytimes.com/packages/html/polics/2008-election-overview/，是呆惯了安逸闲适的传统纸媒的这群大爷们愿意干的活儿吗？

nytimes, wspost，wsj现在走在最前面，盖因为他们受到的挑战最大，事实上电视台也有危机，美国的电视台们也在改变讲故事方式，他们在自己的网络上，让图像与文字、图表得到更有趣的配合，更受欢迎。奥运会期间，一家电视台的视频网站上，每一项体育比赛都有各种繁复的图表和资讯的配合，当时把其他媒体都吓了一大跳。

一些地方报纸怎么减薪裁员可能都没希望了，因为创新的机会已经错过。即便“央视国际”，光放一些视频在网络上也是没什么出息的，他们无法给受众一个特别的体验。平媒的总编们抓破后脑勺，每天都在思量如何让读者在自己的版面上多停留一会儿。可是可是，现在的读者接受新闻的习惯已经和十年前完全不一样了，新闻的制作文化也一定会转型，小到媒体内部都会有反应，看看西方的新闻编辑室生态，这里已经不是一个个房间了，而是饼状的环形的，各种作业区环绕着一个内核进行交流。英国的每日电讯已经有这种样式：总编坐在中间，不同的部门主任坐在周围，这些和以前的垂直分工完全不同，而是平面合作状态。

何谓新？何谓旧？其实无所谓形式，关键在创新能力，创造力才是媒体革新的根本。我想，新旧媒体经济的最大区别，是不是内容经济和连接经济的冲突呢？我这样给你解释吧，得到连接之后，在 google 上排名靠前，会不会获得最大的价值呢？傻了吧，你不得不承认，免费转载居然是一种得到，而不是失去。呜呼。

（作者系中国新闻周刊副主编）

南方人物周刊封面报道呈现方式研究

□刘根勤 杨艾莉

刘根勤

创刊于2004年6月的《南方人物周刊》以下简称"《人物》"是继《名牌》后，《南方周末》报系出品的第二份杂志。秉承南方周末"记录时代进程"的品牌理念，《人物》将自身的办刊理念定位为"记录我们的命运"。

《人物》没有和同类新闻杂志一样选择事件为切入口，而是提供了另一种新闻呈现方式：将事件中的人物推到前台，以人物为线索解读事件。这样一来，读者的理解力成本就大大降低了。毕竟，事件的内容是通常是庞杂而多维度的，有血有肉的"人"在事件中的故事却更加具体可感，线索明确。

《新周刊》主编封新城曾说过，杂志有两张"脸"——封面和封底，封面是体现杂志内容价值取向与自我定位的"脸"。那么，《人物》的封面体现的即是"记录我们的命运"。

本文拟从《人物》封面分类的角度，探讨其封面内容的呈现方式。

一、《人物》封面类型

（一）单个人物类型

单个人物封面是最为普遍的一种类型。在单个人物的选取上，人物的新闻性尤为重要。"新闻性"包含两个方面。一是时效性，比如：张维迎在北大惹出争议，潘石屹上市了，姜文没有问鼎威尼斯等。此时，《人物》

将这些正处于舆论风口浪尖的人物做成封面体现的正是新闻杂志对社会时事的关注。

而另一种“新闻性”在于人物在公共视野中的价值，比如：靠网游发家的朱峻，或 CCTV 的白岩松。这样的人物，公共关注度较高。《人物》用一种较为恰当的方式，将他们呈现给读者，使读者对他们有更为全面的了解。

（二）集体人物类型

1. 榜单式集体人物

《人物》每年有两次评选活动：“中国魅力榜”、“青年领袖”。正如其副主编徐列所说，它尝试用一个概念来纳集人物，用捆绑式来形成影响力，用人物榜来推广其理念。经过几年的发展，这两个榜逐渐形成了自己的品牌与影响力。但专业人士指出，这样的榜单必须少而精，频繁地推出反而会失去其意义与价值。

“中国魅力榜”延续了《人物》以人物为线索的新闻呈现方式。从政府官员到商界、社会知名人士、体育界、娱乐界、学者等，均有涉及。通过展现 50 位魅力人物过去一年的故事，勾勒出当年社会的发展轨迹。

2. 事件式集体人物

“榜单式集体人物”是通过一些共同的特征（“魅力”、“年轻”、“领袖气质”）被纳集到一起，而“事件式集体人物”中，这些人物本身并不具知名度，人物之间也没有关联性，只是他们拥有共同的经历，他们的命运被这样的事件所影响。

对他们命运悲喜的呈现，不仅是对整个事件进行回顾，更是再现事件中的群体命运。

二、封面内容的呈现

在“榜单式集体人物”中，以《2007年中国魅力榜》和《2008年我们时代的青年领袖》两期为例，分别呈现了50位和12位人物。其中“魅力榜”共花去40页篇幅，为所有封面类型中最多。但是，囿于篇幅和采访的限制，“魅力榜”中，每一个领域，如政界、商业、体育、文化等，均只有一篇记者的采访报道，其他更多的只是人物大幅照片配以少量概述性文字。

一个有趣的现象是，从2005年的“中国魅力榜”评选开始，《人物》的封面设计也在不断变化：2005年是一个巨大的“50”字样，2006年是中国版图轮廓，而到了2007年，则是一扇厚重的朱红色大门。这样的变化让人感受到了杂志的历史感与使命感不断增强，榜单的厚重感与权威性也更加凸显。它要做的不是单纯的人物罗列工作，而是一张更加彰显杂志人文关怀与社会价值的榜单。

在“青年领袖”一期中，《人物》对每一位获评的青年领袖进行了较为丰富的报道，并且颇具创新地设置了同题问答。通过设计的问题，如“对自己的现状满意吗”、“在你的专长领域之外，你对这个时代有什么话不吐不快”、“怎么理解责任？责任、权利和个人自由，最看重哪个”等，读者既深入了解青年领袖的内心世界，又可对不同领域内青年领袖的精神状态做一横向比较。

由于“榜单式集体人物”封面每年为固定的两期，而《人物》更多的封面是“单个人物”和“事件式集体人物”。在此，选取2007年13期到24期，共12期杂志进行研究。

在这12期中，正好有6期“单个人物”封面和6期“事件式集体人物”封面。由此可以看出《人物》在其封面呈现上寻求一种形式上的平衡，两种封面类型的不断转换，让这张杂志的“脸”在读者面前保持新鲜感。

在封面报道占总页数百分比上，以占整本杂志页码10%—20%的期数最多，达到7期。2007年《人物》尚未提价，每期页码总数为80页（除个别特辑外），封面报道则多维持在15页左右。

《人物》对单个人物的呈现，体现了杂志在深度解读上的优势。这些单个人物和他们身处的事件，或许只是报纸的一条消息、一个版面。相对而言，报纸做的是一个“点”，而《人物周刊》提供的是一个“面”。

但《人物》提供的又不是绝对的“全面”。以第19期白岩松封面为例。作为公共人物的白岩松，他可讲的故事很多。《人物》抓住了白岩松作为普通人的一面——他的性情与生活细节。更重要的是，《人物》以20年中国新闻改革历程为线索，通过对一个“人”的故事的讲述，发掘其背后深远的时代精神。整个报道中，不断对白岩松如何在体制内找到自己的生存方式进行探寻和追问。这时，白岩松个人的故事就代表了一批新闻人的故事。

“事件式集体人物”较有代表性的封面是第13期《高考三十年》和第14期《香港北上》。《人物》选取的报道时间通常是纪念性的时刻：《香港北上》在香港回归 10 周年前夕，《高考三十年》是在恢复高考三十年时。在这些具有纪念意义的时刻，国内新闻类周刊应该都会做这样的选题，《人物》也抓住自身的定位——“重新打量每一个生命”，以人物化的呈现方式对事件进行回顾，引起读者的共鸣。

在《高考三十年》中，《人物》呈现了两类群体：北大中文系 77 级、云南知青，以及与之相对比的当代在校大学生。同时兼有对当前高考制度的反思，对教育专家的访谈。

《人物》在处理这样的封面报道时，并没有简单地罗列几个人物。而在内文一侧，同时对事件进行回顾与梳理。相当于读者有了两条线索：事件中的人物和事件的脉络。这样交叉，避免了阅读的单调与重复之感。

三、概念先行还是内容先行？

1923 年创刊的《时代》杂志，创造了一种新的新闻文体——封面故事（cover story）。这使大部分新闻类杂志的封面淡化了宣传整本杂志的作用，而集中于配合封面故事。同样，作为一本人物类的新闻杂志，《人物》的封面人物也就是“封面故事”的一个由头。

通过之前分析可以发现，封面报道在《人物》中占有较大篇幅，从十几页到四十页不等。这足见封面报道在这本杂志中举足轻重的地位。

“单个封面人物”类型，以一个人为主线，所有报道都围绕着他或她来展开，同时兼有访谈、评论等形式，因此内容饱满、有

深度。但也应看到，从每年的“榜单式集体人物”，到各种纪念时刻的“事件式集体人物”封面，《人物》都将重点放在了概念的整体推出上。

以近期出刊的《30年企业思想家》为例。经济话题成为最近的一个热点，从三鹿事件到百度竞价排名，人们开始重新审视“企业”和“企业家”这两个概念。《人物》恰逢其时地推出“企业思想家”封面，名为“回顾”，实则透射出一本新闻类杂志对当下社会的深切关注。

然而，在本期封面报道上，多达10位的企业家被统摄在“企业思想家”的概念下，再加上概念策划（本期首先花去了4页的篇幅对“企业思想家”这一概念进行了阐释），仅仅25页的篇幅中，要对每个人的内容进行深入挖掘则成了一件难事。

整个专题中，除最后一篇评论性的《那些消逝的企业家》对企业家良知和社会责任的拷问显得较有分量外，10位企业家的报道在内容上乏善可陈，更多只是将他们个人和企业发展历程中与“企业思想家”有关的关键点提取出来，加上小标题。

此后一期，则是以黄光裕和刘永行为封面。作为胡润百富榜首富的黄光裕，他出事成了媒体连日来竞相跟踪的一个热点话题。但由于其特殊的身份，没有任何媒体能够采访到当事人。《人物》采取了一个“讨巧”的做法，采访刘永行——福布斯富豪榜榜首。两个不同富豪榜榜首，不同的致富之路，如今迥异的境况，就成了新一期《人物》的封面。

黄光裕是整个新闻事件中的核心人物，本应进行更着重的报道。但《人物》却将重点放在了与刘永行的“对比”上，而没有真正深入细致地探究黄光裕出事的原因、黄光裕的资本操作手段、其公司内部的治理结构、公司面临危机的发展等问题，这不得不说是一个遗憾。

“概念策划”作为杂志的三大利器之一（另外两个是深度报道和视觉冲击力），现在愈发成为杂志一项重要的竞争力，因此着重于“打概念”本无可厚非。但如果过多流于概念，而忽视了内容则是得不偿失。

封面报道只有概念或只有人物，都难以满足读者需求，《人物》需要在其中找到一个平衡点，既要让读者清晰了解概念，又要做好内容上的深入挖掘工作，而不能为了概念去做人物，将人物牵强附会进去。

（作者刘根勤系中山大学传播与设计学院院长助理，杨艾莉系该学院学生）

业界资讯

[2009.6–2009.7]

●南方报业

南方报业成为广州亚运会首家签约平面媒体

7月13日，南方报业传媒集团、凤凰卫视有限公司与第16届亚运会组委会在广州举行合作签约仪式。据悉，这是广州亚组委首次与媒体签署全面合作协议。广州市市长、广州亚组委副主席兼秘书长张广宁表示，签约充分显示了南方报业的雄厚实力。

南方报业“联姻”深圳大运会

6月23日，南方报业传媒集团与2011年世界大学生运动会深圳执行局签订合作协议，南方报业传媒集团成为深圳第26届世界大学生夏季运动会首家官方合作媒体。据悉，南方报业将投入数千万的公益广告，以及价值上亿的版面，对深圳大运会进行充分报道。

南方报业四媒体品牌价值逾158亿

6月16日，世界品牌实验室对外发布了2009年《中国500最具价值品牌》排行榜，入选榜单的传媒业品牌51个，其中9个来自广东。南方日报、南方周末、南方都市报、21世纪经济报道4品牌来自南方报业传媒集团，品牌价值合计 158.63 亿。广州日报的品牌价值为 72.26 亿元，连续第五年紧随人民日报、参考消息之后，位列中国报业第三位。

杨兴锋获评“中国十大传媒经营管理人物”

6 月 8 日，由传媒杂志社等单位共同主办的 2009 中国传媒产业经营管理论坛在上海召开。揭晓了 2008-2009 年度“中国十大传媒经营管理人物”等 14 项年度大奖，南方报业传媒集团占得 3 席，其中社长杨兴锋获评“中国十大传媒经营管理人物”，南都周刊传媒股份有限公司获“中国十大最具投资合作价值传媒产业公司”，21 世纪经济报道获“年度中国专业报经营管理十强”。

提升新闻品质南都推系列改革

6 月 25 日，南方都市报和广东电台合办“南都视点 · 直播广东”开播，该节目将在广东电台新闻频道以普通话每天播出，覆盖全省。7 月 1 日起，南方都市报逢周三推出《深度周刊》专刊，由重磅、新史记、纵贯线、深绿、记录、亮相、科学等板块组成。7 月 6 日，南方都市报广州读本改版并扩版，以广州为本，加强了服务性，言论性，互动性内容。

南都鲜橙互动变身 SNS 网站

7 月 20 日，改版后的南都网正式上线，推出 8 个特色交互组件，包括文章、图片、保鲜盒、专题、活动、投票、群组、好友等。南都网这次改版主要是推出鲜橙互动平台，是南都网从原来的 Web1.0 数字报形态向 Web2.0 互动型新闻门户网站转型的第一步。

南都记者东莞采访遭野蛮围殴

7 月 8 日，南方都市报摄影记者陈奕启、实

习生张浩洋与广州日报记者卢政，在大岭山镇信立农批市场采访一起跳楼事件时，遭遇该市场工作人员及治安员殴打，两部相机被抢走。事件发生后，省记协严厉谴责对记者的施暴行为，呼吁有关部门严肃处理。9 日东莞市委宣传部、东莞市记协、大岭山镇政府均表示高度关切，慰问受伤记者，并称将协调警方尽快调查处理。

●新兴媒体

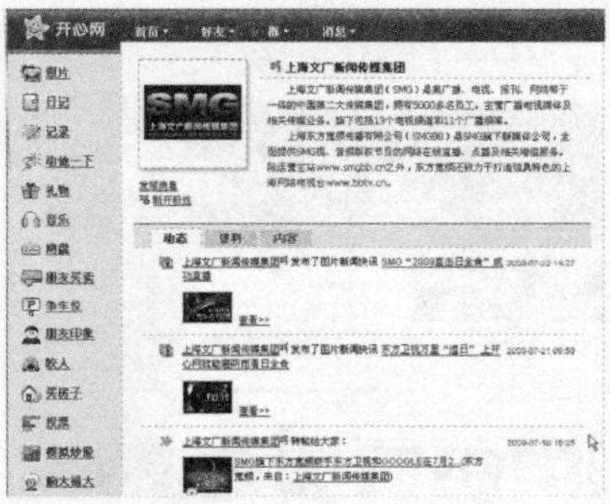

传统媒体纷纷落户 SNS 网站

6 月 15 日，新华社电视作为中国第一个落户 SNS 的机构用户，进驻开心网。随后，新浪头条、中央电视台经济频道、北京晚报、北京晨报等纷纷进驻开心网。7 月 1 日，上海文广新闻传媒集团率领旗下东方卫视、第一财经、新闻综合、ICS、星尚、纪实频道、新娱乐、五星体育、艺术人文等 9 个电视频道及广播频率动感 101、Love Radio 和上海交通台 3 个广播频道，全面进驻开心网，成为全国首家落户 SNS 网站的传媒集团。

中国手机上网用户达 1.55 亿

7 月 16 日，中国互联网络信息中心（CNNIC）发布《第 24 次中国互联网络发展状况统计报告》显示，截至 2009 年 6 月 30 日，我国网民规模（3.38 亿）、宽带网民数、国家顶级域名注册量三项指标仍然稳居世界第一，互联网普及率稳步提升。受 3G 业务开展的影响，使用手机上网的网民也已达到 1.55 亿，占网民的 46%，半年内增长了 32.1%。

神帖“贾君鹏你妈妈喊你回家吃饭”蹿红

7 月 16 日上午，一名 IP 地址为“222.94.255.*”的匿名网友在百度“魔兽世界”贴吧里发布一则题为《贾君鹏你妈妈喊你回家吃饭》的帖子，帖中没有内容，只有“RT”（“如题”）两个字母。一天内吸引超450万网友集体围观，跟帖人数逾30万，直至该帖被锁无法再回复，被网友称为当今网络第一神帖。中国青年报评论称，探析那些热心于回帖的人，他们并没有明确的目的，只有消遣的快乐，甚至连消遣都算不上，他们只是无意识地被一种力量裹挟了进去，这种力量或许就是“无聊”；荆楚网评论称，群体无意识的狂欢背后，还隐藏着精神的空洞与荒芜。

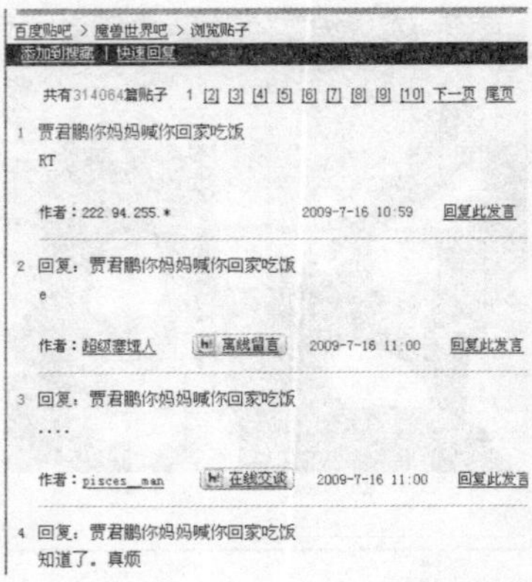

全球第一家财经语音直播平台开通

据中国金融网7月13日消息，全球第一家财经语音直播平台——中国金融之声于近日正式开通，中国金融之声由中国金融网、金融网、世界能源金融网、西北网联合建设，以金融+能源为定位，以热点财经新闻信息为主要内容。中国金融之声的语音信息除通过点击网络域名直接收听外，还被植入中国金融网、金融网、世界能源金融网等相关大型门户网站页面，自动播报当日最新财经信息，节目本身不与信息浏览发生冲突。

最大中文手机交友网彩蛙网涉黄被封

据东方早报7月16日报道，日前，最大中文手机交友网站彩蛙网被上海公安机关查封，一度在中文WAP界极为高调的上海彩蛙信息科技公司CEO盛习松及6名涉案员工被批捕。据悉，彩蛙网月点击数达千余万，每月访问手机数量达200余万台。

新一代手机浏览器“GO”发布

6月23日，国内最大的无线互联网门户网站3G门户正式发布其最新研发的手机浏览器“GO”。据介绍，在浏览WAP网站时，“GO”的速度要比此前的浏览器提升20%左右，浏览WWW网站时“GO”

的速度提升能达到 50％至 100％，甚至不需要提前预读网页。

Discovery 频道借百度进入网络领域

7 月 28 日，拥有 1.4 亿观众的 Discovery 探索频道宣布借百度平台开通中文官方网站 Discovery.baidu.com，同时进入网络视频领域。双方将探索从增值服务到贴片广告等诸多商业模式，同时对广告收益进行分成。这是百度首次承建其他品牌的网站。

新华社户外多媒体终端工程在浙江启动

6 月 19 日，新华社浙江分社在杭州举行了“新华社户外多媒体终端”工程建设的启动仪式。该终端以全媒体的运行理念为引领，数字化的创新技术为支撑，是一项基于新华社各种新闻信息产品形态及传播形式（含文字、图片、音视频等）的全天候、立体化、综合性多媒体发布系统，将出现在浙江省城乡的街道、广场和加油站等公共场所。

●传统媒体

人民日报扩版

7 月 1 日，人民日报由原来的 16 个版扩为 20 个版。 并计划将原驻国内国外 72 个记者站改设为分社。

《新闻联播》编播方式调整未出现会议新闻

重庆晚报 7 月 31 日报道，中国收视率最高的新闻节目《新闻联播》，30 日在编播方式上进行了部分调整——加入了本台短评，而会议新闻则未在节目中出现。央视新闻中心对外联络人梁蕊妮接受记者专访时表示：“《新闻联播》的变化只是编播方式的尝试，不能称作改版。”

新京报告浙江在线侵权陷入僵局

7月17日广州日报报道,受众媒体关注的《新京报》诉浙江在线网站未经授权转载大量该报享有著作权作品，索赔200万元一案，似乎陷入了僵局，开庭时间悬而未决。这厢新京报大呼，“我们也想知道什么时候开庭”，为此事，他们已两下杭州，与2006年起诉tom网站一样，态度坚决。那方，浙江在线满腹委屈，“媒体网站之间交换使用稿件，是大家基本认可的不成文惯例，新京报此举实在有些不合情理”。

央视起诉六家视频网站162次侵权

据7月24日北京日报报道，央视下属公司中国国际电视总公司日前提起162件诉讼，把酷溜网、六间房等知名视频网站分别告到北京西城、海淀等法院，索赔1620万元损失。这是目前国内法院受理的最大一批网络视频侵权案件。

内地民营资本首次进驻美国传媒业

7月15日，松联国际传媒和天星传媒联合购得美国洛杉矶天下卫视华语电视台，天下卫视总部位于洛杉矶，是目前惟一一个母台在美国本土的24小时全天候中文电视频道。据悉，这既是中国内地民营资本在美国的第一家电视台，也是内地民营资本首次进驻美国传媒业。

中国西京集团收购英国卫星电视台

中国西京集团董事长叶茂西表示，西京集团于7月1日签署了收购英国数字卫星电视台Propeller的协议。西京集团有关负责人马红霞表示，Propeller将播出英语和中文节目，旨在向西方观众介绍中国，纠正西方媒体对中国的偏见和不完善报导。

“躲猫猫”“绿坝”等入选主流报纸十大流行语

7月20日，国家语言资源监测与研究中心平面媒体分中心、北京语言大学中国新闻技术工作者联合会、中国中文信息学会联合发布2009年春夏季中国主流报纸十大流行语。其中，文化教育类十大流行语的分别是：文怀沙、绿坝－花季护航、罗京、《南京！南京！》、文理分科、繁简之争、《国家》、世界读书日、学术不端、高考舞弊案。社会问题专题十大流行语依次是：躲猫猫、满文军、许宗衡、徐梗荣事件、瘦肉精、嫖宿幼女案、邓玉娇案、罗彩霞事件、成都公交车燃烧、“5·7”交通肇事案。

报人因“经营提成”入狱获平反

南方周末6月18日报道，新华社河北分社原副社长师学军因“经营提成”问题入冤狱逾6年获平反。今年4月23日，经六年半四次判决后，石家庄中级法院最终认定“师李”(“师”指师学军，新华社河北分社原副社长、总经理，兼分社下属人物周报总编辑；“李”指李玉卉，原人物周报主管经营的副社长）按规定提成创收经营收入乃是正常职务行为，“师李”重获自由。

央视三档节目同时曝光Google涉嫌色情

6月18日，中央电视台《新闻联播》对“谷歌中国”含有大量淫秽信息进行了报道；随后，中央电视台《焦点访谈》再以“‘谷歌中国’色情链接遭谴责”为题进行了专题报道。最后，《新闻1＋1》又以“谷歌，色戒”为题再次做了报道。这是央视首次以《新闻联播》、《焦点访谈》、《新闻1+1》三档节目密集火力同时报道同一事件。

“国嘴”罗京病逝

中央电视台著名播音员罗京因患淋巴癌医治

无效，于6月5日病逝，终年48岁。据悉，央视已追授予罗京“中央电视台优秀播音员、播音主持艺术家”称号。

●新闻管理

总署称今年全面启动经营性报刊转企改制

6月30日，新闻出版总署新闻报刊司司长王国庆在接受人民日报记者专访时透露：今年要全面启动经营性报刊转企改制，并研究确定公益性报刊的分类标准。下半年，将在全国实施报刊评估退出机制。同时，鼓励社会资本，主要是国有大型企业参与出版传媒企业的股份制改革。

绿坝暂缓部署

6月30日晚，工信部发布消息，指因一些企业提出工作量大、时间仓促、准备不足，根据实际情况，推迟预装“绿坝—花季护航”。据悉，5月19日，工信部下发文件，要求从今年7月1日起，凡在境内生产、销售的电脑都要预装“绿坝－花季护航”绿色上网过滤软件的最新适用版。尽管工信部表示这款软件并非强制安装，可以自由卸载，也并没有限制言论自由的功能，但仍引起了相当多的争议。

商务部：新浪分众案尚未立项

7月16日，商务部表示，新浪分众并购案已经达到了经营者集中的相关申报标准，由于申报材料未满足有关条件，该案尚未进入立项审查阶段。新浪分众的并购案被认为可能具备垄断行为的风险，因此必须先通过反垄断审查才能正式立项。据相关人士介绍，这个被称作互联网行业最大的一宗并购、建成后仅次于央视的“媒体王国梦”或将就此烟消云散。

昆明规定官员干扰阻碍媒体监督将被问责

7月26日，昆明市政府网站发布《昆明市预防职务犯罪工作条例（征求意见稿）》，其中规定，国家工作人员有干扰阻碍媒体依法监督等八项行为的将被问责。

●海外媒体

纽约时报增强网络服务允许新闻先上网再印刷

据国外媒体报道，纽约时报于7月2日宣布，纽约时报将许可其合作媒体把时报新闻内容首先发布在网络上，包括新闻、照片等内容。此前，纽约时报新闻服务曾要求合作媒体首先将内容发布在印刷版上，然后才能出现在网络上。纽约时报一位女发言人表示，之前的限制并未招致抱怨，此举是为了给顾客提供更多价值。

韩国实施网络实名制

从6月28日起，韩国的35家主要网站将按照韩国信息通信部的规定，陆续实施网络实名制。按照这一规定，今后网民在韩国主要网站发布信息必须先接受身份验证。韩国推出这一规定旨在减少网上不良信息，促进网民对网络行为负责。

法国政府掏钱帮年轻人订报纸以挽救报业

据台湾“中广新闻网”6月18日报道，法国为挽救报纸行业，准备由政府出钱，帮助年轻人订一年报纸，让报社增加订户，支撑一段时间。法国《费加罗报》报道说，根据法国政府这个方案，18到24岁的法国人可以挑选自己喜欢的报纸，订一年的报，由政府支付订费。

全球首家博客报《印刷博客》夭折

全球首家博客报纸——美国《印刷博客》报

在创办仅6个月后宣布于7月7日停刊。该报创办人乔舒亚·卡普称，停刊缘于无法吸引到外部投资。《印刷博客》今年1月下旬创办，每周出版一期，精选网上博客文章作为报纸内容。报纸在芝加哥、纽约和旧金山免费派送，直至停刊。他们的目标是将出版过程自动化，同时允许读者决定下一期推出哪些博客文章。

YouTube推公民新闻培训计划

搜狐网6月30日消息，据国外媒体报道，YouTube为了提高公民记者的视频新闻报道水平，推出了一个新闻培训服务“记者中心”。YouTube负责政治和新闻的高层史蒂夫·格罗夫表示，建立记者中心的目的，是培养公民记者和专业新闻机构之间的联系合作。据报道，记者中心的推出是YouTube一个宏大计划的一部分，YouTube希望增强网站作为新闻访问目的地的地位，另外还可以作为联系新闻现场目击者和新闻媒体的枢纽站。

美网站率先披露杰克逊死讯

据香港明报6月27日报道，迈克尔·杰克逊的死讯即时触发传媒战，网络媒体利用时效优势，报道最新消息，跑赢电视和报章媒体。最先报道噩耗的，不是传统以来获得消息为最快的电视台，而是美国著名八卦新闻网站TMZ.com。

纽约时报公司宣布出售旗下WQXR调频电台

美国纽约时报公司7月14日宣布，将以4500万美元出售公司旗下纽约市WQXR调频电台。另据法新社报道，纽约时报公司近期一直筹措现金还债，该公司同时还在寻求出售旗下的波士顿环球报和伍斯特电讯和新闻报。

图书在版编目（CIP）数据

南方传媒研究 · 第十九辑：媒体与民意/南方报业传媒集团新闻研究所主编. —广州：南方日报出版社，2009.8
ISBN 978-7-80652-917-1
Ⅰ.南… Ⅱ.南… Ⅲ.①传播媒介—研究 Ⅳ.G206.2
中国版本图书馆 CIP 数据核字（2009）第 138561 号

南方传媒研究

第十九辑：媒体与民意

南方报业传媒集团新闻研究所 主编

出版发行 南方日报出版社
地　　址 广州市广州大道中 289 号
电　　话 （020）87373998-8502
经　　销 全国新华书店
印　　刷 广州市怡升印刷有限公司
开　　本 787mm×1092mm 1/16
印　　张 14 彩插 0.5
字　　数 230 千字
版　　次 2009 年 8 月第 1 版
印　　次 2009 年 8 月第 1 次印刷
定　　价 28.00 元

投稿热线：（020）87373998-8503 读者热线：（020）87373998-8502
网址：http://www.nanfangdaily.com.cn/press http://www.southcn.com/ebook